SANGHARAKSHITA

ETHISCH LEBEN

ÜBER DEN AUTOR

Urgyen Sangharakshita – bürgerlich Dennis Lingwood – wurde 1925 in London geboren und lebt jetzt in Adhisthana in Herefordshire, Großbritannien (siehe www.adhisthana.org).

Als junger Mann übte und studierte in Indien über zwanzig Jahre den Buddhismus unter Lehrern verschiedener Traditionen (Theravåda, Mahåyåna und Vajrayåna). 1967 kehrte er nach England zurück und gründete die Freunde des Westlichen Buddhistischen Ordens (FWBO). Inzwischen entstand daraus eine internationale Bewegung mit Zentren in der ganzen Welt. 2010 wurde die Gemeinschaft umbenannt und heißt heute Buddhistische Gemeinschaft Triratna.

Heute zählt Sangharakshita zu den wichtigsten Lehrern des Buddhismus im Westen und ist als Autor zahlreicher Bücher bekannt. Er versteht sich vor allem als „Übersetzer" – zwischen Ost und West, zwischen Tradition und Moderne, zwischen Prinzipien und Methoden. Seine Bücher wurden bisher in 30 Sprachen übersetzt.

ETHISCH LEBEN

RATSCHLÄGE AUS NĀGĀRJUNAS JUWELENKETTE

SANGHARAKSHITA

Bibliografische Informationen der Deutschen Nationalbibliothek:
Die Deutsche Nationalbibliothek verzeichnet diese Publikation
in der Deutschen Nationalbibliografie; detaillierte bibliografische
Daten sind im Internet über
www.dnb.de abrufbar.

Erstmals veröffentlicht in englischer Sprache von
Windhorse Publications unter dem Titel:
Living Ethically
© Sangharakshita 2009
Der Autor beansprucht das moralische Recht, als Autor dieser Arbeit
kenntlich gemacht zu werden.

Übersetzung: Christa Tidtke
Lektorat: Rüdiger Dhammaloka Jansen u.a.
Umschlaggestaltung & Satz: Arno Maitricarya Aka
Umschlagfotos: PathDoc/Shutterstock.com
Dh. Alokavira/timmsonnenschein.com (Sangharakshita)

Einzige deutsche autorisierte Übersetzung
© 2015 Buddhawege e.V.
Alle Rechte vorbehalten

Herstellung und Verlag: BoD – Books on Demand, Norderstedt
ISBN 9783738637595

INHALT

Einleitung

Der buddhistische Mönch Nāgārjuna lebte ungefähr 600 Jahre nach dem parinirvāṇa des Buddha im zweiten oder dritten Jahrhundert unserer Zeitrechnung. Vielen Buddhisten gilt er als der größte indische Mahāyāna-Lehrer. Er war ein außergewöhnlicher Denker und verfasste die Madhyamaka-kārikā oder „Verse aus der Mitte", den grundlegenden Text der Madhyamaka-Schule.[1] Überdies war er maßgeblich an der Verbreitung der Prajñāpāramitā beteiligt, der Schriften über die „Vollkommene Weisheit".

Das hier vorliegende Buch basiert auf einem weniger bekannten Werk Nāgārjunas, der *Rāja-pari-kathā-ratna-mālā* oder „Juwelenkette des Rats an einen König".[2] Kurz und knapp, dabei weit ausholend und inspirierend, ist es ein Meisterwerk der Mahāyāna-Literatur. Nāgārjuna erklärt darin die beiden wesentlichen, untrennbaren Aspekte im Leben eines Bodhisattva, dem idealen Buddhisten des Mahāyāna: tiefe Weisheit, die die Wahrheit der Leerheit erkennt, und umfassendes Erbarmen, ein tätiges Mitgefühl, das dem Wohl anderer gewidmet ist. Die *Juwelenkette* ist genau genommen ein Handbuch der Mahāyāna-Überlieferung und eine Anleitung zum Leben im Einklang mit Mahāyāna-Prinzipien. Das Werk richtet sich an einen ungenannten König, der wahrscheinlich zur südindischen Śātavāhana-Dynastie gehörte.

---

1 Das *Mahāyāna* ist eine der großen buddhistischen Richtungen der indischen Überlieferung. Es verbreitete sich vor allem in Zentral- und Ostasien, aber mehrere Jahrhunderte lang auch in Südostasien, zum Beispiel in Indonesien. Die Madhyamaka-Schule mit Nāgārjuna als ihrem wichtigsten Lehrer und die Yogācāra-Schule sind die beiden Hauptschulen des Mahāyāna. Die *Madhyamaka-kārikā*, das hier erwähnte Werk von Nāgārjuna, erschien auf Deutsch unter dem Titel *Verse aus der Mitte: eine buddhistische Vision des Lebens*. Berlin: Edition Steinrich 2011.

2 Jeffrey Hopkins (Hg.)/Elisabeth Liebl (Üb.): *Nagarjunas Juwelenkette. Buddhistische Lebensführung und der Weg zur Befreiung.* Kreuzlingen/München: Diederichs Gelbe Reihe, 2006.

Die *Juwelenkette* betrachtet das Verhältnis zwischen ethischer Übung und dem Erlangen von spiritueller Weisheit. Nāgārjuna erforscht diesen Zusammenhang aus mehreren Blickwinkeln, hauptsächlich in Bezug auf verschiedene traditionelle Formulierungen wie die zehn ethischen Vorsätze, die sechs Vollkommenheiten und die siebenundfünfzig Fehler, die man aufgeben soll. Im Lauf seiner Untersuchung gibt er dem König einige ethische Empfehlungen, und auf diesen Ratschlägen basiert dieses Buch. Wer heute als Buddhist oder Buddhistin Anleitung in ethischen Fragen sucht, wird vermutlich kaum als Erstes in einem Mahāyāna-Text nachschlagen. Angesichts der Bandbreite von Schriften und Kommentaren, über die wir verfügen, liegt es näher, auf frühe buddhistische Schriften zurückzugreifen, die jenen ethischen Lebenswandel, der das Streben nach Erleuchtung unterstützt, oft klar und kompromisslos beschreiben. Gleichwohl hat das Mahāyāna einiges zum Thema beizutragen. So seltsam es anmuten mag, dass der fast 2000 Jahre alte Rat eines Mönchs an einen König für unser Leben bedeutsam sein könnte, sind Nāgārjunas Worte doch überaus nützlich für alle, die heutzutage versuchen, auf buddhistische Weise zu leben.

Der wichtigste ethische Grundsatz im Mahāyāna ist es, anderen zu helfen. Demgegenüber vertritt man im Hīnayāna (wie die Anhänger des Mahāyāna die frühere Form des Buddhismus nannten) die Ansicht, man übe vor allem deshalb Ethik, um positive Geistesverfassungen zu entwickeln und zu erhalten. Das Mahāyāna widerspricht dieser Ansicht nicht, doch es hält eine von Herzen kommende Sorge um das Wohl anderer für eine positivere Motivation als die Sorge um die eigenen Geistesverfassungen. Überdies gilt es im Mahāyāna als gewiss, dass ethisches Verhalten in Vollkommener Weisheit gründet, deren Ausbildung aber nur auf der Grundlage eines ethischen Lebens möglich ist. Anhänger des Mahāyāna würden sagen, man müsse die Übung ethischen Handelns im Zusammenhang dieser Wechselbeziehung betrachten. Deshalb ist es ganz natürlich, wenn Nāgārjuna, der berühmte Fürsprecher der Vollkommenen Weisheit, in der *Juwelenkette* immer wieder auf die Grundlagen des ethischen Lebens und der ethischen Übung zu sprechen kommt. Bevor wir aber darauf eingehen, was er zu dem Thema zu sagen hat, sollten wir uns fragen, woher wir eigentlich *wissen*, was er gesagt hat. Woher kommen diese Verse, und wie sind sie zu uns gelangt?

MÜNDLICHE ÜBERLIEFERUNG UND MODERNE FORSCHUNG

Der Buddha hat nur mündlich gelehrt. Etwa 400 Jahre lang wurden seine Lehren mündlich weitergegeben, bis man sie in jener Sammlung niederschrieb, die heute als Pāli-Kanon bekannt ist.[3] Zu Nāgārjunas Lebzeiten war es schon weithin üblich zu schreiben, und die Juwelenkette ist als literarisches Werk konzipiert, als kurze Schrift in Briefform, die sich an einen bestimmten Menschen richtet. Nāgārjuna schrieb auf Sanskrit, aber die Textgrundlage des Kommentars, auf den wir uns hier stützen, ist eine Übersetzung aus dem Tibetischen. Das bedarf einer näheren Erklärung.

Der tibetische Buddhismus, der sich auch in der Mongolei, in Sikkim, Bhutan und Ladakh verbreitete, gehört zu den drei besonders wichtigen historischen Formen des Buddhismus, die auch heute noch blühen. Die anderen beiden sind der südostasiatische Buddhismus (verbreitet in Sri Lanka, Burma, Thailand, Kambodscha und Laos) und der chinesisch-japanische Buddhismus (verbreitet in Korea und Vietnam sowie in China und Japan). Jede dieser Formen führte den indischen Buddhismus von einem bestimmten Zeitpunkt seiner Entwicklungsgeschichte an weiter. In seinem Ursprungsland wurde der Buddhismus im zwölften Jahrhundert von moslemischen Eroberern ausgelöscht. Die herausragende Stellung, die Nāgārjunas Werke in der tibetischen Literatur einnehmen, beweist nicht zuletzt die Kontinuität zwischen dem tibetischen Buddhismus und seinen indischen Vorläufern.

Der tibetische Buddhismus ist im Wesentlichen der großartige und vielgestaltige Buddhismus der Pāla-Dynastie Nordostindiens, erweitert um Einflüsse aus Zentralasien. Natürlich wurde der Buddhismus nicht in derselben Weise in andere Länder übertragen, wie man Güter von einem Ort zum anderen transportiert. Die indischen Buddhisten, die aus den subtropischen Ebenen und Wäldern Bengalens und Bihars über die riesige Hürde des Himalaja auf das eisige, windgepeitschte tibetische Hochland zogen, brachten nicht irgendeinen Gegenstand mit sich, sondern ihre spirituelle Übung

---

3 Das auf einen altindischen Dialekt zurückgehende Pāli ist dem Sanskrit eng verwandt. Ungefähr zur gleichen Zeit wie der Pāli-Kanon wurden die buddhistischen Lehren vor allem in Nordindien auch in anderen Sprachen aufgeschrieben. Die meisten dieser Texte sind aber verschollen und oft nur noch in chinesischen und tibetischen Übersetzungen erhalten.

und Lehre. Man kann das eher mit der Wanderung einer Tierspezies vergleichen, die ihre bestimmenden Merkmale getreu von einer Generation in die nächste weitergibt und sich dabei langsam an ihre neue Umgebung anpasst, bis schließlich eine erkennbare Unterart der ursprünglichen Spezies entstanden ist.

Durch seine verschiedenen Schulen und durch herausragende Lehrer wie Milarepa und Tsongkhapa hat der tibetische Buddhismus im Lauf seiner Geschichte eigene, äußerst wertvolle Beiträge geliefert und dabei zugleich die wesentlichen Merkmale des indischen Mahāyāna bewahrt. In seiner klösterlichen Ausprägung und Lehre setzt der tibetische Buddhismus die Sarvāstivāda-Schule des frühen indischen Buddhismus fort. Soweit es um tantrische Praxis geht, hält er die symbolischen Rituale und esoterischen Meditationen von hundert verschiedenen Linien indischer Yogis und Eingeweihter am Leben, und in seinen Texten bewahrt er die aus Indien eingeführten Schriften mit höchster Genauigkeit. Soweit buddhistische Manuskripte auf Sanskrit überhaupt noch existieren, stecken sie gewöhnlich voller Fehler; tibetische Übersetzungen hingegen halten sich getreu an das Original.

> Allen buddhistischen Traditionen zufolge gilt es als völlig
> unzureichend, wenn man ein Werk für sich alleine liest.

Es gibt einen weiteren Grund, weshalb wir der tibetischen Übersetzung trauen dürfen. Zwar ist der von uns verwendete Text ein literarisches Werk, doch seine Übersetzung basiert auf mündlicher Überlieferung, in der man den Text nicht nur weitergab, sondern auch erläuterte. Wenn Sie etwas für sich alleine lesen, ergibt es vielleicht nicht viel Sinn. Haben Sie jedoch das Glück haben, von einem fähigen Lehrer eingeführt zu werden, gewinnen Sie eine tiefere Einsicht in das, worum es geht. Darum ist es im tibetischen Buddhismus üblich, sich zum Studium eines Textes an einen Lehrer oder eine Lehrerin zu wenden, der oder die ihn Ihnen im Hinblick auf das, was er oder sie über Ihre eigene buddhistische Übung weiß, zu erklären und auszulegen vermag. Irgendwann werden Sie ihn dann vielleicht Ihren eigenen Schülern erklären, und auf diese Weise wird die wesentliche Bedeutung des Werks innerhalb der Linie weitergegeben.

Zuweilen kommt es vor, dass die Kontinuität der Übertragung unterbrochen wird, wodurch die korrekte Deutung ganz verloren gehen kann und neu entdeckt werden muss. Bei eher elementaren Werken ist das vielleicht nicht so wichtig. Wenn es sich aber um ein schwer verständliches Werk handelt, wie es das vorliegende zweifellos teilweise ist, dann ist die korrekte Deutung des Textes sehr wichtig. Allen buddhistischen Traditionen zufolge gilt es als völlig unzureichend, wenn man ein Werk für sich alleine liest. Vor meiner Ordination zum Mönch wurde ich beispielsweise ganz genau befragt, welche Texte ich gemeinsam mit einem Lehrer gelesen und studiert hätte, und das waren die einzigen, die man mir als im eigentlichen Sinn „gelesen" anrechnete. Diese Einstellung ist aus frühesten Zeiten überliefert, und beim Verfassen der *Juwelenkette* ging man davon aus, dass sie ebenfalls auf solche Weise studiert würde. Nāgārjuna hat sie nicht für uneingeweihte Leser geschrieben. Das Werk ist eine prägnante Darlegung der Mahāyāna-Ideen, und es eignet sich für die mündliche Erklärung durch einen Lehrer oder eine Lehrerin wie Nāgārjuna einer war.

Wenn es stimmt, dass man sich am besten auf die Deutung eines Lehrers verlassen sollte, welche Hilfe können dann Gelehrte zum besseren Verständnis eines Textes wie diesem leisten? In jeder Diskussion über die Entwicklung des buddhistischen Denkens gibt es mindestens zwei sehr verschiedene Blickwinkel: den der modernen Forschung und den der buddhistischen Überlieferung. Aus traditioneller indisch-tibetischer Sicht hat der Buddha die gesamte Lehre des Mahāyāna genau so gegeben, wie sie in den Mahāyāna-Sūtras niedergelegt ist. Es heißt, dass sie zur Zeit Nāgārjunas, schätzungsweise 700 Jahre nach dem Tod des Buddha, verloren gegangen war und wiederbelebt werden musste; in einigen Fällen sei sie erst von den Mādhyamika- und Yogācāra-Meistern wiederentdeckt worden. Aus Sicht der modernen Forschung hingegen konnte der Buddha die Mahāyāna-Sūtras gar nicht gelehrt haben, und ganz bestimmt nicht in jener Form, in der sie überliefert sind. Manches, was er gesagt hatte und auch die eine oder andere seiner Lehren enthielt vielleicht schon die Samen, aus denen sich später das Mahāyāna entwickelte. Moderne Gelehrte würden es eher so sehen, dass Nāgārjuna diese Samen urbar gemacht und aus ihnen etwas gezogen hat, an das vorher noch nicht gedacht worden war. Sie würden die Behauptung des Mahāyāna nicht akzeptieren, Nāgārjuna habe lediglich Lehren wiederbelebt, die schon in der ursprünglichen Darlegung des Buddha in voller Blüte gestanden hätten.

Offensichtlich gibt es einen Widerspruch zwischen diesen beiden Ansichten, was aber nicht heißt, dass die eine richtig und die andere falsch ist. Der mittlere Weg gibt jeder Sichtweise ihr angemessenes Gewicht. Sicherlich ist es unannehmbar zu sagen, die Mahāyāna-Sūtras seien genau so vom Buddha gelehrt worden, wie sie überliefert sind. Zugleich aber ist es wichtig zu bestätigen, dass sie den Geist der ursprünglichen Lehre des Buddha umfassend widerspiegeln, wenn er auch zu einer späteren Zeit in eine andere Form gegossen wurde. Man kann in den Pāli-Texten nicht nur Samen erkennen, sondern auch schon bestimmte Lehraussagen, die später in der Mahāyāna-Überlieferung deutlicher hervortreten.

Diese Schwierigkeit gibt es beim Studium jedes buddhistischen Textes, sogar bei den Suttas des Pāli-Kanons, von denen Theravāda-Buddhisten seit jeher behaupten, sie seien die wörtlichen Aussagen des Buddha. Selbst bei ihnen ist es oft nicht leicht zu sagen, inwieweit man sie als das tatsächliche Wort des Buddha betrachten kann oder als spätere Umformungen seiner ursprünglichen Botschaft. Aller Wahrscheinlichkeit nach kommen Texte wie der *Udāna* oder das *Sutta-Nipāta* am nächsten an das heran, was der Buddha gesagt und wie er es gesagt hatte. Doch Werke, deren literarische Formen zeigen, dass sie späteren Ursprungs sind, können den Geist der Buddha-Lehre genauso getreu widerspiegeln. Man muss eine sehr feine Trennlinie zwischen Geist und Buchstaben der Lehre ziehen. So nützlich die Forschung für jede Untersuchung der „Buchstaben" eines Textes auch ist, wird uns doch die Anleitung eines Lehrers oder einer Lehrerin näher an die spirituelle Bedeutung dieses Textes heranführen. Das geschieht immer dann, wenn jemand, der oder die den Geist der Lehre wirklich erfahren hat, sie weiterzugeben versucht.

So könnte man sagen, Nāgārjuna kultiviere in der *Juwelenkette* zum Wohl seiner Zuhörer und des Königs Samen, die in den Sūtras der Vollkommenen Weisheit (*Prajñā-pāramitā*) und dem *Sūtra über die zehn Stadien* (*Daśa-bhūmika*) schon vorhanden waren. Überdies kann man sagen, er habe dem Geist, der diesen Lehren eigen ist, eine neue Form gegeben. Beim Studium klassischer Werke der tibetischen buddhistischen Literatur wie Nāgārjunas

Juwelenkette kommen wir deshalb dem Hauptstrom der indischen Mahāyāna-Lehre und -Praxis deutlich näher, als wir vielleicht zunächst vermutet hätten.

Gründe ethisch zu leben

Wir können davon ausgehen, dass die Nāgārjuna zugeschriebenen Worte tatsächlich von ihm stammen und dass die *Juwelenkette* uns einen authentischen Bericht über die Kommunikation zwischen dem Lehrer und seinem königlichen Schüler gibt. Allerdings gibt es keinen Königsweg zu vollkommener Weisheit. Der Text stellt schon bald klar, dass der König wie jeder andere auch auf einen ethischen Lebenswandel Wert legen muss, wenn er wahrhaft weise werden möchte. Ethisch zu leben bedeutet vor allem, aktives Mitgefühl zu entwickeln, und das geht nach Ansicht des Mahāyāna-Buddhismus Hand in Hand mit Weisheit, denn Weisheit und Mitgefühl sind die beiden Flügel, mit deren Hilfe der Vogel der Erleuchtung fliegen kann. Nāgārjuna berät den König nicht nur eingehend und genau, *wie* man ethisch lebt, sondern er begründet auch eingehend, *warum* man so leben sollte. Diese Erklärungen sind in der ganzen *Juwelenkette* verstreut, als sei es gelegentlich nötig gewesen, den König zu größeren Bemühungen anzuregen oder gar herauszufordern. Dabei kombiniert Nāgārjuna sozusagen Zuckerbrot mit Peitsche: Einerseits macht er klar, dass ethisches Verhalten die Grundlage für Weisheit ist und dass heilsam-kluges Handeln zu Glückseligkeit führt, ob in diesem oder im nächsten Leben; andererseits warnt er ziemlich nüchtern vor der Unbeständigkeit des Lebens und den schwerwiegenden Folgen unheilsam-törichter Handlungen. So legt er heilsames Handeln als Weg zu einem weisen und glücklichen Leben dar und zugleich als Weg zur Vermeidung von Leid und Elend.

Zunächst nun ein kurzer Überblick über Nāgārjunas Reflexionen über die Notwendigkeit eines ethischen Lebens und die Art seines Lohns.

Ethik als Voraussetzung für Weisheit

O König, ich werde Euch die Übungen der Tugend aufzeigen,
um in Euch den Boden der Lehre zu bereiten,

denn die Übung von Tugend
ist nur innerhalb des Gefäßes der vorzüglichen Lehre denkbar.[4]

Ethische Übung bildet die Grundlage für die Entfaltung von Weisheit. Das ist der Hauptgedanke dieser Zeilen. Nāgārjuna sagt, es gehe ihm nicht darum, über die Lehre zu informieren, sondern die Samen des Dharma, der Lehre des Buddha, zu legen. Das Wort „Lehre" könnte nahelegen, es gehe um intellektuelles Verstehen, doch den Dharma gilt es in jeder Faser des eigenen Seins zu verwirklichen. Nāgārjunas biologische Metapher – „den Boden bereiten" – spiegelt diese tiefere Bedeutung wider. Sie legt nahe, dass er mit seinen Worten etwas auszulösen beabsichtigt, das zur eigenen Erkenntnis des Königs werden soll, etwas, das in ihm geboren, leben, wachsen und gedeihen wird.

> Der Buddha sprach nicht über den Dharma,
> sondern er sprach einfach Dharma.

Anders ausgedrückt, Nāgārjuna will im König nicht nur ein Verständnis des Dharma wecken, sondern den Dharma selbst. Genauso sprach der Buddha nicht *über* den Dharma, sondern er sprach einfach Dharma. Nāgārjuna will nicht bloß *über* die Wahrheit reden. Er möchte den König zur Wahrheit *erwecken*. Er erinnert den König an sein inneres Potenzial, Erleuchtung zu erlangen, sich in den Übungen zu festigen und dadurch zum Gefäß des Dharma zu werden.

Wenn Nāgārjuna in der vierten Zeile von der „vorzüglichen Lehre" spricht, benutzt er das Adjektiv nicht etwa, um nur das Versmaß zu füllen. In der alten buddhistischen Literatur trägt jedes Wort oder jede Silbe zur Bedeutung bei, ganz besonders, wenn es sich um Verse handelt. An dieser Stelle bezieht er sich auf etwas anderes als das, was er in der zweiten Zeile schlicht „Lehre" nannte. Dort spricht er vom Dharma als Frucht der Übungen, die nur – oder bloß – tugendhaft sind. Dieser Dharma ist real genug, er ist ein lebendiges spirituelles Prinzip, eine praktische Verwirklichung dessen, was förderlich oder schädlich ist; doch er kann sogar von Anfängern geübt werden. Wir können annehmen, dass der König nicht sehr viel, wo-

---

4 *Nāgārjunas Juwelenkette*, S. 164.

Ethisch leben

möglich gar nichts über den Dharma wusste. Deshalb spricht Nāgārjuna zunächst über Moral. Er will den König begeistern und eine positivere Geisteshaltung in ihm wecken. Der als „vorzügliche Lehre" übersetzte Begriff hingegen ist *saddharma*. Dieser Ausdruck bedeutet „wahrer" oder „echter" Dharma, der höchste Dharma, der sich direkt auf Realität im letztendlichen Sinne bezieht. Nāgārjuna sieht voraus, dass der König, wenn er erst einmal in den moralischen Übungen gefestigt ist, auf einer viel höheren Stufe für den Dharma empfänglich sein wird.

Menschen, die sich für das spirituelle Leben zu interessieren beginnen, suchen nicht unbedingt nach tiefgründigen philosophischen Lehren. Falls sie es doch tun, wären solche Lehren vielleicht nicht das Nützlichste, was sie hören sollten. Zu Anfang brauchen sie etwas, was ihnen ein Gefühl für Bewusstseinsverfassungen gibt, die positiver sind als jene, die sie gewöhnlich erleben. Sie brauchen keine Fakten und Zahlen über die Geschichte des Buddhismus. Sie brauchen keine Spendenaufrufe. Deshalb belastet Nāgārjuna den König auch nicht mit einer Erörterung der feineren Punkte des [5] oder der Mahāyāna-Philosophie – zumindest tut er es *noch* nicht –, und er belästigt seinen wohlhabenden und einflussreichen Schüler auch nicht mit Bitten um Geld für Klosterbauten. Wenn es ihm nicht gelingt, den König von Anfang an zu begeistern, kann er sich die Mühe sparen, ihn irgendetwas lehren zu wollen, geschweige denn die „vorzügliche Lehre".

Mit dem Ausdruck „Gefäß der vorzüglichen Lehre" umschreibt Nāgārjuna einen Menschen, der den Dharma übt. Ein anderer Lehrer verglich die vier Arten von Schülern einmal mit vier Arten von Töpfen. Schüler der ersten Art sind wie ein umgedrehter Topf; sie sind gänzlich unempfänglich. Die zweite Art Schüler ist wie ein Topf mit Löchern im Boden. So wie alles, was man in einen solchen Topf hineinschüttet, wieder herausläuft, genauso geht solchen Schülern alles, was sie mitgeteilt bekommen, zum einen Ohr hinein und zum anderen wieder hinaus. Sie scheinen zu verstehen, behalten aber nichts lange genug im Gedächtnis, dass es einen tieferen Eindruck hinterlassen könnte. Die nächste Art Schüler gleicht einem Topf voller Gift; sie sind voller negativer Bewusstseinsverfassungen wie Groll, Verlangen und Zynis-

---

5 Der *Abhidharma* (Pāli *Abhidhamma*) ist eine sehr umfangreiche Sammlung von Texten, in denen die buddhistischen Gelehrten während der ersten Jahrhunderte nach Lebzeiten des Buddha seine Lehren systematisierten. Man kann sie als Handbücher für Übung und Studium verstehen.

mus. Solche Schüler werden die Lehre auf eine Weise verfälschen und verdrehen, dass sie für sie selbst und andere schädlich wird. Schließlich gibt es noch die Schüler, die wie ein sauberer, unversehrter, leerer Topf bereit sind, den Dharma zu empfangen. Sie sind wie das „Gefäß der vorzüglichen Lehre", von dem Nāgārjuna hier spricht. Aufgabe des Königs ist es, ebenfalls ein solches Gefäß zu werden.

In einem, der zunächst den hohen Zustand übt,
wird später wirkliche Güte entstehen,
denn nur wer den hohen Zustand erreicht hat,
kann Schritt für Schritt auch wirkliche Güte erlangen.[6]

„Hoher Zustand" und „wirkliche Güte" sind wichtige Begriffe in der *Juwelenkette*. „Hoher Zustand" bedeutet glückliche, positive und sogar herausragende Lebensumstände inmitten der bedingten Existenz. Im Zusammenhang mit dem tibetischen Lebensrad steht der Begriff für eine gute Wiedergeburt im Menschenreich oder unter Göttern. Dies ist ein Ziel, das die Überlieferung, zumal in Theravāda-Ländern, den Laien zuweist. Indem sie die Vorsätze befolgen, an Stupas Andacht halten und den Mönchen Almosen und Spenden geben, schaffen sie gutes Karma und werden später die positiven, aber noch weltlichen Früchte dieses Karmas ernten. Mit dem höchsten Ziel des Buddhismus müssen sie sich nicht unbedingt befassen. „Wirkliche Güte" bezieht sich auf jene Qualitäten, die zu Einsicht führen: zur Befreiung von der bedingten Existenz, zu *nirvāṇa*. nirvāṇa

> Es scheint, als müssten Menschen einige unerfreuliche
> Schocks erleben, um spirituell weiterzukommen, und sei es
> nur, um sie zu ernsthaftem Nachdenken zu bewegen.

Jemand, der versucht ein spirituelles Leben zu führen, verbessert Nāgārjuna zufolge zunächst seine Stellung in *saṃsāra*, dem Kreislauf der weltlichen Existenzen. In einem nächsten Schritt entwickelt er dann „wirkliche Güte", den Drang nach Befreiung. Auf solche Weise ausgedrückt treffen seine Worte zweifellos zu. Werden aber wirklich alle, die einen „hohen Zustand", also

---

6   *Nāgārjunas Juwelenkette*, S. 164. Übersetzung in den ersten beiden Zeilen der englischen Vorlage angepasst. Anm.d.Üb.

gute Lebensumstände, erlangen, nun zwangsläufig auch an „wirkliche Güte" denken? Mehr noch, werden sie so daran denken, dass sie sich auch bemühen, das von Natur aus nicht-substanzielle und unbeständige Wesen der bedingten Existenz zu durchschauen? Sicherlich nicht. Wir können nicht davon ausgehen, dass dieses höhere Streben automatisch als Ergebnis einer bloßen Anhäufung von *puṇya*, das heißt von „Verdiensten", und mit dem Erlangen guter Lebensumstände entsteht. Es wird nur dann entstehen, wenn man beginnt, ernsthaft über die unbefriedigende Natur des bedingten Daseins nachzudenken – auch wenn man seine günstigen Umstände, also den „hohen Zustand", in diesem Dasein durchaus genießt.

Wie viele traditionelle Lehren richtet sich auch die *Juwelenkette* an eine besondere Zuhörerschaft. Alle Menschen müssen den Dharma auf eine Weise kennenlernen, die ihre persönlichen Neigungen und Energien einbezieht. Hier wendet sich Nāgārjuna an einen König. Nach überlieferter indischer Überzeugung wurde dieser Mensch auf Grund früheren guten Karmas in eine königliche Familie hineingeboren. Nāgārjuna sagt eigentlich, der König solle nun, da er als Ergebnis seiner edlen Taten einen „hohen Zustand" erlangt habe, daran denken, „wirkliche Güte" zu erreichen oder zu entwickeln. Er stellt dies als den natürlichen nächsten Schritt dar, als die einzig sinnvolle Option für einen vernünftigen Menschen. Er scheint zu sagen, da der König aufgrund seiner Verdienste den höchstmöglichen Stand erreicht habe, den man im Leben erreichen könne, gebe es nun eigentlich nur noch *einen* weiteren Schritt, der zu gehen sei.

Sobald wir annehmen, dass eine bestimmte Reihe von Ereignissen ganz natürlich auf das folgen wird, was wir jetzt tun, treten oft tatsächlich genau diese Ereignisse ein. Wenn wir unseren Kurs gewählt haben, kann sich daraus ein Gefühl der Unausweichlichkeit ergeben, selbst wenn wir uns weiterhin in dieser Richtung bemühen müssen. Nāgārjuna versucht vielleicht, den König zu bestärken und ihn davon zu überzeugen, sein Erreichen des „hohen Zustands" sei bloß die Grundlage für diesen entscheidenden Schritt auf dem spirituellen Pfad.

Dieses Beispiel geschickt eingesetzter Mittel sollte uns nicht blind für die Tatsache machen, dass es in Wirklichkeit keinen Endpunkt menschlicher Glückseligkeit gibt. Es gibt keinen Punkt, an dem wir mit Gewissheit zu uns selbst sagen können: „Nun, jetzt habe ich alles erreicht, was man in dieser Welt erreichen kann. Jetzt suche ich etwas ganz Anderes." Man kann es auch so ausdrücken: Menschliches Verlangen kennt kein Ende. Niemals hat man das Gefühl genug zu haben. Selbst ein Mensch, der es geschafft hat, die Herrschaft über eine ganze Nation zu erlangen, will seine Macht womöglich noch weiter ausdehnen. Es scheint, als müssten Menschen einige unerfreuliche Schocks erleben, um spirituell weiterzukommen, und sei es nur, um sie zu ernsthaftem Nachdenken zu bewegen. So lange alles glatt läuft, halten sie es vielleicht für selbstverständlich und werden unachtsam für die Unbeständigkeit und die Zerbrechlichkeit der menschlichen Existenz. In einem solchen Fall hätte ihnen der „hohe Zustand" überhaupt nicht geholfen, weiter in Richtung auf das Ziel fortzuschreiten.

Das ist ein Thema, auf das Nāgārjuna später im Text eingeht:

Nur wenn Ihr Euch stets die Vergänglichkeit
von Leben, Gesundheit und Herrschaft vor Augen führt,
werdet Ihr Eure Praxis
mit dem nötigen Eifer verfolgen.

Da Ihr doch seht, dass der Tod gewiss ist
und Ihr nach dem Tod zum Opfer Eurer negativen Taten werdet,
solltet Ihr alles einstellen, was Schaden bewirkt,
selbst wenn es Euch kurzfristig Vergnügen bereiten sollte.

Manchmal ist das Grauen nicht sichtbar,
ein andermal ist es klar zu erkennen.
Wenn Ihr den angenehmen Zustand des Einen genießt,
weshalb lasst Ihr Euch vom Anderen nicht schrecken?[7]

Nāgārjuna sagt: Wenn das Versprechen von Glückseligkeit als Anreiz zum Üben nicht ausreicht, sollte man darüber nachsinnen, wie gering der eigene Einfluss auf das Leben ist. Wir erwarten, wir würden die uns zugemessene Zahl von Jahren leben, doch das ist keineswegs gewiss. Selbst unter den modernen Lebensbedingungen gibt es sehr viele Todesursachen, aber nur vergleichsweise wenige Faktoren, die uns am Leben erhalten, und sogar diese können zu Todesursachen werden. Nahrungsmittel halten uns zum Beispiel

---

7   *Nāgārjunas Juwelenkette*, S. 180. Übersetzung der letzten beiden Zeilen der englischen Vorlage angepasst. Anm.d.Üb.

am Leben, und doch gibt es viele Fälle, darunter auch den des Buddha, in denen sie zu einem raschen Ende geführt haben.

> Warten Sie nicht, bis Sie mehr Zeit haben. Tun Sie einfach
> jetzt, inmitten all dessen, was Sie zu tun haben.

Die Tatsache der Unbeständigkeit zeigt sich auf tausenderlei Art. Wenn wir das Leben unparteiisch und eingehend betrachten, können wir fast zusehen, wie sich alles verändert. Obwohl die Veränderungen winzig sein mögen, summieren sie sich mit zunehmendem Alter zu einem Prozess fortschreitenden körperlichen und geistigen Verfalls. Wir werden diesen Verfall wahrscheinlich traurig und zögernd, vielleicht sogar besorgt zur Kenntnis nehmen, doch man kann ihn auch als etwas ansehen, aus dem man Kraft und Entschlossenheit ziehen kann. Es ist sogar möglich, aus Ereignissen, die uns schockartig aufrütteln, Inspiration zu ziehen, seien es plötzliche gesundheitliche Veränderungen, Schicksalsschläge oder auch Begegnungen mit dem Tod. Wir haben wirklich allen Anlass, solche Erinnerungen an die Vergänglichkeit als Ansporn für die spirituelle Übung zu nutzen. Ganz offensichtlich haben wir nicht viel Zeit und können unsere derzeitigen Vermögen auch wieder verlieren. Mit zunehmendem Alter wird das Leben schwieriger. In manch einer Hinsicht leben wir in unseren hoch entwickelten Demokratien wie Könige. Doch die Privilegien, die wir jetzt genießen, vor allem die Freiheit und die Gelegenheit, den Dharma zu üben, werden wir vielleicht nicht immer haben.

Die Tatsache der Unbeständigkeit führt uns vor Augen, dass menschliches Leben eine kurze und kostbare Gelegenheit ist, eine Chance, die man mit Begeisterung ergreifen sollte. Warten Sie nicht, bis Sie mehr Zeit haben. Tun Sie einfach jetzt, inmitten all dessen, was Sie zu tun haben. Die Botschaft der Unbeständigkeit ist die Botschaft des Dharma selbst. Unbeständigkeit ist ein Todesurteil, aber sie ist auch unsere Hoffnung auf Befreiung vom Tod, sofern wir ihre Botschaft nur im tiefsten Grunde unseres Wesens akzeptieren und ihre Warnung beachten. Für Nāgārjuna legt Unbeständigkeit keinen Nihilismus nahe, also die Überzeugung, der Tod sei das Ende. Im Westen neigen wir dazu, den Glauben an ein oder mehrere zukünftige

Leben als beruhigend anzusehen, doch für Nāgārjuna und echte Buddhisten ist eine solche Aussicht gar nicht beruhigend.

Die Übersetzung „negative Taten" ist vielleicht nicht die bestmögliche, doch die Botschaft ist klar. Nāgārjuna meint: Wie kann es jemandem ein „Trost" sein, trotz fehlgeleiteter Taten jetzt ein gutes Leben zu genießen? Wir mögen uns wohl entspannen, wenn wir in diesem Leben nichts Bedrohliches auf uns zukommen sehen; wenn wir aber die Wirkung von Karma *tatsächlich* erfahren, warum nehmen wir das dann nicht als Aufforderung, unser Leben ins Reine zu bringen? Hieran zeigt sich die paradoxe Natur der menschlichen Selbsttäuschung. Es beruhigt uns, wenn wir die karmischen Ergebnisse unserer schädlichen Handlungen nicht sehen, doch wenn wir sie sehen, nehmen wir die Warnung nicht ernst.

So lautet zumindest die Botschaft der Überlieferung. Ich würde es allerdings nicht so ausdrücken. Eher würde ich sagen, schädliches Handeln behindert unsere Entwicklung als Menschen und untergräbt damit unser Glück. Es untergräbt mit Sicherheit das Glück, das von einem guten Gewissen herrührt. Warum sollten wir wahres Glück für irgendein kurzes Vergnügen opfern?

GESUNDHEIT IST NICHT IMMER VON VORTEIL

Man könnte leicht glauben, der Besitz von körperlicher und geistiger Gesundheit sei ein spirituell vorteilhafter Aspekt eines „hohen Zustands", aber das trifft nicht unbedingt zu. Vielleicht denken Sie, weil Sie körperlich gesund und aktiv, geistig robust und gesellschaftlich versiert sind, seien Sie zwangsläufig auch empfänglicher für den Dharma. Doch Gesundheit geht manchmal mit einer Art grobschlächtiger und gedankenloser Unempfindlichkeit einher, während manche Menschen, denen es nicht gut geht oder die im weltlichen Sinn nicht erfolgreich sind – sogar emotional gestörte Menschen – spirituell sensibler und empfänglicher sind. Mit anderen Worten: „Heilsam-klug" im buddhistischen Sinn ist nicht dasselbe wie „gesund". Das bedeutet auch, dass die Kriterien für psychische Gesundheit, wie sie von psychotherapeutischen oder psychoanalytischen Theorien vertreten werden, nicht ganz mit den buddhistischen Vorstellungen übereinstimmen, was einen geistig gesunden Menschen ausmacht.

Spirituell heilsame Geisteszustände können mit einem
Unvermögen, weltlichen Erwartungen zu genügen, einhergehen,
das eine Person geradezu erwerbsunfähig machen kann.

Ob jemand geistig hinreichend gesund ist, misst man im Allgemeinen daran, ob er oder sie eine Arbeitstelle zu halten vermag. Spirituell heilsame Geisteszustände können aber mit einem Unvermögen, weltlichen Erwartungen zu genügen, einhergehen, das einen geradezu erwerbsunfähig machen kann. Es scheint, als würden Menschen schon durch ein wenig Einsicht eher gegen den Strom der Welt ausgerichtet; vielleicht werden sie etwas exzentrisch oder sogar labil. Jemand, der im weltlichen Sinn gesund ist, mag wohl als geeignetes Gefäß für den Dharma erscheinen, doch ein stärker beschädigter Mensch, vielleicht sogar jemand, der geradewegs aus einer psychiatrischen Klinik oder einem Gefängnis kommt, erweist sich unter Umständen als viel erfolgreicher bei der Übung des Dharma. Im buddhistischen Sinn heilsam-klug zu sein, bedeutet, so zu handeln, zu sprechen und zu denken, dass man sich von den traditionell als die „drei Gifte" bekannten Zuständen entfernt: von Gier, Hass und Verblendung oder geistiger Verwirrung. Wir mögen zwar im weltlichen Sinn gesund sein, sehr gut in der Gesellschaft funktionieren, erfolgreich und sogar glücklich sein, solange es uns aber an der nötigen Einsicht mangelt, um wahrzunehmen, wie wir von den drei Giften beeinflusst werden, sind wir im buddhistischen Sinn nicht gesund.

Hoher Zustand wird als Glück bezeichnet,
wirkliche Güte ist aber Befreiung.
Die Quintessenz ihres Wesens
Ist – kurz gesagt – Glaube und Weisheit.[8]

Hier unterscheidet Nāgārjuna zwischen zwei Denkweisen. Man kann darauf aus sein, Glück zu erlangen, was bedeutet, dass es einem noch um die Welt geht, oder man strebt nach Befreiung. Der Unterschied ist sehr bedeutsam. Weltlich gesinnte Personen fragen sich gewöhnlich unbewusst: „Was kann mich glücklich machen?" Spirituell gesinnte Personen hingegen fragen bewusst: „Wie kann ich frei werden?"

---

8 *Nāgārjunas Juwelenkette*, S. 164.

Wenn Sie ein im gewöhnlichen Wortsinn gesunder Mensch sind, werden Sie den Grad Ihres Wohlseins vermutlich danach beurteilen, wie glücklich Sie sich fühlen. Das ist objektiv gesehen das, was Nāgārjuna „hoher Zustand" nennt. Glück ist jedoch keine sehr zuverlässige Richtschnur. Wenn Sie etwas tun, weil Sie annehmen, es werde Sie glücklich machen, werden Sie vermutlich enttäuscht. Ihre Suche nach Wegen zum Glück wird höchstwahrscheinlich unendlich weitergehen. Niemals wird es ein Objekt geben, das Ihnen das ersehnte Glück bringt. Sie werden bloß von einer Sache zur nächsten gehen und dabei immer frustrierter, gelangweilter, enttäuschter, unzufriedener und unglücklicher werden. Wenn Sie andererseits an so etwas wie „wirkliche Güte" denken, sorgen Sie sich nicht allzu sehr um sofortiges Glück, und das bedeutet seltsamerweise, dass Sie es viel wahrscheinlicher finden werden. Glück ist ein Nebenprodukt des Strebens nach Freiheit.

Wer alle Taten von Körper, Rede und Geist
gründlich untersucht hat
und erkennt, was ihm selbst und anderen nützt,
sowie seine Erkenntnis ohne Ausnahme in die Tat umsetzt, der allein ist weise.[9]

Nāgārjunas Vorstellung von Weisheit schließt die Erkenntnis des Übenden ein, „was ihm selbst und anderen nützt". Diese Auffassung ist völlig mahāyānistisch, denn sie übernimmt das Bodhisattva-Ideal mit seinem Ziel des Erwachens für sich selbst *und* für andere. Diese traditionelle Ausdrucksweise darf man nicht allzu wörtlich nehmen, denn letztendlich machen Erwachte keinen Unterschied zwischen sich und anderen. Aber für den nicht erwachten Geist ist diese Ausdrucksweise bedeutsam und hilft, diese Unterscheidung auf einer emotionalen Ebene zu durchbrechen. Er stellt auch eindeutig klar, dass niemand von uns verlangt, wir sollten unser eigenes Glück aus Sorge um das Glück anderer ganz hintanstellen.

Glücklich sein zu wollen ist ein natürlicher
und gesunder menschlicher Impuls.

Man könnte sagen, Nāgārjuna schreibe dem König diesen Brief mit dem Ziel, ihn auf wahres Glück im Unterschied zum vergänglichen Glück weltlichen

---

9 *Nāgārjunas Juwelenkette*, S. 164.

Ethisch leben

Erfolgs hinzuweisen. Auch wenn man das Glücksstreben später, beim Übergang vom Streben nach dem „hohen Zustand" zum Streben nach „wirklicher Güte" beiseitelegt, heißt das nicht, es sei irgendetwas falsch daran, glücklich sein zu wollen. Es ist ein natürlicher und gesunder menschlicher Impuls. Wie könnten wir Wohlergehen für andere wünschen, wenn wir von unserem eigenen Wunsch nach Glück entfremdet sind?

Leider hat man vielen Menschen im Westen, als sie jung waren, zu verstehen gegeben, es sei egoistisch glücklich sein zu wollen. Deshalb fühlen sie sich unnötigerweise schuldig, wenn sie einen solchen Wunsch spüren. Folglich können wir uns sogar schuldig fühlen, wenn wir glücklich *sind*. Eine durchaus perverse Logik sagt: „Wie sollte ich es mit all meinen selbstsüchtigen Wünschen nach Glück verdienen glücklich zu sein?" Das führt zu dem noch perverseren Glauben, um spirituell voranzukommen müsste man unbedingt großes Leid auf sich nehmen. Ein tief sitzender Glaube, man sei unwürdig und sogar von Grund auf schlecht, wird die Dharma-Übung von Beginn an hemmen.

Ein derart unseliger Zustand entsteht teilweise aus dem Versäumnis, zwischen Glück und dem Guten einerseits und dem nur Angenehmen andererseits zu unterscheiden. Um ein spirituelles Leben führen zu können, ist es unabdingbar, zwischen Glück und Vergnügen zu unterscheiden. Wir müssen erkennen, dass etwas Gutes für uns zu tun nicht dasselbe ist, wie das zu tun, was wir mögen oder genießen. Manchmal ist es aber so schwierig, die beiden auseinanderzuhalten, dass wir versucht sind zu glauben, das Gute könne nicht angenehm sein und das Angenehme sei mit Sicherheit schädlich für uns. Um es zu vermeiden, dem eigenen blinden Verlangen zu folgen, macht man es sich dann vielleicht sogar zur Regel, immer dem Rat anderer zu folgen und das zu tun, was sie empfehlen. Von dort aus ist es nur ein kleiner Schritt zu der Annahme, der natürliche Wunsch, sich selbst etwas Gutes zu tun und glücklich zu sein, sei tadelnswert.

Wenn Sie sich in einem solchen Dilemma befinden, ist es vielleicht das Beste, einfach das zu tun, was Ihnen Freude macht, gleichgültig, ob andere es gutheißen oder nicht. Auf diese Weise stellen Sie den Kontakt mit Ihren Gefühlen wieder her. Idealerweise sollten wir eher spontan, mit Leichtigkeit und Flexibilität handeln als aus dem Gefühl heraus, von allen Seiten durch Selbstbeschuldigungen oder die Angst eingeengt zu werden, dass wir irgendein ehernes Moralgebot übertreten könnten. Davon abgesehen sollten wir auch das höhere Ziel verfolgen, über unser persönliches Glück hinauszugehen und hin zu etwas, das viel wichtiger für uns ist, nämlich: anderen Gutes zu tun. Wenn Sie das zu tun vermögen, sind Sie sich selbst ein wahrer Freund.

GLÜCK IST SEGENSREICH

Folgt immerzu den Grundregeln
rechten Tuns, so wie sie hier dargelegt wurden.
Auf diese Weise, o Ruhmreicher, werdet Ihr
Zum besten Herrscher, den die Welt je gesehen hat.

Untersucht alles eingehend,
bevor Ihr zur Tat schreitet.
Da Ihr die Dinge seht, wie sie sind,
solltet Ihr Euch nicht auf andere stützen.

Durch solches Tun wird Eure Herrschaft glückbringend sein,
der weite Baldachin des Ruhms
wird sich in alle Himmelsrichtungen ausdehnen
und Eure Beamten und Minister werden Euch achten.

Ursachen für den Tod gibt es viele,
für das Leben aber nur wenige,
und auch diese können zur Ursache des Todes werden,
daher solltet Ihr eifrig die drei Tugenden üben.

Übt Ihr Euch fleißig in den drei Tugenden,
entsteht daraus geistiges Glück
für Euch und für die Welt.
Beides ist in höchstem Maß förderlich.

Die Übung wird dafür sorgen, dass Ihr voller Glück einschlaft und
Ebenso glücklich wieder erwacht.
Da selbst Eure innerste Natur ohne Fehler ist,
werden sogar Eure Träume glücklich sein.

Achtet darauf, Euren Eltern zu dienen,
den Obersten Eures Geschlechts Respekt zu zollen,
Eure materiellen Mittel klug zu verwenden, geduldig und großzügig zu sein
Sowie stets freundliche Rede zu führen, die wahr ist
und keine Samen der Zwietracht sät.

Solcherlei Übung während der ganzen Lebenszeit
Wird Euch zum König der Götter machen.
Gebt Ihr sie auch dann nicht auf, werdet Ihr König der Götter
bleiben.Daher solltet Ihr Euch stets dieser Übung widmen.[10]

Hier schlägt Nāgārjuna dem König vor, sein nächster Schritt sei es nun, da er durch tugendhafte Taten in vorherigen Leben den Gipfel von weltlicher Macht, Reichtum und Glück erreicht habe, durch weitere tugendhafte Taten in diesem Leben zum König der Götter zu werden. Als Götterkönig werde er dann natürlich eine Position von noch größerem Einfluss bekleiden.

> Glück ist nicht nur an sich gut, sondern es bringt auch
> weitere positive Ergebnisse hervor.

Eine der Früchte der spirituellen Übung ist die Klarheit, die Dinge so zu sehen, wie sie sind. Ansichten, die weniger von Eigennutz und persönlichen Schwierigkeiten gefärbt sind, sind objektiver, und man hat es weniger nötig, sich auf die Ansichten anderer und damit eine Art Objektivität aus zweiter Hand zu verlassen. Die andere Hauptfrucht ist Glück. Nāgārjunas Erinnerung daran, das Glück segensreich ist, klingt offensichtlich, wird aber nur wenig beachtet. Glück ist nicht nur an sich gut, sondern es bringt auch weitere positive Ergebnisse hervor. Wenn Sie andere Leute ein wenig glücklicher machen, sie ein bisschen aufheitern, dann wird viel mehr positive Energie freigesetzt. Zu sagen, „sogar Eure Träume werden glücklich sein", ist anscheinend eine in der indischen Literatur übliche Art, über ein außergewöhnlich günstiges Geschick zu sprechen.

Euer Glaube wird Euch ausreichend Muße schenken.
Eure Ethik wird Euch vom Rückfall in schlechte Wiedergeburten bewahren.

---

10 *Nāgārjunas Juwelenkette*, S. 195.

Macht Ihr Euch aber mit der Leerheit vertraut,
so erlangt Ihr die Loslösung von allen Erscheinungen.[11]

Die zu erwartenden Ergebnisse werden Sie nicht unbedingt in diesem Leben erfahren. Wenn Sie jetzt gläubiges Vertrauen empfinden, werden Sie im nächsten Leben Muße haben – vermutlich, um den Dharma zu hören. Warum aber verknüpft Nāgārjuna gläubiges Vertrauen mit Muße? Wenn Sie auf den Dharma vertrauen, werden Sie jede Gelegenheit nutzen, ihn hier und jetzt zu üben, denn Sie sind sich bewusst, wie wertvoll diese Gelegenheiten sind. In der Tat werden Sie alles nur Erdenkliche tun, ihn zu üben. Man sollte das Wort „Muße" nicht gerade buchstäblich nehmen. Die überlieferte Liste von acht Bedingungen, die dazu führen, keine Muße zu haben, nennt neben einigen offensichtlich unbefriedigenden Wiedergeburten auch die Geburt als langlebiger Gott – eine Daseinsform mit viel Muße, zumeist aber auch großer spiritueller Trägheit. In der Liste wird überdies das Anhaften an falschen Ansichten genannt.

ÜBUNG UND DISZIPLIN

Die nächste von Nāgārjuna erwähnte Auswirkung heilsam-klugen Handelns betrifft eine wichtige buddhistische Lehre. Ethische Übung ist der Schlüssel zu einem gesunden menschlichen Dasein, ob in diesem Leben oder im nächsten. Auch diese Verbindung ist recht offensichtlich: Einsicht führt zu Nicht-Anhaften. Die im Vers erwähnte Vorstellung, mit Leerheit *vertraut* zu sein, legt aber mehr als nur einen gelegentlichen Schimmer von Einsicht nahe. Sie deutet darauf hin, das etwas so tief eingedrungen ist, dass es geradezu zur Art und Weise geworden ist, wie man normalerweise die Dinge sieht. Damit stellt sich die Frage, ob wir dies zuerst erreichen müssen oder ob andere Arten, unsere Anhaftungen zu lösen, aus sich heraus ein Verständnis von Leerheit in uns bewirken können.

Es scheint, als gehe es hier um das Thema „Freiheit oder Disziplin". Nehmen Sie einmal an, Sie seien süchtig nach Schokolade. Sie können sich entweder mit Schokolade voll stopfen, bis Ihnen schlecht wird, oder Sie können sich mäßigen und den übermäßigen Genuss nach und nach aufgeben. Beide

---

11 *Nāgārjunas Juwelenkette*, S. 196.

Methoden funktionieren. Einsicht kann auf beiden Wegen eintreten. Aber keine der Methoden führt automatisch zu Einsicht. Selbst wenn Sie Schokolade nicht aufgeben, müssen Sie auf jeden Fall Ihre Übung der Reflexion und Meditation aufrechterhalten, um das Verlangen zu durchschauen. Wenn Sie sich andererseits in Ihrem Schokoladenkonsum mäßigen, können Sie das Verlangen danach so weit verringern, dass Sie Ihre Gewohnheiten klarer zu erkennen vermögen. Die Verringerung Ihres Verlangens macht Sie freier, es zu untersuchen. Disziplinierte Übung vereinfacht Ihr Leben, sie gibt Ihnen mehr Energie und hilft Ihnen, Schwung und Moral aufrechtzuerhalten. Wenn mehrere Menschen dasselbe üben und einander dabei unterstützen, stärkt das auch den *Sangha,* wie man die buddhistische Gemeinschaft nennt. Doch obwohl es zutrifft, dass Übung Einsicht wahrscheinlicher macht, weil sie die Begierde schwächt, ist auch die stärkste Disziplin kein Ersatz dafür, die wahre Natur des Verlangens zu durchschauen, also zu sehen, dass eben dieses Verlangen die Ursache für Leiden ist.

Disziplinierte Übung befähigt uns zu sehen, wie der Geist funktioniert und vermittelt uns ein Gespür dafür, wie es sein würde, einem bestimmten Wunsch nicht mehr nachzugeben. Das ist der entscheidende Punkt. Wenn Sie beispielsweise einmal drei Tage fasten, können Sie sehen, wie Ihr Geist ohne die physische und emotionale Unterstützung von Nahrung funktioniert. Sie sehen dann, was Sie hinsichtlich Nahrung fühlen und welche Bedeutung sie für Sie hat. Das ist wie ein Laborexperiment. Sie entfernen einen bestimmten Faktor aus Ihrem Leben, um zu sehen, was passiert, wenn dieser Faktor nicht da ist. Es ist nicht nötig zu raten. Sie sehen und spüren das Ergebnis tatsächlich, und folglich lernen Sie sich besser kennen.

Vielleicht wollen Sie danach ein Gelübde ablegen. Ein Gelübde ist ganz einfach eine Erklärung - gewöhnlich eine öffentliche Erklärung - die besagt, dass Sie irgendetwas für eine bestimmte Zeit oder auch für immer tun oder nicht tun. Nicht, dass Sie es versuchen und auch nicht, dass Sie es versprechen, sondern: Sie *werden* es tun. Wenn Sie das Gelübde ablegen, ist es bereits erfüllt, und die Frage, ob Sie es brechen könnten, stellt sich gar nicht. Ein Gelübde abzulegen bedeutet es zu halten. Selbst wenn Sie es nicht in Gegenwart anderer aussprechen, legen Sie es doch vor dem Buddha und den Bodhisattvas ab und bitten diese, Ihr Gelübde zu bezeugen. Wenn Sie das getan haben, gibt es kein Zurück. Darum sollten Sie, bevor Sie ein Gelübde ablegen, genau wissen, was Sie tun und warum. Sie sollten sich gut genug kennen, damit Sie nicht zum Beispiel aus Selbsthass ein Gelübde ablegen, bloß um sich das Leben noch schwerer zu machen. Doch auch dann, wenn das Ihre Motivation wäre, müssten Sie das Gelübde nun halten. Wenn man ein Gelübde bricht, dann bedeutet das, dass man es von vornherein nicht wirklich abgelegt hat. Das aber zeigt, dass man noch keine emotional integrierte Person ist.

Ein Gelübde abzulegen setzt also ein gewisses Maß an psychischer Integration voraus. Ist das aber beim Ablegen eines Gelübdes noch nicht vorhanden, dann gehört es zum Zweck des Gelübdes, sich im Lauf seiner Erfüllung zunehmend emotional zu integrieren. Man wird auch dadurch schon integrierter, dass man darauf hinarbeitet, etwas zu geloben. Ohne die erforderliche Integration kann man ein Gelübde nicht halten. Da sich die Frage, es nicht zu halten, aber gar nicht stellt, muss man schlicht und einfach integriert werden. Es gibt keinen anderen Weg.

DIE TORHEIT UNTAUGLICHEN HANDELNS

Die Enthaltung von allen Untugenden
Sowie das stete Streben nach tugendhaftem Handeln
Mit Körper, Rede und Geist –
Dies sind die drei Arten der Praxis.

Diese drei Arten der Praxis befreien uns
Von einer Wiedergeburt als Höllenwesen, Hungergeist oder Tier.
Die Wiedergeburt als Mensch oder Gott aber schenkt uns
Glück, Vermögen und Macht in erheblichem Maß.[12]

Die Daseinszustände der Höllenbewohner, der hungrigen Geister (*pretas*) und der Tiere werden gewöhnlich als die „abwärts führenden Fährten" bezeichnet. Im traditionellen Buddhismus wie auch allgemein in der indischen Kultur gilt es als unumstößlich, dass man durch tugendhaftes Handeln eine höhere Stufe auf der Leiter des bedingten Daseins erreicht und damit auch

---

12 *Nāgārjunas Juwelenkette*, S. 166. Übersetzung der ersten Zeile an die englischen Vorlage angepasst. Anm.d.Üb.

Glück und Wohlbefinden steigert. In anderen Worten, Tugend zahlt sich durch das aus, was hier als „hoher Zustand" übersetzt wird. Inder glauben fest daran, dass ein tugendhaftes Leben nicht nur zu höheren Bewusstseinsstufen führt; es bringt auch weltliche Belohnungen in Gestalt eines zukünftigen Lebens mit sich, in dem man wohlauf und glücklich, reich, gut aussehend und so weiter sein wird. In den meisten buddhistischen Ländern befolgen die Laien die ethischen Vorsätze größtenteils aus diesem Grund.

> Wenn man diese Einstellung zur ethischen Übung zu wörtlich nimmt oder zu weit treibt, wird sie zu dem, was Swami Vivekananda einst „Ladenbesitzer-Religion" nannte.

Ich bezweifle, dass Karma so linear funktioniert. Jedenfalls ist die Einstellung, den ethischen Wert von Handlungen danach zu bemessen, wie weit sie einen in dieser oder der nächsten Welt voranbringen, kaum als spirituell zu bezeichnen. Der Wunsch, in einem himmlischen Gefilde wiedergeboren zu werden, ist genauso wenig spirituell wie der Wunsch, im gegenwärtigen Leben reich und erfolgreich zu sein. Beides sind unangemessene Lösungen für das Problem menschlichen Leidens. Ein nutzenorientierter Glaube an Karma ist bestenfalls für Leute, die nur sehr materialistisch denken können, ein Anreiz zu moralischem Handeln. Zweifellos ist es aber wichtig, dies zu bedenken: Menschen dazu anzuregen, sich aus Sorge um ihr Wohlbefinden in einem zukünftigen Leben gut zu verhalten, kann ein guter Anfang sein. Wir müssen uns aber von jeglicher Abhängigkeit von solchen Anreizen abkoppeln, denn sie gefährdet zwangsläufig die Reinheit der Absichten hinter einer moralischen Handlung und somit auch die spirituelle Wirksamkeit dieser Handlungen.

Wenn man diese Einstellung zur ethischen Übung zu wörtlich nimmt oder zu weit treibt, wird sie zu dem, was Swami Vivekananda einst „Ladenbesitzer-Religion" nannte – sie wird zum Tauschhandel guter Taten gegen künftige weltliche Vorteile. Dann rechnen Sie sich vielleicht sogar aus, dass Sie einen schönen Überschuss in Ihrem moralischen Guthaben erwirtschaftet haben und es sich deshalb nun leisten können, in einem bestimmten Bereich Ihrer ethischen Übung rückfällig zu werden. Solch ein naiver spiritueller Materialismus ist heute wohl kaum für viele Leute attraktiv. Am ehesten werden wahrscheinlich jene davon angesprochen, die religiösen Bewegungen angehören, in denen man weltlichen Wohlstand als ein Zeichen von Gottes Wohlgefallen auslegt und in denen man tugendhaften Gläubigen himmlische Freuden verspricht.

Der einzige wahrhaft spirituelle Maßstab für ethisches Handeln liegt darin, ob es in Richtung *nirvāṇa* führt oder nicht, oder ob es wenigstens zu jener Grundlage beiträgt, auf der *nirvāṇa* erreicht wird, und das heißt: Waren diese Handlungen aus bewusster Sorge sowohl für andere als auch für einen selbst motiviert? Wir können auch schlicht sagen, eine wahrhaft tugendhafte Handlung sei ihr eigener Lohn. Was könnte ein besserer Anreiz für die Entwicklung eines großzügigen, offenen Bewusstseinszustands sein als das Wissen, dass er zu noch positiveren Zuständen und letztendlich zu Erleuchtung führen wird? Wenn Ihre positiven Bewusstseinsverfassungen zu Reichtum und Wohlstand führen, ist das nicht schädlich, aber solche materiellen Belohnungen dürfen nur ein Nebenprodukt des wahrhaft hilfreichen Verhaltens sein und nicht sein *Daseinszweck.*

Wie können jene, deren Geist sich in sinnlosen Abschweifungen ergeht
Und die auf dem Weg zu einer ungünstigen Wiedergeburt sind,
unglücklich und nur darauf bedacht, andere zu täuschen,
wie sollten solche Menschen Verständnis für das zeigen, was von Bedeutung ist?

Wie können jene, die andere zu täuschen versuchen,
Staatsmänner sein?
Auf diese Weise unterliegen sie nur selbst der Täuschung
In vielen tausend Geburten.

Selbst wenn Ihr Euch eines Feindes erwehren müsst, solltet
Ihr Untugenden ablegen und Euch in guten Eigenschaften üben,
denn dies nützt Euch
und missfällt Eurem Feind.[13]

Diese Verse machen deutlich, wie ganz und gar zwecklos unheilsame Handlungen mit Körper, Rede und Geist sind. Sie nehmen uns jede Möglichkeit zu geistiger Klarheit. Wir schaffen nicht nur Leid für uns selbst; wir kommen vom Weg ab, wir verlieren den Pfad aus den Augen, der uns vom Leid

---

13 *Nāgārjunas Juwelenkette*, S. 178f.

Ethisch leben

wegführt. Wir verlieren jedes klare Gefühl dafür, was für uns selbst gut und wirklich bedeutungsvoll ist. Indem man andere betrügt, täuscht man sich selbst auf eine Weise, die schwerer wiegt als jeder mögliche Vorteil, den der Betrug bringen könnte. Solange man von einer betrügerischen Geistesverfassung beherrscht wird, ist es natürlich wieder sehr schwierig, dies zu sehen. Schlimmer noch: Es bedeutet, dass einem die höchst positive Erfahrung von unbegrenzter und allumfassender liebender Güte fremd ist, die man in der buddhistischen Überlieferung *mettā* (Pāli) oder *maitrī* (Sanskrit) nennt.

Der in der dritten Strophe gegebene Rat erscheint recht zynisch, wenn man bedenkt, dass er von einem großen buddhistischen Philosophen kommt. Doch dürfen wir nicht vergessen, dass er im Hinblick auf die Verantwortung eines Königs gegeben wird. Ein König kann Feinde im Sinn von Staatsfeinden haben, ohne dass es dabei um irgendetwas Persönliches geht. Er muss mit solchen politischen Feinden wirksam umgehen und sogar die Oberhand über sie gewinnen können, ohne ihnen mehr als nötig zu schaden. Das Prinzip scheint klar: Selbst wenn Ihre Motivation unrein ist und Sie jemanden besiegen wollen, sind Sie dennoch verpflichtet, rücksichtsvoll zu sein. Es wird Ihnen karmisch gesehen nützen, und es wird auch beeinflussen, wie andere Sie sehen. Überdies wird es Ihren Gegnern nicht gefallen, ihre Meinung über Sie revidieren zu müssen. Der heilige Paulus sagte etwas Ähnliches: Wenn du freundlich zu deinem Feind bist, „dann sammelst du glühende Kohlen auf sein Haupt."[14]

Von den Untugenden kommt alles Leid
und alle ungünstigen Wiedergeburten.
Von den Tugenden kommen alle Freuden im Leben
und jeder förderliche Wiedereintritt in die zyklische Existenz.[15]

Einige Buddhisten glauben, alles Leid sei die Folge von Missetaten, die in vorherigen Leben begangen wurden. Deshalb müssen wir sehr sorgsam darauf achten, Nāgārjunas Aussagen richtig zu verstehen. Es stimmt nicht, dass all unser Leid das direkte Ergebnis eigener untauglicher Handlungen ist. Gewiss wird eine unheilsame Handlung früher oder später Leid für die Person, die sie begangen hat, nach sich ziehen. Das bedeutet aber nicht, dass alles

---

14 *Römerbrief* 12.20. Zitiert nach http://www.bibleserver.com/text/EU/Römer12.
15 *Nāgārjunas Juwelenkette*, S. 166.

Unangenehme, das uns widerfährt, zwangsläufig aufgrund unserer unheilsamen Taten eingetreten ist. Tatsächlich haben wir manchmal den Eindruck unverdienterweise zu leiden, und aus buddhistischer Sicht kann dieser Eindruck durchaus gerechtfertigt sein. Ein Teil unserer Erfahrungen ist das Ergebnis von Karma, andere hingegen sind anderweitig bedingt.

Wir *können* aber sagen, dass all unser Leid *indirekt* Ergebnis unserer schädlichen Willensregungen in der Vergangenheit ist. Auf lange Sicht gesehen, stellen wir fest, dass es unsere eigenen Gedanken, Worte und Taten waren, die uns die Wiedergeburt im menschlichen Bereich beschert haben. Durch unsere eigenen Geisteshaltungen sind wir in die bedingte Existenz gelangt, und bedingte Existenz ist gleichbedeutend mit Leid. Das Unglück, das wir, nicht immer durch eigene Fehler, erleiden, ist ein wesentlicher Teil der Daseinsstufe, in der unser Bewusstsein entstanden ist. Śāntideva drückt das im *Bodhicāryāvatāra* so aus, dass jemand, der uns schlägt, die Verantwortung dafür tragen muss, dass er den Stock ergreift; wir selbst aber sind dafür verantwortlich, dass wir den Körper, der nun geschlagen wird, ergriffen haben. Unser eigenes verblendetes Bewusstsein hat zur Wiedergeburt im menschlichen Bereich geführt, in dem solche Dinge nun einmal passieren.

WIR UND DIE WELT

So übt Euch pausenlos in guten Taten
und gebt alles auf, was ihnen entgegensteht.
Wenn Ihr und die Welt nach der
Unvergleichlichen Erleuchtung strebt,

so wisset, dass sie drei Wurzeln hat:
das altruistische Streben nach Erleuchtung, das so
fest ist wie der höchste aller Berge;
Mitgefühl, das in alle Himmelsrichtungen ausstrahlt;
Und Weisheit, die nicht auf der zweifachen Sicht beruht.[16]

Wie wir gesehen haben, gibt es allerlei überlieferte Anreize und Warnungen bezüglich der Verbindung zwischen einem ethischen Lebenswandel ei-

---

16 *Nāgārjunas Juwelenkette*, S. 183.

Ethisch leben

nerseits und persönlichem Glück oder Wohlbefinden andererseits. Natürlich ist es aber ebenso wichtig, das Wohl anderer zu bedenken. Nāgārjuna stellt dem König nun das Ideal des Mahāyāna vor, das Bodhisattva-Ideal. Dieses Ideal ist der Gewinn „unvergleichlicher Erleuchtung", und dabei gelten drei Faktoren als die „Wurzeln", die sie herbeizuführen helfen. Die erste Wurzel ist „das altruistische Streben", *bodhi-citta*, der Wunsch, Erleuchtung zum Wohl aller Wesen zu erlangen. Dieses erhabene Streben ist so tief mit einem Sinn für das Transzendente getränkt und gleichzeitig so innig mit dem alltäglichen Leben verwoben, dass es unerschütterlich ist. Die zweite Wurzel ist Erbarmen, ein zur Tat drängendes Mitgefühl, das grenzenlos ist und unter keinen Umständen ins Wanken gerät, ganz gleich, welche Herausforderung es geben mag. Die dritte Wurzel ist Weisheit, die unfassbar ist und dem Ich keinen Halt bietet.

Zieht religiöse und weltliche Menschen
gleichermaßen an
durch Geben, angenehme Rede,
sinnvolles Handeln und übereinstimmendes Handeln.[17]

Ein Großteil von Nāgārjunas Rat an den König wird in Form der überlieferten ethischen Liste der zehn Vorsätze dargeboten, die auch die Grundlage der folgenden Kapitel dieses Buchs sind. Nāgārjuna bezieht sich jedoch auch kurz auf eine andere traditionelle Liste, die *saṃgraha-vastus*. Dies sind die vier „einheitsstiftenden Mittel", mit deren Hilfe Bodhisattvas Menschen zusammenbringen, um gemeinsam das zu erschaffen, was man mit einem mythischen Namen als „reines Land" bezeichnet.

Für das Ego ist Realität keine bequeme Erfahrung.

Zunächst einmal: Geben oder Großzügigkeit ist die praktischste Art und Weise, mit anderen in Verbindung zu treten. Wir lassen von dem festen Griff auf das ab, was uns gehört, ganz gleich ob materielle Güter, Geld, Zeit oder Energie. Was bisher Ausdruck unserer Besitzgier war, wird in ein Mittel umgewandelt, das genaue Gegenteil auszudrücken. Zweifellos freut sich der Empfänger unsere Gabe zu erhalten, aber noch wichtiger ist das Gefühl

---

17 *Nāgārjunas Juwelenkette*, S. 179.

von Sorge und Anteilnahme, das sich in einer jeden Geste dieser Art mitteilt. Die höchste Gabe ist die Gabe des Dharma, der buddhistischen Lehre und Lebensweise. Im Mahāyāna unterscheidet man nicht zwischen der persönlichen Übung des Dharma und seiner Weitergabe an andere.

Das zweite *saṃgraha-vastu* ist liebevolle Rede. Wie wir später in mehr Einzelheiten sehen werden, wird rechte Rede im Buddhismus stark betont. Es geht nicht bloß um den Inhalt dessen, was wir kommunizieren; ein großer Teil unserer Kommunikation geschieht auch durch Stimme und Gebärden, die häufig unsere wahren Gefühle und Einstellungen sehr viel genauer widerspiegeln als das, was wir inhaltlich sagen. Gleichzeitig ist es schwieriger, dieses Merkmal der Rede zu überwachen, denn dies ist eher eine Offenbarung unseres Selbst. Anderseits aber gilt, dass es uns auf einer ziemlich tiefen Ebene verändern kann, wenn wir bewusst liebevolle Rede pflegen.

Das dritte einheitsstiftende Mittel ist hilfreiches Wirken. Dabei geht es nicht bloß darum, anderen zu helfen, sondern auch zu wissen, was für sie tatsächlich hilfreich ist. Überdies muss man seine eigenen Energien auf die bestmögliche Weise einsetzen können. Es gibt schließlich viel zu tun, und die eigenen Kräfte sind begrenzt. Es nützt den Menschen am meisten und auf der tiefsten Ebene, wenn man ihnen hilft, Zugang zu ihrer eigenen Energie zu finden, indem man ihr Feuer entfacht, sie gewissermaßen in Bewegung setzt und begeistert.

Das vierte *saṃgraha-vastu* ist etwas vorleben, indem man selbst das übt, worüber man spricht. Der Dharma ist eine Lehre, die im täglichen Leben zu verwirklichen ist, und eben dadurch vermittelt sie sich wahrhaftig. Verkörpern wir selbst die Qualitäten, die wir anderen zu entwickeln vorschlagen? Wenn nicht oder wenn es eine Unstimmigkeit gibt, zwischen der Art, wie wir sind, und der Art, wie wir sein wollen, dann fehlt offenbar etwas. Was fehlt, ist weniger die Fähigkeit, anders zu sein als wir schon sind, sondern vielmehr der Mut, ehrlich zu zeigen, wo wir tatsächlich stehen. Wenn wir das aufrichtig zeigen können, selbst wenn wir es auch noch so schwierig oder erniedrigend finden, unsere Mängel uns selbst, geschweige denn anderen gegenüber einzugestehen, dann machen wir große Fortschritte. Schließlich gilt: Für das Ego ist Realität keine bequeme Erfahrung.

In der *Juwelenkette* bilden die *saṃgraha-vastus* einen Teil von Nāgārjunas Anleitung für einen König – nicht für einen Bodhisattva – und diese Übungen sind tatsächlich auf jeder Stufe unserer spirituellen Entwicklung wichtig. Sie verkörpern die grundlegenden Tugenden der Großzügigkeit, Freundlichkeit, Hilfsbereitschaft und Authentizität, und man kann sie auf verschiedene alltägliche Arten entwickeln.

DIE ZEHN VORSÄTZE

Nicht töten, nicht stehlen,
anderer Menschen Gefährten nicht verführen,
keine unwahren, trennenden, groben und sinnlosen Worte sprechen,

Begehrlichkeit aufgeben und mit ihr die Absicht, anderen zu schaden,
Anschauungen aufgeben, welche die Wirklichkeit für nicht-existent erklären –
Dies sind die zehn leuchtenden Pfade des Handelns.
All dies nicht zu tun, führt ins Dunkel.[18]

In diesen beiden Versen führt Nāgārjuna die Vorsätze ein, auf denen sein Rat an den König hauptsächlich gründet. Mit dem Argument, Ethik sei die Grundlage von Weisheit, spricht er ganz klar aus, worin ein ethisches Leben besteht. Diese Verse beziehen sich auf die zehn traditionellen Vorsätze: die *daśa-kuśala-karma-pathas* oder die „zehn Arten heilsam-klugen Handelns".

> Die Vorsätze bilden eher einen Übungspfad
> als eine Liste fester Regeln oder strenger Verbote.

Ein Vorsatz ist ein Übungsprinzip, eine Richtlinie zu ethischem Verhalten in einem bestimmten Lebensbereich. Die Vorsätze zu beachten ist wichtig, nicht um „den Regeln zu gehorchen" oder um „gut zu sein", sondern um förderliche Wege des Seins und Verhaltens um ihrer selbst willen zu entwickeln. In dieser Hinsicht kann man stets mehr tun. Sie stürzen sich rückhaltlos in die ethische Übung, sind sich aber zugleich bewusst, dass Sie zumindest manchmal in einem gewissen Grad rückfällig werden. Wenn das passiert, müssen Sie an dem Punkt wieder beginnen, an dem Sie ausgeschert sind, und darauf achten, sich nicht in Schuldgefühlen und Selbstanklagen zu ergehen.

---

18 *Nāgārjunas Juwelenkette*, S. 164f.

Die Vorsätze bilden eher einen Übungspfad als eine Liste fester Regeln oder strenger Verbote. Ein ethischer Vorsatz ist nichts Absolutes in dem Sinn, dass man ihn entweder befolgt oder eben nicht. Solange man in seinem Leben die Vorsätze im Sinn behält, kann die eigene Übung immer noch schlechter oder besser werden. Man kann immer weiter zurückfallen und immer weiter vorankommen. Deshalb haben die Vorsätze größeres Gewicht, als wir es gewöhnlich mit unserer begrenzten Erfahrung von ihnen zu erkennen vermögen.

Ein Problem könnte dann entstehen, wenn die Vorstellung der Vorsätze als „Übungsprinzipien" uns bewusst oder unbewusst glauben macht, wir könnten sie ein wenig „leichter nehmen". Vielleicht sagen wir zu uns selbst: „Nun ja, ich bin wohl noch ein bisschen lasch bei meinem Versuch, mich vegetarisch zu ernähren, aber irgendwann werde ich etwas daran tun." ... „Rede? Ach, leider sind kleine Notlügen im Geschäftsleben nun einmal notwendig, und es ist doch offensichtlich, dass man mit ein paar gepfefferten Worten etwas besser überbringen kann. Aber vielleicht, wenn ich eine Führungsaufgabe bekomme ..." ... „Klar, mit der Führung der Barkasse könnte ich es etwas genauer nehmen – wenn es mir doch bloß gelingen würde, etwas weniger Steuern zu zahlen." ... „Weißt du, jetzt, da ich nicht mehr hinter der Theke arbeite, betrinke ich mich nur noch zweimal in der Woche, deshalb bin ich meistens in einer viel besseren Geistesverfassung." ...

Das ist natürlich eine Karikatur, doch vielleicht nicht ganz. Obwohl wir darauf achten sollten, die Vorsätze nicht geradezu legalistisch einzuhalten, fordern sie mehr von uns als nur eine vage Absicht, uns in Zukunft besser zu benehmen. Wir können zum Beispiel versuchen, sie einfallsreicher anzugehen, besonders indem wir ihre positiven Entsprechungen entwickeln: freundlicher, großzügiger, treuer (in Gedanken, Rede und auch Taten), ehrlicher und achtsamer sein. Wir können nach neuen Wegen suchen, diese positiven, umfassenden Qualitäten auszudrücken. Die folgenden Kapitel werden zeigen, wie sehr es sich lohnt, über die zehn Vorsätze ausgiebig nachzudenken und zu reflektieren. Sie gehen weit über unsere gewöhnlichen Vorstellungen von Ethik hinaus.

1. FREUNDSCHAFT

„NICHT TÖTEN"

In seinem Rat an den König spricht Nāgārjuna bei diesem Vorsatz einfach von „nicht töten". Doch die gebräuchliche Formulierung des ersten Vorsatzes – „Ich verpflichte mich, mich des Tötens von Lebewesen zu enthalten" – schließt viel mehr ein. Auf Pāli (jener alten Sprache, in der viele Buddhisten ihn noch immer rezitieren) lautet der Vorsatz *pāṇātipātā veramaṇī sikkhāpadaṃ samādiyāmi. Pāṇa* bedeutet „Lebewesen" (wörtlich: atmendes Wesen), *atipāta* „verletzen", „tätlich werden" oder „angreifen", *veramaṇī* „Abstand nehmen von" oder „sich enthalten", *sikkhāpadaṃ* heißt wörtlich „Übungsschritt" und *samādiyāmi* lässt sich als „ich nehme auf mich" oder „ich verpflichte mich" wiedergeben. Der ganze Vorsatz lautet demnach: „Ich nehme die Schulungsaufgabe an, mich der Verletzung von Lebewesen zu enthalten."

> Es ist leicht zu glauben, wir wüssten, was für andere
> am besten ist, doch wir wissen es nur sehr selten.

Der größte Schaden, den man Lebewesen zufügen kann, ist ihnen das Leben zu nehmen, und, soweit es Tiere betrifft, geht es bei diesem Vorsatz besonders um Nicht-Töten. Wenn es um Menschen geht ist die Verpflichtung, sich des Tötens zu enthalten, wohl kaum mehr als nur eine beiläufige Verbeugung in Richtung des Vorsatzes. Doch schadet man Menschen nicht nur, indem man sie ihres Lebens beraubt oder ihnen Schmerz oder Leid zufügt. Sie daran zu hindern, ihr Potenzial zu entfalten, spirituell zu wachsen und sich zu wahren Individuen zu entfalten, gehört ebenfalls in den Bereich dieses Vorsatzes. (Sicherlich sind viele Tiere lernfähig; ob sie sich auch spirituell entwickeln können, lässt sich nicht sagen; auf jeden Fall ist es aber möglich, sie ihrer Lebensfreude zu berauben.)

Der Vorsatz wird negativ formuliert, denn es ist sehr schwierig, einer anderen Person aktiv bei ihrem Wachstum zu helfen. Wenn Sie dazu fähig sind, ist das schön und gut; wenn nicht, können Sie zumindest darauf achten, sie in ihren Bemühungen, ihre Bewusstheit zu steigern und auszuweiten, nicht zu behindern. Somit könnte man die Aussage des Vorsatzes auch so verstehen: Respektiere die Individualität anderer; stehe ihrer positiven Entwicklung nicht im Weg.

Manche Menschen könnte man gar nicht auf eine solche Weise behindern. Auch wenn man sie vielleicht davon abhielte zu meditieren und sie sogar ins Gefängnis sperren würde, könnte nichts davon ihre Entwicklung als Individuum behindern. Doch die persönliche Entwicklung der allermeisten Menschen ist viel weniger entschieden und gesichert. Sie werden leicht durch die Handlungen anderer, so gut sie auch gemeint sein mögen, gebremst oder auf Abwege gebracht. Es ist leicht zu glauben, wir wüssten, was für andere am besten ist. Doch wir wissen es nur sehr selten. Das Beste, das wir für andere tun können, ist, sie mit möglichst guten Bedingungen auszustatten, unter denen sie ihren eigenen Weg finden können, und ihnen im Übrigen zu erlauben, Fehler zu machen. Um wachsen zu können, brauchen Menschen Freiheit. Wenn wir dazu beitragen können, sollten wir das sicherlich tun. Abgesehen davon sollten wir sie im Großen und Ganzen in Ruhe lassen.

Furcht und Macht

Wild zu jagen ist die schreckliche Ursache
eines kurzen Lebens
voller Angst, Leid und Höllenqualen.
Daher solltet Ihr Euch stets des Tötens enthalten.

Wer verkörperten Wesen absichtlich Angst einflößt,
wenn er mit ihnen zusammentrifft, ist ein boshafter Mensch,

der einer Gift speienden Schlange gleicht.
Sein Körper ist durch und durch unrein.[19]

In diesen Versen warnt Nāgārjuna den König vor der Jagd, die man in den meisten Kulturen als einen königlichen Zeitvertreib ansah. Sie war eine Lustbarkeit, die Herrschaft über ein großes Gebiet erforderte, eine quasi-militärische Art der Erholung ermöglichte und es dem König erlaubte, seine Reitkunst und sein taktisches Geschick zur Schau zu stellen. Gleichzeitig aber bedeutete die Jagd eine Rückkehr zum alltäglichen Kampf mit anderen Arten, in den unsere jungsteinzeitlichen Ahnen vor der Einführung von Ackerbau und Viehzucht verwickelt waren. Abgesehen davon, dass sie eine aristokratische Kriegsübung war, bot die Jagd Männern die Möglichkeit, ihre primitive, instinkthafte Natur mit ihrer Lust an Erregung und Gewalt zu erleben. Darüber hinaus gab es auch das Verlangen, die bezwungenen Geschöpfe zu verzehren und sich so ihre Kraft einzuverleiben. Wahrscheinlich war es vor allem die Jagd, die in jungsteinzeitlichen Stammesgesellschaften ursprünglich die Machtstruktur bestimmte, zumindest soweit es die Männer betraf. Für einen indischen König des Altertums wäre es deshalb wahrscheinlich sehr schwierig gewesen, diesen Zeitvertreib aufzugeben, ohne zugleich seine Autorität aufs Spiel zu setzen.

> Extreme Furcht kann zu einem Zerfall unseres Ichgefühls
> führen und uns sogar veranlassen, persönliche
> Werte, die uns lieb und teuer sind, angesichts einer
> Bedrohung unseres Lebens aufzugeben.

Nāgārjuna ist sich all dieser Dinge bewusst, und doch hält er es für notwendig, seinen Schirmherrn vor den spirituellen Gefahren zu warnen, die die Lust am Jagen mit sich bringt. Für unsere Vorfahren war die Jagd notwendig, um sich zu ernähren, und das gilt auch heute noch für manche Stammesvölker. Wenn es aber keine solche Notwendigkeit zu jagen gibt und man es trotzdem tut, dann macht man es allein aus Lust am Verfolgen und Töten oder zur Befriedigung der eigenen Blutrünstigkeit, auch wenn man vie-

---

19 *Nāgārjunas Juwelenkette*, S. 183.

le andere Gründe vorbringen mag. Und das bedeutet: Jagen ist ein gänzlich unheilsamer Verstoß gegen den ersten Vorsatz.

Eine Art, wie Menschen dafür sorgen, sich selbst stark zu fühlen, besteht darin, anderen Angst zu machen. Anders als die Jagd ist dies eine Form der Machtausübung, zu der sich nahezu jeder versucht fühlen kann. In dieser Hinsicht ist es bemerkenswert, dass die Gabe von Furchtlosigkeit zusammen mit der Gabe des Dharma zu den Arten des Gebens gehört, die ein Bodhisattva übt. Man kann es als ebenso unheilsam ansehen, anderen Angst zu machen, wie es heilsam und förderlich ist, Furchtlosigkeit zu geben.

Im Altertum reagierten die Menschen vielleicht häufiger mit Furcht als heute. Damals gab es viele unmittelbare Bedrohungen, vor denen wir heutzutage geschützt sind. Deshalb neigen wir heute weniger dazu, jene zu tadeln, die sich ihrer Angst ergeben, als das in heroischeren Zeiten üblich war. Gesellschaftlich gesehen brauchen wir nur noch selten den körperlichen Mut, der früher nötig war, um die Gemeinschaft zu beschützen. Gleichwohl kann extreme Furcht noch immer zu einem Zerfall unseres Ichgefühls führen und uns sogar veranlassen, persönliche Werte, die uns lieb und teuer sind, angesichts einer Bedrohung unseres Lebens aufzugeben. ist Deshalb ist es äußerst unheilsam, anderen Furcht einzuflößen.

Wie Verlangen so kann auch Furcht etwas Positives sein. Gerade so, wie wir ein gesundes Verlangen empfinden sollten, uns zu unserem Besten zu verändern, so sollten wir auch eine gesunde Furcht vor allem haben, was uns vom Pfad der spirituellen Entwicklung und Selbst-Transzendierung abhält. Manch einer wiegt sich aufgrund seiner Alltagsroutine in einer trügerischen Sicherheit, doch das menschliche Dasein ist ungewiss. Wir werden sterben, und es ist nicht morbide, uns dieser Tatsache bewusst zu sein. Wir sollten das bedingte Dasein selbst „fürchten".

Angst oder Furcht um das Ego hingegen ist ein schädlicher Geisteszustand. Sie geht mit einem Schrumpfen, sogar einer Versteinerung der Energie einher, und deshalb ist es schädlich, anderen eine solche Angst einzuflößen. Nāgārjuna beschwört ein absichtlich beängstigendes Bild herauf, um das klarzumachen. Es ist, als wolle er sagen: „Fürchte dich davor, Furcht zu erregen." Wenn man andere in Schrecken versetzen will, wird das wahrlich schreckliche Folgen haben.

Wie Lust und Abneigung, so ist auch Angst eine primitive, tierische Emotion, und es ist bemerkenswert, welch großer Teil unserer populären Kultur darauf abzielt, diese Emotionen zu füttern. Drei beliebte Filmgenres befriedigen beispielsweise unser Bedürfnis nach derartigen Nervenkitzeln: pornografische Filme, Gewalt- und Horrorfilme. Aus eben diesem Grund ist es auch relativ unheilsam, einen wohligen Schauer des Grauens hervorzurufen. Hass oder Begierde zu wecken ist noch schädlicher.

Im öffentlichen Leben warnen uns politische oder journalistische Schwarzseher ständig vor Massenvernichtungswaffen, Terrorismus, Umweltverschmutzung, Überbevölkerung, globaler Erwärmung, den Auswirkungen passiven Rauchens, den Gefahren des Radfahrens ohne Helm und so weiter. Viele ihrer Warnungen betreffen echte Gefahren und spiegeln eine aufrichtige Sorge um die Menschen wider. Zweifellos ist es ein gutes Anliegen, Rücksicht auf das Wohl anderer, einschließlich des Wohls kommender Generationen, zu wecken und uns aus unserer Neigung aufzurütteln, auf kurzsichtige, verblendete und selbstbezogene Weise in den Tag hinein zu leben. Allerdings sollte man die Motivation derer untersuchen, die andere absichtlich zu beunruhigen trachten. Man kann Menschen durch Gewalt oder die Androhung von Gewalt terrorisieren, doch man kann sie auch auf viel subtilere Weise ängstigen. Man kann sich sogar daran vergnügen, andere aus scheinbarer Sorge in Furcht zu versetzen, und manche Leute finden daran offenbar Gefallen, ebenso wie andere an Gewalt Gefallen finden. Als Überbringer schlechter Nachrichten genießt man vielleicht im Geheimen die Macht, andere beeinflussen zu können, und es putscht einen auf, die Auswirkungen der eigenen Worte zu sehen. In ähnlicher Weise gibt es eine Art düstere Freude daran, anderen Menschen Angst zu machen. Nicht allen, die vor Schrecklichem warnen, liegt das Wohl jener am Herzen, denen sie Angst einflößen. Während des Zweiten Weltkriegs galt das „Verbreiten von Besorgnis und Verzagtheit" allgemein als Schwarzmalerei und wurde aus guten Gründen missbilligt, denn das war eine Zeit echter Gefahren. Jede Einschätzung einer Bedrohung sollte realistisch, aber positiv sein.

Leider sind selbst diejenigen, die vor spirituellen Gefahren warnen, nicht immer unbefangen. Wie einige Höllenfeuer-Prediger alter Zeiten geht es ihnen vielleicht darum, ihr Verlangen nach Macht zu befriedigen. Wenn man andere nicht aus Sorge um ihr spirituelles Wohl zu Gottesfurcht bewegt, sondern um sie schlicht und einfach in Panik zu versetzen, damit man sie besser beherrschen und kontrollieren kann, dann ist ein derart heuchlerisches Verhalten höchst verwerflich.

Im Gegensatz dazu verbreitet ein Bodhisattva Zuversicht und Frohsinn wie in den folgenden Versen.

Wie Regenwolken, die sich zusammenballen
und jeden Bauern erfreuen,
so wirkt ein Mensch, bei dessen Anblick
die Wesen sich freuen, nur Gutes.[20]

Hier spielt Nāgārjuna auf den Beginn des Monsunregens an. Noch heute halten die Bauern in Indien besorgt nach den ersten Monsunwolken am Himmel Ausschau, denn wenn der Regen nur ein paar Tage zu spät kommt, wird die Ernte schlecht sein. Setzt der Monsun hingegen rechtzeitig ein, dann freuen sich die Bauern. Das Bestreben, die Wesen zu erfreuen, ist im Buddhismus und besonders im Mahāyāna von zentraler Bedeutung. Die Menschen zu beglücken und positive Emotionen in ihnen zu wecken gehört zu den Hauptaktivitäten eines Bodhisattva. (Wie schon erwähnt, sind die Bodhisattvas im Mahāyāna die idealen Buddhisten.) „Beglücken" heißt allerdings nicht, nur unterhaltsam zu sein. Alle Wesen zu beglücken hat nichts mit Leichtfertigkeit zu tun. Es geht darum, aufrichtige Freude in dem Sinn zu wecken, dass man den Menschen hilft, ihre tiefsten Ängste und Nöte zu überwinden und zur Wahrheit des Dharma zu erwachen.

> Die wichtigsten Eigenschaften eines Bodhisattva
> und jedes Menschen, der selber andere lehrt
> oder anleitet, sind Inspiration und Mettā.

Dies ist das Gegenteil davon, sich selbst mächtig fühlen zu wollen. Man versucht nicht, andere im Sinne der eigenen Absichten zu kontrollieren. Eher ist man wie die Regenwolke, die den Menschen gibt, was sie wünschen und benötigen, um wahrhaft glücklich zu sein. So wie die Regenwolke macht man sich auf und gibt sich hin. Wesentlich dabei ist, dass ein angehender Bodhisattva verpflichtet ist, voller Freude zu sein. Man kann andere nicht erfreuen,

---

20 *Nāgārjunas Juwelenkette*, S. 183.

wenn man selbst nicht froh ist. Wenn Sie nicht nur theoretisch wünschen, dass andere glücklich sein mögen, sondern auch etwas *tun* wollen, um sie glücklich zu machen, dann müssen Sie selbst emotional positiv sein. Wenn Sie ein Miesmacher oder eine Unheilsprophetin sind, wenn Sie Schwarzmalerei betreiben, dann sind Sie kaum auf dem Bodhisattva-Pfad.

Folgen Sie daher der Freude, wenn Sie auf der Suche nach buddhistischen Lehren sind. In einem buddhistischen Zentrum oder einer buddhistischen Gemeinschaft sollte eine glückliche, freundliche und friedliche Atmosphäre herrschen. Die wichtigsten Eigenschaften eines Bodhisattva und jedes Menschen, der selber andere lehrt oder anleitet, sind Inspiration und Mettā. Wenn Sie beispielsweise die sieben Erleuchtungsglieder nicht aufzählen können, ist das nicht weiter schlimm. Aber Sie können nicht ohne Inspiration und Mettā auskommen, und es muss gepflegt werden. Inspiration kann sich durch Feiern einer Pūjā[21] und die Erfahrung spiritueller Freundschaft entwickeln. Mettā entfaltet sich durch Übung der *mettā-bhāvanā*. Dabei entwickelt man zunächst für sich selbst, dann für einen lieben Freund oder eine Freundin, danach für jemanden, den man eher als neutral empfindet, und schließlich für jemanden, den man nicht mag, den von Herzen kommenden Wunsch, es möge allen diesen Menschen gut gehen. Danach gleicht man dieses Wohlwollen für die vier Personen einander an und dehnt es auf alle Wesen in der ganzen Welt aus. Keine andere Meditationsübung ist eine stärkere Unterstützung des ersten Vorsatzes oder des Bestrebens, im Einklang mit dem Bodhisattva-Ideal zu leben.

DIE ÜBUNG DER METTĀ-BHĀVANĀ

Die Metta-bhāvanā ist eine buddhistische Schlüsselpraktik. Mettā bedeutet, positiv und mit Herzenswärme auf Menschen zu antworten, gleichgültig wie deren Haltung einem selbst gegenüber ist. Um so zu antworten, ist es nicht erforderlich, auch die anderen *brahma-vihāras* – *karuṇā* (tatkräftiges Mitgefühl), *muditā* (Mitfreude) und *upekṣā* (Gleichmut) – separat zu üben,

---

21 Eine *Pūja* – wörtlich „Verehrung" – ist ein Andachtsritual, in dem man gewöhnlich durch Rezitation von Versen, Gesang von Mantras und körperlichen Gebärden der Ehrerbietung die persönliche Hingabe an die Ideale des buddhistischen Pfades ausdrückt. Anm.d.Üb.

obwohl Sie diese Gesinnungen vielleicht manchmal im Rahmen Ihrer eigenen Meditation erforschen wollen. Sie sollten allerdings verstehen, dass die anderen drei *brahma-vihāras* alle auf Mettā beruhen. Wenn Sie die Mettā-bhāvanā nicht zu üben vermögen und weder sich selbst noch anderen gegenüber freundlich gesonnen sind, dann ist es unmöglich, eine der anderen *brahma-vihāras* zu üben. Sollten Sie etwa versuchen, tatkräftiges Mitgefühl ohne eine solide Grundlage von Mettā zu entwickeln, dann werden Sie lediglich eine Art sentimentalen Mitleids oder verschreckter Ängstlichkeit aus sich „herausquetschen" können. Entsprechendes gilt für *upekṣā*. Ohne Mettā ist sie bloß Gleichgültigkeit. Wie die anderen *brahma-vihāras* entsteht *upekṣā*, wenn Sie dasselbe Gefühl von Mettā allen Lebewesen gegenüber entwickeln, so wie man es im letzten Abschnitt der Mettā-bhāvanā tut.

> Oft ist es die psychisch schwächere Person, auf der
> man herumhackt, und das kann leider sogar innerhalb
> der spirituellen Gemeinschaft passieren.

Sollten Sie nicht gewillt sein, sich auf die Übung der Mettā-bhāvanā einzulassen, dann kommt das vermutlich daher, dass Sie sich eher gereizt fühlen und bewusst oder unbewusst in diesem Gefühl schwelgen wollen. Deshalb reden Sie sich ein: „Heute kann ich mit Mettā nichts anfangen – ich übe stattdessen die Vergegenwärtigung des Atmens." Es sollte aber andersherum sein. Die Tatsache, dass Sie gereizt sind, ist ein sehr guter Grund, die Mettā-bhāvanā zu üben, denn Gereiztheit lässt sich mit diesem Mittel oft vertreiben. Selbst wenn Sie im Allgemeinen mit dieser Meditation Schwierigkeiten haben, werden Sie wahrscheinlich dennoch davon profitieren – auch wenn dieser Segen verzögert eintreten mag. Vielleicht sind Sie während der Meditation oder unmittelbar danach unfähig, auch nur etwas Mettā zu erzeugen, und doch kommt es zu einer Veränderung in Ihrer Einstellung.

Wenn Sie den ersten Abschnitt der Mettā-bhāvanā schwierig finden, hilft es manchmal, mit einem Abschnitt zu beginnen, der Ihnen leichter fällt. Ich würde auch empfehlen, weniger Zeit mit den ersten vier Stufen zu verbringen und schneller zur fünften Stufe weiterzugehen, wenn bei Ihnen Mettā dann besser fließt. Wenn Sie indes, wie es häufig der Fall ist, die zweite Stufe am leichtesten finden, können Sie jederzeit von dort aus Wohlwollen für

Ethisch leben

sich selbst entwickeln. Nehmen Sie an, Sie haben zu Gefühlen von Wohlwollen für einen Freund oder eine Freundin gefunden, dann können Sie sich vorstellen, sie seien zusammen in einer beglückenden Situation, in der Sie einander schätzen. Auf diese Weise kann man Mettā für sich selbst wecken. Selbst wenn man es schwierig findet, sich selbst zu lieben, muss man doch gewöhnlich zugeben, dass es irgendjemanden gibt, der einen liebt.

Dieses Gefühl, angenommen und geliebt zu sein, ist äußerst wichtig für uns Menschen. Manch eine soziale Gruppe übt mithilfe des menschlichen Grundbedürfnisses nach Zugehörigkeit Kontrolle aus. Es ist schrecklich, sich von der Gruppe, der man angehört, zurückgewiesen zu fühlen, und die meisten Menschen würden alles tun, um wieder in eine positive Beziehung mit ihr zurückzufinden. Sie akzeptieren, wie die Gruppe sie bewertet, und ändern sich entsprechend, um nur ja wieder in ihren Schoß aufgenommen zu werden. Verhöre funktionieren auf die gleiche Weise. Der Mensch, der verhört wird, will es seinem Gegenüber, ganz gleich wer das sei, unbedingt recht machen: „Ja, ich bin ein Ketzer", „Ja, ich bin ein Spion." Was er damit wirklich sagt, ist: „Ich stimme allem zu, was du sagst, nur um es dir recht zu machen und angenommen zu werden." Nur eine geistig starke Person kann solch einem extremen Druck widerstehen.

Auch im Sangha oder in der spirituellen Gemeinschaft müssen wir darauf achten, keinen Druck auf andere auszuüben, etwa indem wir sie nachteilig behandeln oder so über sie sprechen. Oft ist es die psychisch schwächere Person, auf der man herumhackt, und das kann leider sogar innerhalb der spirituellen Gemeinschaft passieren. Der Druck wird vielleicht nicht als solcher wahrgenommen, und die meisten Menschen wären bei dem Gedanken entsetzt, dass sie selbst auf jemandem herumhacken. Doch es geschieht nur zu leicht, dass wir einen Menschen sang- und klanglos aus dem Nest schubsen, der nicht besonders nützlich zu sein scheint, die Ressourcen der Gemeinschaft für sich beansprucht oder einfach irgendwie anders ist. Wenn gegenüber einem Mitglied der Gruppe die kollektive Missbilligung mobilisiert wird, kann das diesem Menschen sehr großen Schaden zufügen.

Die meisten von uns spüren instinktiv, dass sie den Ausschluss aus der Gruppe, der sie angehören, nicht überleben könnten. In einer Stammesgesellschaft wäre dies ganz buchstäblich so gewesen. Shakespeare bringt den Schrecken der Verbannung in seinem Schauspiel *Richard II* zum Ausdruck, in dem der König zwei Adlige ins Exil schickt. Thomas Mowbray, der auf Lebenszeit verbannt wird, verlässt England um, wie er sich ausdrückt, „in tristem Schatten endloser Nacht zu wohnen". Henry Bolingbroke verkündet, er werde im Exil zu nichts anderem fähig sein als „damit zu prahlen, dass er ein Reisender in Sachen Kummer sei". Die Welt als Außenseiter zu durchstreifen ist Gefangenschaft; Freiheit bedeutet dazuzugehören.

Die Herausforderung an uns besteht also darin, niemanden aus unserer Fürsorge auszuschließen und auch eine Person, die wir schwierig finden, nicht aufzugeben. Positiver ausgedrückt, müssen wir anderen Mitgliedern der Gemeinschaft, zumal jenen, die nicht so beliebt sind, alle Unterstützung und Ermutigung geben, die sie benötigen. Wann immer wir können, sollten wir unsere Wertschätzung und Dankbarkeit ausdrücken. Manche von uns empfinden so viel Selbsthass oder Selbstverachtung, dass es ihnen schwer fällt, Anerkennung überhaupt anzunehmen. Eine ganz wichtige Funktion der spirituellen Gemeinschaft ist es, einander wissen zu lassen, dass es Menschen gibt, die sich um uns sorgen. Dadurch wird es uns viel leichter fallen, unsere eigenen guten Qualitäten zu erkennen. Manche Menschen können sich selbst annehmen und lieben, ungeachtet, was andere über sie denken und fühlen, doch die meisten benötigen die Bestätigung durch andere.

DIE FRÜCHTE LIEBENDER GÜTE

Doch sogar wenn ihr dreimal täglich
je dreihundert Schüsseln Nahrung spendet,
werdet Ihr dadurch nicht so viel Verdienst erlangen
wie durch einen Augenblick der Liebe.

Obwohl die Liebe Euch keine Befreiung schenkt,
so erreicht Ihr durch sie doch die acht guten Eigenschaften der Liebe;
Götter und Menschen werden Euch wohlgesonnen sein.
Auch nicht-menschliche Wesen werden Euch beschützen.

Ihr werdet Euch zahlloser geistiger und [körperlicher] Annehmlichkeiten erfreuen.
Gift und Waffengewalt können Euch nicht verletzen.

Mühelos werdet Ihr all Eure Ziele erreichen
Und am Ende im Reich Brahmās wiedergeboren werden.[22]

Das erinnert an gewisse Verse aus Kapitel 8 des *Dhammapada,* von denen einer lautet: „Besser als tausend Reden voll nutzloser Worte, ist ein einziges nützliches Wort, das dem Hörer Frieden bringt."[23] Der Unterschied liegt hier darin, dass die Pāli-Verse buddhistische mit vedischen Praktiken vergleichen, wohingegen Nāgārjuna eine wichtige buddhistische Praktik mit einer anderen vergleicht. Er behauptet nicht, Geben *(dāna)* sei bedeutungslos. Wie wir sehen werden, hält er es für außerordentlich wichtig. An dieser Stelle sagt er, Liebe oder Mettā sei noch wichtiger – und zwar in dem Sinne wichtiger, dass sie an erster Stelle steht. Mettā kommt zuerst. Wo es liebende Güte gibt, da wird *dāna* ganz natürlich folgen. Es ist vorstellbar, dass jemand dreimal täglich dreihundert mit Speisen gefüllte Töpfe spendet, ohne dabei viel Mettā zu empfinden. Vielleicht ist die Motivation der Wunsch nach Verdiensten oder das Lob anderer oder auch das befriedigende Gefühl, dass man besonders großzügig ist.

Dieser Vers betont, dass die Geisteshaltung wichtiger ist als das äußere Tun. Es ist die innere, geistige oder spirituelle Verfassung, die wirklich von Belang ist und letztendlich den ethischen Rang einer äußeren Handlung bestimmt. Das bringt uns wieder zum *Dhammapada* zurück: „Den Erfahrungen geht Geist voraus, sie sind geistgeführt und geistgezeugt."[24] Wenn Sie positiv handeln, wird das Ihre Geistesverfassung natürlich verbessern, solange Sie aber die Erhaltung positiver Geistesverfassungen nicht zu Ihrer Priorität machen, können Ihre Handlungen leicht weniger ethisch werden.

Mettā ist die tragende positive Emotion und die Grundlage zur Entwicklung des *bodhicitta* oder „Erleuchtungswillens". Wenn es unter den Mitgliedern einer spirituellen Gemeinschaft keine Mettā gibt, wird es nicht möglich sein, dass in ihrem Kreis *bodhicitta* entsteht. Letztendlich ist Mettā unpersönlich und objektlos, doch anfangs muss man sie gegenüber Menschen entwickeln, und es wird sehr schwierig sein, sie zu entwickeln, wenn keine Men-

---

22 *Nāgārjunas Juwelenkette,* S. 195f.
23 *Dhammapada – die Weisheitslehren des Buddha.* Aus dem Pali ins Deutsche übertragen und kommentiert von Munish B. Schiekel. Freiburg, Basel und Wien: Herder 1998, S. 44.
24 *Dhammapada,* übersetzt von Sangharakshita. Windhorse Publications, Birmingham 2001, S. 13. Vgl. deutsche Übersetzung von Schiekel, S. 17.

schen in der Nähe sind. Kurz gesagt, das Aufkommen von *bodhicitta* hängt davon ab, ob es in der spirituellen Gemeinschaft eine spürbare Qualität von Mettā gibt.

Man kann also offenbar durch Liebe befreit werden? Die kurze Antwort ist: Liebe allein reicht nicht. Es wird zwar im heutigen Theravāda-Buddhismus nicht sehr stark betont, doch „die Befreiung des Herzens durch Liebe (*mettā*)", wie es gewöhnlich heißt, wird in den Pāli-Schriften im Zusammenhang mit einer von zwei Formen oder Aspekten von Befreiung genannt: *ceto-vimutti*, Befreiung von Herz und Geist, und *paññā-vimutti*, Befreiung durch Weisheit. *Ceto-vimutti* ist die Entwicklung einer positiven Geistes- und Herzensneigung bis zur höchstmöglichen Stufe. Sie wird durch *samatha* oder befriedende Meditationsformen wie die Mettā-bhāvanā und die Vergegenwärtigung des Atmens erreicht. Das Pāli-Wort *samatha* bedeutet wörtlich „beruhigen", und es bezieht sich auf das Beruhigen, das Friedlich-Werden aller unheilsamen Geisteshaltungen. In seiner Folge gewinnt man Zugang zu den *jhānas* (Sanskrit *dhyāna*), den Stufen höheren Gewahrseins, in denen es nur heilsam-förderliche Geisteshaltungen gibt. *Ceto-vimutti* steht für die vollkommene Läuterung der Emotionen; es ist ein Zustand von intensiver Klarheit und Positivität. Allerdings führt dies nicht von sich aus zu vollkommener Befreiung, denn dazu gehört auch *paññā* (Sanskrit *prajñā*) oder Weisheit, die manchmal auch als *vipassanā* bezeichnet wird. Letzterer Begriff wird traditionell vor allem verwendet, um die anfänglichen Blitze von Einsicht zu beschreiben. Durch Weisheit befreit – also *paññā-vimutti* – zu sein bedeutet, von allen falschen Ansichten frei zu sein und über vollkommene Einsicht in die wahre Natur der Existenz zu verfügen.

Ceto-vimutti und *paññā-vimutti* werden oft zusammen erwähnt. Wer Erleuchtung erlangt hat, so heißt es, ist in Herz und Geist befreit sowie durch Weisheit befreit – und hat so *nirvāṇa* erlangt. Wir können sagen, die Verbindung von *ceto-vimutti* und *paññā-vimutti* in den Pāli-Schriften entspreche der Verbindung von *puṇya-sambhāra* und *jñāna-sambhāra*[25] in den Sanskrit-Texten des Mahāyāna. Beide Begriffspaare beziehen sich auf die Notwendigkeit, umfassende emotionale Positivität mit völliger Geistesklarheit zu

---

25 Wörtlich „Ansammlung von Verdienst (*puṇya*)" und „Ansammlung von Weisheit (*jñāna*). Der Überlieferung zufolge muss man sowohl Verdienste als auch Weisheit „ansammeln". Anm.d.Üb.

verbinden. In ihrem jeweiligen Kontext verweisen die Begriffe auf dieselbe spirituelle Tatsache: Bis zu einem gewissen Grad kann man diese beiden Seiten des spirituellen Lebens zwar getrennt entwickeln, doch letztendlich benötigt man beide. Man benötigt beide „Ansammlungen", die der Verdienste und die der Weisheit.

Bei einem Bodhisattva wird dieses Gleichgewicht der Qualitäten zu *karuṇā* und *prajñā*, Mitgefühl und Weisheit. Die Tatsache, dass in diesem Fall *karuṇā* und nicht etwa *śamatha* die Ergänzung von Weisheit bildet, zeigt, was *śamatha* im Mahāyāna wirklich bedeutet: Es ist nicht nur eine Beruhigung schädlicher Geisteszustände, nicht nur Stille. Wenn es nur noch heilsam-förderliche Geisteshaltungen gibt, dann sind diese sehr stark und aktiv. Und auch Geist und Herz sind dann viel stärker, als wenn sie von widerstreitenden Gefühlen niedergedrückt werden.

Nāgārjuna sagt nicht, man könne *nicht* durch Liebe befreit werden. Das geht durchaus, vorausgesetzt, dass man Liebe bis zu einem solchen Grad von Selbstlosigkeit entfaltet, dass sie gleichwertig mit Weisheit wird. Was Nāgārjuna aber sagt, ist, dass man selbst dann die acht Segnungen – oder „guten Eigenschaften" – der Liebe erlangen wird, wenn die eigene Übung von Mettā nicht zur Befreiung durch Liebe ausreicht. Diese Segnungen sind: Die Götter sind freundlich, die Menschen sind freundlich, nicht-menschliche Wesen beschützen einen, man genießt geistige und psycho-physische Freuden, Gifte und Waffen schädigen einen nicht, man erreicht mühelos seine Ziele und wird in Brahmās Reich wiedergeboren.

Die ersten drei Segnungen der Mettā-Übung sind deutlich genug. Wenn Sie zu anderen freundlich sind, werden andere – und sogar nicht-menschliche Wesen – zu Ihnen freundlich sein. Bedeutet das, dass Sie keine Feinde mehr haben? Auf den Buddha wurde zum Beispiel ein rasender Elefant gehetzt.[26] Der Buddha vermochte den Elefanten mittels seiner Mettā zu beschwichtigen. Doch wer hetzte den Elefanten auf ihn? Es war sein neidischer Schüler Devadatta. Obwohl sogar ein rasender Elefant von der Mettā des Buddha beeinflusst werden konnte, blieb ein Mensch, der neidisch auf

---

26 *Vinaya, Cula-vagga*, Kap. 7. Deutsche Übersetzung auf http://www.palikanon. com/vinaya/cullavagga/cv_vii_2-5.htm. Siehe auch Bhikkhu Ñāṇamoli, *The Life of the Buddha*. Buddhist Publication Society, Kandy 1984, S. 263.

ihn war und entschlossen ihn zu töten, dieser selben Mettā gegenüber unempfänglich.

Daraus können wir schließen, dass Mettā keine derart unwiderstehliche Kraft ist, dass diejenigen, auf die wir sie richten, gar keine andere Wahl haben als uns zu mögen. Mettā lässt den Menschen die Freiheit, die Mettā zurückzuweisen, die man ihnen entgegenbringt. Andernfalls wäre es ohnehin eine Durchsetzung unseres Willens gegen ihren. Mettā ist eine aufrichtige Sorge für das Wohl anderer, ob sie uns nun mögen oder nicht. Wenn wir Mettā zu benutzen versuchen, damit andere uns gern haben, zeigen wir nur, dass wir das Wesen von Mettā falsch verstanden haben. Wir werden damit nicht ans Ziel kommen. Vielleicht ärgern wir uns oder werden sogar böse, weil andere darauf beharren, unsere so genannte Mettā zu verschmähen.

Die Androhung von Gewalt kann äußerst beängstigend sein, und ihr mit aufrichtiger Mettā zu begegnen, wie der Buddha es mehr als einmal getan hat, ist ein echter Sieg. Wenn Sie auf diese Weise zu antworten vermögen, könnte das eine günstige Auswirkung auf die Situation haben. Andererseits begegnet man gelegentlich Menschen, die sich absichtlich schlecht benehmen, die anderen bewusst schaden wollen und dabei genau wissen, was sie tun. Solche Leute wird Ihre Freundlichkeit oder Liebe wahrscheinlich nicht berühren. Wenn überhaupt, dann wird Ihre Wärme deren kaltblütigen Entschluss, Sie so tief wie möglich zu verletzen, nur verstärken. Gleichwohl ist es nach traditioneller buddhistischer Überzeugung möglich, dass man buchstäblich Waffen abwehren und der Wirkung von Gift durch die bloße Kraft seiner eigenen emotionalen Positivität entgegenwirken kann, und vielleicht trifft das auch zu. Wenn Sie voller Mettā sind, werden Sie zumindest nicht aktiv Feindseligkeit auf sich ziehen.

„Mühelos werdet Ihr all Eure Ziele erreichen." Anders ausgedrückt: Sie werden Ihre Ziele ohne Anstrengung erreichen. Alles wird reibungsloser geschehen, leichter, spontaner, ohne die Anspannung willentlicher Bemühung. Mettā kann nicht erzwungen werden. Wenn Sie mit aller Kraft Mettā ausstrahlen, befinden Sie sich schon in einer mühelosen, positiven und spontanen Verfassung.

Dass Sie sich „geistiger und körperlicher Annehmlichkeiten" erfreuen, kann man in diesem Zusammenhang wohl einfach der Tatsache zuschreiben, dass Sie eine positive Geisteshaltung haben. Ein gesundes Streben nach

Genuss bedarf nicht vieler äußerer Anreize. Nāgārjuna schließt damit, dass man „im Reich Brahmās wiedergeboren" wird. Das legt nahe, dass Übende in einem Bereich wiedergeboren werden, der jener geistigen oder spirituellen Stufe entspricht, die sie durch die Erfahrung von Mettā erreicht und gefestigt haben.

Im *Mettānisaṃsa-Sutta*[27] gibt es eine ähnliche Liste: guter Schlaf, die Freundlichkeit anderer, Schutz vor Gewalt, Leichtigkeit der Sammlung, gutes Aussehen, ein geistesklarer Tod und eine gute Wiedergeburt. Auch im *Dhammapada* gibt es eine solche Liste.[28] Ein wichtiges Thema all dieser Listen ist, dass Mettā vor willkürlicher Gewalt und sogar vor kleinen Unfällen schützt. Menschen, die voller Hass sind, sind oft ziemlich anfällig für Unfälle. Ihre Unternehmungen scheinen aus unersichtlichen Gründen zu misslingen, und zwar nicht unbedingt als direkte Folge ihres eigenen Tuns. Es ist so, als hätten sie Feinde, die heimlich gegen sie arbeiten. Die tiefere Ursache ihres Problems scheint Selbsthass und vielleicht sogar ein unbewusstes Bedürfnis nach Strafe zu sein. Wenn man sich selbst nicht liebt, ist es schwierig, andere zu lieben, und in einem solchen Fall wird man instinktiv in Situationen kommen, in denen man wahrscheinlich Schaden erleidet oder anderweitig in Schwierigkeiten gerät.

Andererseits scheinen Menschen, die positiv und fröhlich sind, oftmals geradezu Glückskinder zu sein. Sie erreichen ihre Ziele mit Leichtigkeit. Es ist, als hätten sie Freunde, die insgeheim für sie arbeiten. Die tiefere Ursache solch eines günstigen Geschicks scheint eine echte Liebe und Sorge für sich selbst zu sein. Es ist schwierig, andere zu hassen, wenn Sie sich selbst wirklich lieben. Und wenn Sie sich selbst gegenüber positiv eingestellt sind, werden Sie instinktiv auf sich aufpassen und Situationen suchen, in denen Sie keinen Schaden erleiden werden.

---

27 *Aṅguttara-Nikāya* v.342. Dies ist eines von verschiedenen Suttas, die allgemein als *Mettā-Sutta* bekannt sind.
28 Siehe *Dhammapada* Verse 137-140.

„Zeuge den Menschen, den du brauchst"

Wenn Ihr in den fühlenden Wesen den Wunsch,
nach Erleuchtung zu streben, erweckt und bestärkt,
wird Euer Streben nach Erleuchtung
so stark und fest gefügt sein wie der König der Berge.[29]

Je mehr Sie andere ermutigen und beflügeln, desto positiver werden Sie selbst sein, denn wenn Sie andere beflügeln, beflügeln Sie auch sich selbst. Dazu müssen vor allem Sie selbst wenigstens in gewissem Grad inspiriert sein, denn sonst wären Ihre Ermutigungen bloße Worthülsen. Ihre Worte müssen echte positive Gefühle ausdrücken, wenn sie andere tatsächlich bewegen sollen. Andererseits sollten auch die Antworten, die Sie erhalten, beflügelnd sein. Dies ist die Art und Weise, wie man innerhalb des Sangha kommuniziert. Auf solche Weise kann vielleicht das *bodhicitta* entstehen, und wenn es erst einmal im Sangha entstanden ist, kann es so auch verstärkt werden.

> Es ist sinnlos, sich darüber zu beklagen, man sei von
> unsympathischen, negativen Leuten umgeben. Sie müssen
> den „Menschen", den Sie brauchen, erschaffen.

Es gibt eine Anekdote über einen Sufi-Meister und seinen Schüler. Der Schüler war von sehr weit hergekommen, und schließlich war es für ihn an der Zeit, wieder nach Hause zurückzukehren. Natürlich machte ihn das traurig, aber nicht nur weil er seinen alten Meister verlassen musste. Er war traurig, weil er zu seinen eigenen, eher unkultivierten Leuten zurückkehren würde. Er sprach zum Meister: „Hier habe ich Begegnungen höchster Art genossen, aber dort, wo ich hingehe, wird es niemanden geben, mit dem ich auf solche Weise reden kann. Ich weiß nicht, wie ich das überleben werde. Was soll ich bloß tun?" Der Meister antwortete wortkarg wie üblich: „Zeuge den Menschen, den du brauchst." Natürlich meinte er „zeugen" nicht wörtlich. Vielmehr meinte er, der Schüler möge die Saat der Eingebung in die Herzen der Leute legen, damit wenigstens manche schließlich fähig sein würden, so mit ihm zu kommunizieren, wie er es brauchte.

---

29 *Nāgārjunas Juwelenkette*, S. 196.

Es ist sinnlos, sich darüber zu beklagen, man sei von unsympathischen, negativen Leuten umgeben. Sie müssen den „Menschen", den Sie brauchen, erschaffen. Das hört sich vielleicht eigennützig an, ist aber zugleich höchst altruistisch. Es ist aufgeklärtes Eigeninteresse im besten Sinne, denn der Mensch, den Sie „zeugen", wird nicht nur für Sie, sondern auch für sich selbst da sein. In der Tat kann er überhaupt nicht für Sie da sein, wenn er nicht für sich selbst da ist. Sie müssen sich keine Sorgen über Ihre Motivation machen, denn hier bricht die ganze Unterscheidung zwischen Eigennutz und Selbstlosigkeit zusammen. Wenn Sie Gutes für sich selbst tun, tun Sie auch Gutes für andere. Wenn Sie Gutes für andere tun, tun Sie auch Gutes für sich selbst.

DIE UNMÖGLICHKEIT, SICH FÜR ANDERE ZU OPFERN

Jene, welche auf das Große Fahrzeug herabblicken,
die Quelle aller guten Eigenschaften, die uns lehrt,
die Ziele der anderen höher zu bewerten als unsere eigenen,
werden folglich [in ungünstigen Wiedergeburten] darben.[30]

Diese Strophe spricht ein praktisches ethisches Problem an. Wenn Sie negative Meinungen ausdrücken, müssen Sie Verantwortung dafür übernehmen, dass manche Menschen Ihre Äußerung vielleicht so ernst nehmen, dass sie sich mit dem eigentlichen Gegenstand Ihrer Kritik gar nicht erst auseinandersetzen. Das kann das Leben dieser Menschen tiefgreifend beeinflussen, zumal dann, wenn Sie eine spirituelle Überlieferung kritisiert haben. Nāgārjuna geht sogar noch weiter. Er behauptet, das Mahāyāna zu kritisieren, dem es ja ausschließlich um die Bedürfnisse anderer gehe, sei gleichbedeutend damit, andere davon abzuhalten, sich um *unsere* Bedürfnisse zu kümmern. Einerseits wendet er sich an unser engstirniges Eigeninteresse; andererseits stellt es das Mahāyāna-Ideal als ein rein altruistisches Ideal hin, das gänzlich frei von Eigennutz sei. Letzteres ist die übliche Sicht des Mahāyāna, nur sollte man sie nicht zu wörtlich nehmen. Richtiger wäre es, wenngleich weniger dramatisch, zu sagen, dass man in spiritueller Hinsicht anderen Gu-

---

30 *Nāgārjunas Juwelenkette*, S. 205.

tes tut, wenn man sich selbst Gutes tut. Wie lassen sich die beiden auseinander halten? Wenn Sie sich ehrlich für andere aufopfern, ist es, als würde in einer sehr tiefen Schicht Ihres Wesens etwas genährt oder etwas außerhalb Ihrer selbst, mit dem Sie sich stark verbunden fühlen. Wenn Sie sich allerdings bloß aus Selbsthass aufopfern oder um pharisäerhaft heilig zu sein, dann dient das überhaupt nicht dem Wohl anderer.

Diese Ermahnung, unsere eigenen Bedürfnisse gänzlich zu ignorieren oder zu vernachlässigen, soll uns vielleicht helfen, unsere natürliche Selbstsucht und Ichbezogenheit zu überwinden. Sie mögen es indes nützlicher finden, sich selbst bloß als einen Menschen unter vielen zu sehen. Wenn Sie sich dem Wohl aller widmen wollen, schließt dieses „alle" Sie selbst natürlich mit ein. Andernfalls würden Sie sich eine Sonderstellung geben. Sie sollten sich in genau derselben Weise mit einschließen wie alle anderen, statt sich für ein besonderes Wesen zu halten, dessen Bedürfnisse zum Nutzen der Menschheit geopfert werden müssten.

Das buddhistische Ideal wird oft als eigennützig angesehen. Der Grund dafür kann nicht im Anliegen des Theravāda liegen, Erleuchtung für sich selbst zu erlangen, denn im Christentum gibt es eine ähnliche Sorge um das persönliche Heil (das heißt die Rettung der eigenen Seele). Ich glaube, die westliche Einschätzung des Buddhismus als selbstsüchtig entspringt eher der Betonung, die man im Buddhismus als Ganzem, und besonders im Theravāda, auf das Mönchstum legt. Mit dieser Betonung geht die Notwendigkeit einher, sein Heim, seinen Beruf und sogar seine Familie aufzugeben. Man bricht auf, um nach seiner eigenen Erleuchtung zu streben und überlässt es den anderen, so gut sie es können, zurechtzukommen.

Wenn man aber verheiratet ist und auch noch Kinder hat, ist man da nicht ganz eindeutig verpflichtet, bei ihnen zu bleiben? Wie könnten Sie es rechtfertigen, sie zu verlassen? Manche Menschen sind zutiefst schockiert, wenn sie hören, der zukünftige Buddha habe seinen Palast, seine schöne Frau und seinen kleinen Sohn verlassen und sei in den Wald gezogen, um nach Wahrheit zu streben. Es war ja nicht so, dass er mit Sicherheit wusste, er würde erleuchtet werden und seine Entdeckung zahllosen Menschen über die Zeiten hinweg weitergeben. Vielmehr fand er das Leben einfach zutiefst unbefriedigend. Nun – so geht es vielen Menschen. Heißt das aber, dass sie ihre Verantwortlichkeiten außer Acht lassen dürfen? Oberflächlich gesehen scheint das Handeln des zukünftigen Buddha ganz und gar selbstsüchtig zu sein.

Es ist sinnlos zu versuchen, Entschuldigungen für das zu finden, was der junge Siddhārtha im Laufe seines Wegs zur Buddhaschaft getan hat. Wenn wir etwa erklären, er habe die Tatsache, dass er sein Heim verlassen habe, dadurch wieder gutgemacht, dass er später so viele Menschen den Dharma gelehrt habe, dann legen wir damit nahe, sein Fortgang aus der Heimat sei eine unheilsame Tat gewesen, die er durch seine späteren heilsamen Taten wieder wettgemacht habe. Das Einzige, was wir in diesem Zusammenhang wirklich sagen können, ist, dass es im Leben bestimmte Situationen gibt, in denen man nur scheinbar wählen kann. Es ist, als würde man unaufhaltsam zu einer bestimmten Handlungsweise getrieben. Man tut einfach das, was man tun muss, und nichts und niemand kann einen davon abhalten. Das ist nichts, was man sich vorher genau überlegt, indem man die Vor- und Nachteile abwägt: Man kann einfach nicht anders. Offensichtlich war der zukünftige Buddha in genau so einer Situation. Er konnte einfach nicht länger zu Hause bleiben, also tat er es nicht.

In Wirklichkeit ist an einem gesunden Eigeninteresse nichts auszusetzen. Zweifellos stimmt es, dass man als anständiger Mensch sowohl an das Wohl anderer als auch an das eigene Wohl denken und danach handeln muss. Gleichzeitig ist es nötig, sich selbst und seinen wirklichen Bedürfnissen gegenüber eine positive Einstellung zu haben. Solch eine Haltung ist eine wesentliche Basis, um ein wirksames spirituelles Leben führen zu können. Oft liegt eine gewisse Scheinheiligkeit in der Art und Weise, wie manche Menschen über die Eigennützigkeit jener sprechen, die einen Lebensstil jenseits der sozialen Normen gewählt haben. Was sie wirklich meinen ist: „Wenn *du* das tust, was du tun möchtest, bist du selbstsüchtig. Wenn *ich* das tue, was ich tun möchte, bin ich nicht selbstsüchtig." Siddhārtha wollte geistig wachsen und sich weiterentwickeln, wie wir heute sagen würden, und er spürte, dass er das zu Hause nicht tun konnte. Es mag sein, dass es einigen Buddhisten gelungen ist, ein wirklich spirituelles Leben zu führen, ohne ihr Heim zu verlassen, doch zu Lebzeiten des Buddha wäre das schwierig gewesen. Wenn er sein Potenzial als menschliches Wesen verwirklichen wollte, gab es für ihn nur eine Option: sein Heim zu verlassen.

Das Problem löst sich mit dem Entstehen von *bodhicitta*. Dadurch entfällt die Spannung zwischen Selbst und Nicht-Selbst. Man muss nicht mehr zwischen beiden wählen; man muss die rivalisierenden Ansprüche des Selbst und anderer nicht mehr ausgleichen und anpassen. Was Sie nun auf ganz spontane Weise tun, ist gut für das, was „Sie" gewesen sind, und es ist gut für das, was „andere" waren. Wenn *bodhicitta* entstanden ist, sehen Sie, dass es in Wahrheit weder Selbst noch andere gibt. In gewisser Hinsicht gibt es wohl weiterhin „mich", und daher muss ich ebenso von „Ihnen" sprechen, doch man sollte diese Unterscheidungen nicht so ernst nehmen, so als würden sie sich auf etwas absolut Reales beziehen und als gäbe es tatsächlich zwei einander ausschließende Wesenheiten – „mich" und „Sie".

Ohne den Vergleich zu weit zu treiben oder zu wörtlich zu nehmen, kann man sagen, die Beziehung zwischen dem Bodhisattva und allen Wesen gleiche der einer Mutter und ihrem Baby. Eine Mutter unterscheidet nicht zwischen ihren Interessen und denen ihres Kindes. Für sie läuft beides auf dasselbe hinaus. Sie denkt nicht, dass sie eine Ruhepause oder Urlaub von ihrem Baby braucht. Auf einer instinktiven Stufe der Bindung gibt es dieselbe selbstvergessene Intensität von Liebe. Der Unterschied liegt darin, dass die Liebe der Mutter eine Ausweitung ihres Ichs ist, während die Liebe des Bodhisattva eine Ausweitung seines oder ihres Nicht-Ichs ist. Die Mutterliebe verdankt ihre Kraft ihrer Ausschließlichkeit, doch die Kraft der Mettā und des Mitgefühls des Bodhisattva entspringt ihrer Inklusivität und Universalität.

Eine tibetische buddhistische Geschichte erzählt von einem Mann, der einst eine Menschenmenge sah und erkannte, dass irgendetwas in ihrer Mitte vor sich ging. Man sagte ihm, dort werde jemand ordentlich verprügelt, und er konnte nicht anders als Mitleid für den Unbekannten empfinden. Als er sich aber einen Weg durch die Menschenmenge bahnte, sah er, dass der Mensch, der da verprügelt wurde, niemand anders als seine eigene Mutter war. Der Kummer, den er vorher schon gefühlt hatte, schlug sofort in ein Gefühl höchster Qual um. Fast alle von uns sind wie dieser Mann. Wir sorgen uns um einige wenige Individuen in einem Ausmaß, wie wir es nicht für den Rest der Menschheit empfinden. Ein Bodhisattva hingegen empfindet dieselbe, von Herzen kommende Sorge um das Wohlergehen aller Wesen.

Rechter Lebenserwerb

Zum Abschluss dieses Kapitels über liebevolles Handeln möchte ich „Arbeit"
betrachten. Aufgrund der Menge an Zeit, die wir damit verbringen, ist Arbeit oder das, was Nāgārjuna als „guten Lebenserwerb" bezeichnet, ein außerordentlich wichtiger Faktor im menschlichen Leben. Wir könnten hinzufügen, dass wir auch eine große Menge Ich-Identität in unsere Arbeit und
unser Einkommen „investieren". Die Art, wie wir diese sieben bis acht Stunden täglich, achtundvierzig Wochen im Jahr, über vierzig Jahre hinweg verbringen, macht Arbeit für die meisten von uns zur bedeutungsvollsten Aktivität des Lebens, soweit es ihre Auswirkung auf unsere Geisteszustände
betrifft. Im Allgemeinen denken wir vor allem daran, wie viel wir bei unserer Berufstätigkeit verdienen und welchen Status sie uns verleiht. Im buddhistischen Zusammenhang ist ein „guter Lebenserwerb" jedoch in vielfacher Hinsicht das Gegenteil dessen, was man in der Welt für wünschenswert
halten würde. Ein guter Lebenserwerb ist eine Tätigkeit, die uns nicht dazu
zwingt, auf irgendeine Art gegen die Vorsätze zu verstoßen.

> Eine Gehaltszahlung ist keine Entschädigung für die verarmende
> Wirkung einer Arbeit auf den eigenen Geist.

Zugegebenermaßen gibt es diesem Kriterium zufolge nicht viele Beschäftigungen, die als „guter" - oder rechter – Lebenserwerb zählen können. Mit
einer Faustregel kann man sagen, je einfacher die Arbeit, desto leichter kann
man sie unter Beachtung der Vorsätze tun. Allermindestens sollte unsere Arbeit niemandem schaden. Bau- oder Reinigungsarbeiten sowie andere einfache körperliche Arbeiten dienen unseren spirituellen Bedürfnissen vielleicht
am besten, zumal während der ersten Abschnitte des spirituellen Lebens,
wenn wir unsere „roheren" Kräfte noch einbeziehen und integrieren müssen. Der Beginn der spirituellen Laufbahn des berühmten tibetischen Yogis
Milarepa, der wieder und wieder Türme aufbauen und abreißen musste, ist
ein extremes Beispiel für einen solchen Zugang, der offenbar funktioniert.
Wenn wir unsere Arbeit allerdings nicht wirklich interessant finden, kann
das unsere Fähigkeit beeinträchtigen, sie achtsam zu tun.

Arbeiten, die sich ständig wiederholen, langweilig sind, nicht einmal
unsere körperlichen Kräfte beanspruchen oder den Anreiz bieten, sie im-

mer besser auszuführen, sollten wir eher vermeiden. Solche Arbeiten sind Energieverschwendung. Genauer gesagt: Man muss Energie aufwenden, um Energie zu unterdrücken, während man solche Arbeiten ausführt. Eine Gehaltszahlung ist keine Entschädigung für die verarmende Wirkung einer Arbeit auf den eigenen Geist. Das Leben ist zu wertvoll, um es auf solche Weise zu verschwenden. Idealerweise sollte unser Lebenserwerb nicht nur keinen Schaden anrichten, sondern uns selbst und anderen nützen. Eine Arbeit, die eine verfeinerte Sensibilität erfordert, wie Gärtnerei oder Renovierungsarbeit, sowie Arbeiten, die anderen Menschen harmlose Freude bereiten, wie sie zu beköstigen, wären als rechter Lebenserwerb sehr gut geeignet. Das gilt auch für Dienstleistungen, bei denen es um die direkte Linderung von Leid geht, also Kranken- und Altenpflege sowie manche Arten von Therapie. Unsere Arbeit sollte den ersten Vorsatz nicht missachten, der dazu mahnt nicht zu verletzen. Man sollte auch keine anderen Personen für „seelentötende" Arbeiten einsetzen, die man selbst nicht ausführen möchte – eine Gepflogenheit, die in unserer Kultur leider tief verankert ist.

> **Rechter Lebenserwerb ist Arbeit, die der Verwirklichung unseres spirituellen Potenzials dient.**

Falscher Lebenserwerb schließt häufig irgendeine Art von Betrug ein, zum Beispiel, wenn ein Händler falsche Gewichte oder Maße benutzt. So wie unwahrhaftige Rede eine andere Person täuscht, so ist Unehrlichkeit in geschäftlichen Handlungen ein Missbrauch des Vertrauens der Geschäftspartner. Alle Arten falschen Lebenserwerbs schließen aber Betrug in einem tieferen Sinn ein, als es die Übertretung der Vorsätze ist. Rechter Lebenserwerb ist Arbeit, die der Verwirklichung unseres spirituellen Potenzials dient; wenn wir andere aber betrügen, schaden wir uns selbst ebenso wie ihnen.

Manche Arten falschen Lebenserwerbs führen zu nachteiligen Folgen für die Gesellschaft. So ist es beispielsweise schädlich, bei der Herstellung von Kriegswaffen mitzuarbeiten, weil man damit anderen ermöglicht, Gewalt auszuüben und zu töten. Es ist überdies auch dahingehend schädlich, dass man direkt die grundlegend falsche Ansicht bestärkt, Kriege könnten zu Frieden führen, Töten sei manchmal gerechtfertigt und – mit den Worten der berüchtigten Feststellung von Robespierre – um ein Omelett zu braten, müsse man eben Eier zerschlagen. Anders ausgedrückt, man muss sich selbst etwas vormachen. Um sich auf einen solchen Lebenserwerb einzulassen, müssen Sie die Tatsache verleugnen, dass ein Volk aus Furcht und Hass in den Krieg getrieben wird, so sorgfältig jene Leidenschaften auch durch rationale Argumente getarnt sein mögen.

Die Arbeit eines Metzgers geht mit der Annahme einer anderen grundlegend falschen Ansicht einher. Um diese Art von Lebenserwerb zu verfolgen, muss man sich selbst davon überzeugen, das Schlachten von Tieren und Vögeln sei notwendig oder zumindest zu rechtfertigen. Diese falsche Ansicht findet auf verschiedene Weise Ausdruck. Zunächst gibt es wissenschaftliche Begründungen: Menschen verzehren als Allesfresser natürlicherweise tierisches Fleisch; demnach widerspreche es unserer Natur, kein Fleisch zu essen und sei wahrscheinlich auch schlecht für die Gesundheit. Deshalb sei es unvernünftig, andere Menschen aufzufordern, sich des Fleischverzehrs zu enthalten. Zweitens ist es eine Tatsache, dass manche Religionen den Verzehr von Fleisch erlauben, wobei sie sich auf ihren Glauben stützen, der Rest der Schöpfung existiere, um die Bedürfnisse der Menschen zu befriedigen. Drittens gibt es die Begründung des Fleischers selbst: Wenn er die Arbeit nicht tun und so seine Familie ernähren würde, dann würde eben jemand anders sie tun.

Diese Begründungen werden vorgebracht, um Ansichten zu belegen, die aus Unwissenheit, Furcht und Gier erwachsen. Es ist äußerst unwahrscheinlich, dass man als Schlachter arbeiten würde, wenn man für diese Arbeit nicht bezahlt würde, und dass man wahrscheinlich auch kein Fleisch essen wollen würde, wenn man nicht an seinem Geschmack und dem vermeintlichen Nutzen des Fleischverzehrs anhaften würde. Wenn Sie ehrlich betrachten, was es heißt Fleisch zu essen, dann werden Sie nicht in der Lage sein, Ihr Rind- oder Hammelfleisch guten Gewissens zu verzehren, geschweige denn zu genießen. Sie werden spüren, dass es allem zuwider läuft, was wahrhaft menschlich in uns ist. So wie die Arbeit im Waffengeschäft, trägt die Arbeit als Fleischer dazu bei, eine Umgebung zu schaffen, die weder für das Wohl der Gesellschaft noch des Einzelnen förderlich ist.

Falsche Ansichten wirken sich auf alle Lebensbereiche aus. Einst sah ich Werbung mit dem Text: „Schwanger? Warum nicht auf gescheite Art damit umgehen?" Unter diesen provozierenden Worten stand bloß eine Telefonnummer. Eine Frau, die eine Abtreibung plant, wird vor sich selbst die Wahrheit dessen, was sie tut, verbergen müssen, genauso wie jene, die einen falschen Lebenserwerb ausüben. Vielleicht wird sie nur so in der Lage sein, sich der Prozedur zu unterziehen.

Rechter Lebenserwerb ist die Arbeit, die Sie tun würden, ungeachtet wie viel oder wie wenig man Ihnen dafür zahlt.

Welchem Lebenserwerb wir auch nachgehen mögen, die Art, wie wir ihn sehen, kann ein gewisses Maß an Täuschung mit sich bringen. Arbeit macht nicht immer Spaß. Menschen brauchen Geld, und sie wissen nicht, wie sie es sonst bekommen können. Wenn es möglich wäre, hätten viele das Geld gerne, ohne dafür arbeiten zu müssen. Man kann Arbeit wahrlich als die beste Art menschliche Energie zu nutzen ansehen, doch auch dies kann eine Täuschung sein. Man kann sogar sagen, jede Art von Plackerei bringe notwendigerweise eine gewisse Täuschung oder auch Selbsttäuschung mit sich. Können Sie ehrlich sagen, Sie arbeiten, wenn Ihnen die Arbeit nicht wirklich wichtig ist? Sie machen es dann bloß mechanisch. Zweifellos erledigen Sie die Dinge, doch wenn Sie nicht ganz bei der Sache sind, enthält es ein Element von falschem Schein.

Viele Menschen wüssten gar nicht, was sie den ganzen Tag mit sich selbst anstellen sollten, wenn sie nicht für Geld arbeiten müssten. Aber diese Tatsache macht nur die entfremdende Wirkung eines engen, nutzenorientierten Zugangs zur Arbeit offenkundig, der es schwer macht, aus dieser Haltung auszubrechen, um etwas für sich selbst zu tun.

Wir können auch Spuren der Täuschung darin sehen, wie Gehälter festgesetzt werden. Der Zusammenhang zwischen den ausgeführten Arbeiten und der Entlohnung ist ziemlich willkürlich. Warum ist eine Stunde Feldarbeit so viel wert wie ein Pfund Reis? Warum ein Pfund und nicht zwei? Auf welcher Grundlage ist eine Stunde Büroarbeit so viel wert ist wie zehn Pfund Reis? Die Bewertung von Arbeit in Form von Lohn, den man dafür bezieht, wird weitgehend von den Launen der Kräfte des Marktes und den Berechnungen der Buchhalter bestimmt, selbst wenn verschiedene Leute dieselbe Arbeit leisten. Außerdem: Was ist Geld? Im Grunde ist es ein Tauschmittel, das in früheren Zeiten aus Gold- und Silbermünzen bestand, die heute zu Banknoten geworden sind, die keinen eigenen Wert mehr haben. Unser Wirtschaftssystem beruht darauf, dass wir alle zustimmen, diese „Scheine" so zu behandeln, *als ob* sie Wert hätten. Die Situation wird sogar noch verworrener, wenn Banknoten von Zahlen ersetzt werden, die in digitalen Systemen gespeichert sind. Natürlich haben auch die Dinge, für die wir unser Geld ausgeben, oft ebenfalls keinen eigenen Wert. Werbe- und Mode-Gurus überreden uns, Dinge zu kaufen, von denen es heißt, sie würden unser Aussehen oder unser häusliches Leben verbessern, was aber häufig auf eklatante Weise misslingt.

Die Lösung ist es, Arbeit zu leisten, die in sich wertvoll ist. Selbst eine schwierige, schmutzige oder unangenehme Arbeit ist es in dem Grad wert getan zu werden, wie sie zum Wohl unserer selbst und anderer beiträgt. Rechter Lebenserwerb ist die Arbeit, die Sie tun würden, ungeachtet wie viel oder wie wenig man Ihnen dafür zahlt. Leider befinden sich nur wenige Menschen in der Lage, eine solche Art Arbeit zu genießen.

2. GROSSZÜGIGKEIT

Nāgārjuna gibt den zweiten Vorsatz als „nicht stehlen" wieder. Auf Pāli ist das *adinnādānā veramaṇī* – „sich enthalten, nicht Gegebenes zu nehmen". Meist geht man davon aus, diesem Vorsatz zu folgen bedeute lediglich, nicht zu stehlen oder zu stibitzen, nichts heimlich zu nehmen, was einem nicht gegeben wurde. Jemand sagt vielleicht: „Ich habe in meinem ganzen Leben noch nie etwas gestohlen. Nun ja, vielleicht einen Füller, als ich noch ein Kind war. Oh, und dann gab's da noch einen Fünf-Euro-Schein, den ich mir in einer Kneipe geliehen habe. Ich hatte immer vor, ihn bei meinem nächsten Besuch zurückzugeben. Aber sonst habe ich den zweiten Vorsatz nie übertreten." Diese Form selbstzufriedener moralischer Buchführung wird indes der vollen Bedeutung dieses Vorsatzes nicht gerecht. So wie der erste beinhaltet auch der zweite Vorsatz viel mehr als auf den ersten Blick ersichtlich ist. Im Prinzip geht es darum, niemanden in seiner persönlichen Entfaltung zu behindern oder in seiner Individualität zu stören. Vielleicht nehmen Sie anderen nicht gerade ihr Geld oder ihren Besitz weg, doch womöglich verschwenden Sie ihre Zeit oder rauben ihnen Kraft. Auch wenn man anderen nicht ihren materiellen Besitz wegnimmt, ist es allzu leicht ihnen etwas anderes zu nehmen, etwas, das sie ebenfalls nur ungern verlieren. Es wurde einem nicht angeboten, sondern man hat es sich einfach genommen. Zeit und Energie sind aber Dinge, die man nicht leicht zurückgeben kann.

Den zweiten Vorsatz zu üben schließt natürlich Großzügigkeit ein, aber noch eine andere positive Eigenschaft gehört dazu: das Vertrauen, auf irgendeine Art und Weise das zu erhalten, was man braucht, weshalb man es anderen auch nicht gegen ihren Willen oder ohne ihre Zustimmung wegnehmen „muss". Andere enttäuschen Sie manchmal. Vielleicht vergessen sie, für Sie zu sorgen, wenn Sie alt sind. Daher muss Ihr Vertrauen weiter reichen und eine echte Zuversicht in die spirituellen und auch psychischen Belohnungen heilsamen Handelns sein. Wenn Sie das Gefühl haben, Sie müssten Ihren Anteil ergreifen und sich selbst das sichern, was Ihnen vermeintlich zusteht, dann lässt das ebenso auf eine neurotische Unsicherheit schließen wie der Versuch, Dinge zum eigenen Vorteil zu manipulieren. Jede Art von Besitzgier und sogar die bloße Neigung, Dinge und Menschen als Waren anzusehen, verstößt gegen den Geist dieses Vorsatzes. Die Haltung des Feilschens und der Versuch, das Meiste für sich selbst herauszuholen, widersprechen ihm. Nur wenn Sie über große innere Sicherheit verfügen, werden Sie mit Ihren Fähigkeiten, Ihrer Zeit und Ihrem Besitz großzügig sein können ohne zu „berechnen", was Sie zurückbekommen. Vielleicht wird nicht das dabei herauskommen, was Sie sich vorgestellt hatten, und vielleicht wird es Sie angenehm oder unangenehm überraschen, wie sich die Dinge entwickeln; aber Sie vertrauen darauf, dass das Ergebnis letztendlich positiv sein wird.

Eine ideale Gesellschaft sollte auf solche Weise funktionieren: Man gibt, was man geben kann, und man nimmt, was man benötigt. In der uns bekannten Welt ist das nicht so einfach: Es gibt Menschen, die Sie ausbeuten, wenn Sie das zulassen, und so werden Sie vielleicht hart mit ihnen verhandeln müssen. Die meisten Menschen sind fest entschlossen, sich an das zu klammern, was sie haben, ganz gleich, wie sie es erworben haben. Wenn man sie überzeugen will es loszulassen, muss man sich hüten, zu Methoden zu greifen, die den Vorsatz großzügigen Handelns seinem Buchstaben oder Geist nach übertreten.

Man kann an die natürliche Großzügigkeit der Menschen appellieren, auch wenn sie manchmal tief verborgen ist. In Indien wurde dies ziemlich erfolgreich von Acharya Vinova Bhave in seinem *bhudan* oder Land-Verschenkungs-Programm angewendet. (*Bhu* bedeutet Land und *dan* geben). Ein großes gesellschaftliches, wirtschaftliches und politisches Problem in Indien sind die Landarbeiter ohne eigenes Land. Gleichzeitig gibt es Landbesitzer, die sehr viel mehr haben, als sie benötigen. Es stellte sich die Frage, wie man dieses überschüssige Land umverteilen konnte, ohne Zwang auszuüben. Als Anhänger Gandhis hatte sich Vinoba Bhave völlig auf das Prinzip der Gewaltlosigkeit verpflichtet. Er organisierte Versammlungen von Großgrundbesitzern und fragte sie, wie viele Söhne sie hätten, unter denen ihr Land aufgeteilt würde. Wenn sie „fünf" sagten, antwortete er: „Wenn du einen sechsten Sohn hättest, müsste jeder der anderen mit etwas weniger Land auskommen." Dieser Aussage mussten sie zustimmen. Dann sagte er: „Nun, nimm mich als deinen sechsten Sohn an, und überlass mir diesen Anteil." Auf diese Weise bekam er zwar nicht die Millionen Morgen Land, die er erhofft hatte, doch viele Grundbesitzer waren von seinem Appell tief berührt, und er konnte zehntausende Morgen Land an die besitzlosen Landarbeiter und ihre Familien verteilen.

Solch ein direktes Vorgehen mit einem einfachen moralischen Appell kann Wunder wirken. Das Schöne daran ist, dass jeder gewinnt, auch die Spender. In einer politisch heiklen Lage wird es oft gemischte Motive geben, und zweifellos gaben manche Grundbesitzer aus Angst vor den Folgen, wenn sie nicht geben würden. Sie wollten die Landlosen beschwichtigen, um die allgemeine Unterstützung der Kommunistischen Partei zu verringern. In manchen aber vollzog sich ein echter Sinneswandel, und sie gaben weit mehr als das, worum man sie gebeten hatte. So war es mit Vinoba Bhaves System möglich, in vielen Teilen Indiens ein Ungleichgewicht im Landbesitz zu korrigieren, ohne Gewalt auszuüben. Das zeigt, dass man Menschen auch zu Großzügigkeit anregen kann, ohne ihre Schuldgefühle ausnutzen zu müssen. Manchmal reagieren Menschen auf einen positiven Appell ebenfalls positiv. In den Vorsätzen geht es nicht nur darum, aufzuhören Böses zu tun; sie regen uns an, uns anderen gegenüber positiv zu verhalten und sie zu ermutigen, ebenso zu handeln.

GEBEN UND NEHMEN

Geben ist die grundlegende buddhistische Tugend. Bevor man irgendetwas anderes zu üben beginnt, sollte man lernen großzügig zu sein. Viele der *Jātakas* – Geschichten aus früheren Leben des Buddha – stellen den zukünftigen Buddha dar, wie er *dāna* oder Großzügigkeit in höchstem Maß übte. So musste er den Legenden nach, bei seiner Wiedergeburt nur die Hände öffnen, um sie mit Juwelen gefüllt zu bekommen.

*Wahre Großzügigkeit: Man gibt nicht nur die ganze Zeit; man ist
sich auch dessen bewusst, dass man die ganze Zeit über empfängt.*

Spiegelt Ihre Lebenserfahrung die Bedeutung des Gebens wider? Wie steht
es um die wirkliche Beziehung zwischen Geben und Bekommen? Nāgārjuna
und die buddhistische Überlieferung allgemein würden sagen, wenn wir nur
zögerlich geben, werden wir in diesem oder einem anderen Leben arm sein.
Großzügiges Geben führe indes zu Reichtum. Wie sollen wir diese Lehre
verstehen? Zunächst einmal ist zu bedenken, dass bei karmischem Handeln
die Absicht den Ausschlag gibt. Es zählt die Geisteshaltung, aus der heraus
man gibt. Und obwohl Geben ohne jeden Gedanken an eigene Vorteile den
Gebern paradoxerweise den größeren Nutzen bringt, können die meisten
Menschen nicht anders, als den geringeren Nutzen zu wählen. Wir machen
uns darüber Gedanken, was wir zurückbekommen, und das sogar in Bezug
auf immaterielle Dinge wie Achtung, Dankbarkeit und so weiter. Wenn man
beim Geben schon eine Gegenleistung im Auge hat, bedeutet das, dass die
Gabe keine *wirkliche* Gabe ist. Oft spürt der Empfänger das unterschwellig.
Gewöhnlich ist es nicht schwierig zu erkennen, dass viele Gaben mit verschiedenen kleinen Fesseln daherkommen. Vielleicht haben frühere Erfahrungen uns ein wenig misstrauisch gemacht, und nun erleben wir sie so, als
würde jemand „mit einer Wurst einen Schinken angeln". Wenn uns etwas
gegeben wird, fühlt sich das nicht immer so an, womöglich sogar etwas ent-
täuschend, da etwas zu fehlen scheint.

Viel von unserem Unbehagen kommt von dem Gefühl, dass das Leben
nicht gerecht ist und wir nicht so behandelt werden, wie wir es verdienen.
Das macht uns unwillig zu geben. Aus buddhistischer Sicht macht Geiz den
Geizigen arm, doch Geiz entsteht, weil man sich im Grunde arm fühlt oder
eine „Armutsmentalität" hat. Wahre Großzügigkeit ist das genaue Gegenteil: Man gibt nicht nur die ganze Zeit, sondern ist sich auch bewusst, dass
man die ganze Zeit empfängt. Die Übung von Großzügigkeit besteht deshalb zum Teil darin, sich bewusst zu werden, wie viel einem selbst dabei gegeben wird. Großzügigkeit geht mit der Fähigkeit einher, Dankbarkeit zu
empfinden und auszudrücken. Sie ist das Vermögen, sich selbst in beschei-
densten Verhältnissen reich zu fühlen.

Auf einer elementaren Stufe haben wir Sonnenlicht, Luft, Wasser, Erde.
Alle diese Dinge sind umsonst. Ob wir die Elemente, die wir zum Leben

Ethisch leben

in der Welt benötigen, verschwenden oder verschmutzen, sie sind weiterhin für uns da. Darüber hinaus bietet jede höher entwickelte Gesellschaft eine Vielzahl erstaunlicher Dienste zu geringen oder gar keinen Kosten. Im Westen haben wir zu vielen Dingen Zugang: gesundheitliche Versorgung und Bildung, Bibliotheken, öffentlicher Rundfunk und Fernsehen, alle Arten von Unterhaltung und sogar buddhistische Zentren. Außerdem unterstützen uns Menschen aus unserem Umfeld. Viele Menschen – ganz besonders junge – sind sich dessen nicht bewusst, dass Tag für Tag jemand für sie einkauft, kocht und putzt. Denken Sie nur an eine leidgeprüfte Hausfrau, die ein Viertel Jahrhundert lang tagein tagaus für den Ehemann und die Söhne gekocht hat, ohne je ein Wort des Dankes zu hören. Eines Tages heben sie den Deckel der Gemüseschüssel und finden ein Paar alte Stiefel darin. Schockiert und entsetzt schauen sie die Mutter an, die sagt: „Nun, bisher habt ihr noch nie zu erkennen gegeben, dass ihr den Unterschied bemerken würdet."

Vielen fällt es schwer, sich zu bedanken oder Dank ganz natürlich anzunehmen. Vielleicht wurden sie nie in gängige Höflichkeitsformen eingeführt, oder sie haben sie möglicherweise als heuchlerische Nettigkeiten verworfen, vielleicht sind sie auch bloß verlegen. Wenn man in dieser Hinsicht ein wenig unbeholfen ist, kann der Versuch nicht schaden, seine sozialen Fähigkeiten zu entwickeln. Wenn man Dankbarkeit ausdrücken will, übertreibt man besser statt zu untertreiben. Übung macht schließlich den Meister. Andererseits gibt es Situationen, in denen förmliche Danksagungen fehl am Platz wäre. Oft reicht ein kurzer dankbarer Blick.

Wer voller Energie ist, gibt gerne.

Wenn wir Dinge für selbstverständlich halten, berauben wir uns einer großen Quelle der Zufriedenheit. Das wiederum kann uns die Fähigkeit nehmen, großzügig zu geben, und damit auch alle daraus folgenden Belohnungen wie Glückseligkeit und frei fließende Energie. Wenn man nach einer Belohnung für Großzügigkeit sucht, findet man sie in der Freiheit des Loslassens von Besitz, in der natürlichen Freude, die man genießt, wenn man anderen hilft, und in der Energie, die aus einem heraus- und auf einen zufließt. Psychisch gesunde Menschen sind voller Energie, und Energie fließt natürlicherweise nach außen. Wer voller Energie ist, gibt gerne. Je nach Temperament fließt Energie auf verschiedene Arten. Manche geben lieber etwas Praktisches, sei es Geld oder Zeit, andere geben gern Aufmerksamkeit oder Zuneigung. Ratschläge hingegen – die die meisten von uns nur zu gerne geben – behält man in der Regel am besten für sich.

Einer meiner Freunde pflegte zu sagen: „Die größte Tugend ist Verfügbarkeit." Für andere verfügbar zu sein, bedeutet einfach, bereit zu sein sich selbst zu geben. Man besteht nicht darauf, nur auf eine bestimmte Art und Weise zu helfen. Es geht Ihnen nicht darum, „Ihr eigenes Ding zu machen" oder „sich auszudrücken" oder Ihre Talente zu demonstrieren. Sie sind sich nicht zu gut für eintönige Arbeiten. Sie sind einfach für eine bestimmte Person oder Situation da, und es ist Ihnen gleich, was Sie tun. Das ist die Idealvorstellung von jemand, den man als „nicht spezialisierten Menschen" bezeichnen könnte. Sie sind gewillt, bei praktisch allem Hand anzulegen, und wollen aus der Aufgabe, die Sie zufällig gerade ausführen, nichts für sich selbst herausholen. Sie sehen, dass es etwas zu tun gibt, und tun es bereitwillig.

Geben ist eine Art Kommunikation. Wenn Sie geben, öffnen Sie die Kommunikationskanäle, und damit wird ein Energieaustausch möglich. Geben, Zuneigung und Energie können in beide Richtungen fließen. Wenn Sie zu geben vermögen, können Sie auch annehmen, und so gesehen sind Geben und Annehmen die zwei Seiten einer Medaille. Einseitige Kommunikation kann zwar ehrlich sein, ist aber notwendigerweise begrenzt. Jede Interaktion zwischen Menschen schließt Geben und Nehmen ein. Je intensiver und wahrhaftiger die Kommunikation ist, desto weniger kann man natürlich von Geben oder Nehmen sprechen. Geben wird zu Empfangen, Empfangen wird zu Geben. Wer von wem etwas erhält und wer wem etwas gibt, lässt sich nicht mehr sagen.

DIE ÜBUNG DES GEBENS

So wie Ihr Euren Geist auf das richtet,
was Euch am besten dient,
so sollt Ihr Euren Geist auch darauf richten
was Ihr für andere zu tun vermögt.

Ethisch leben

Seid anderen Menschen zu Diensten,
und sei es nur für einen Augenblick,
so wie Erde, Wasser, Feuer, Wind, Heilmittel
und Wälder [einfach für alle da sind].

Denn sogar auf der siebten Bodhisattva-Stufe
Entsteht Verdienst, so grenzenlos wie der Himmel,
im Bodhisattva, der mit Freuden
all seinen Reichtum verschenkt.

Lasst alle, die danach streben,
mit schönen, wohl geschmückten Frauen zusammen sein,
und Ihr werdet die Gabe erlangen,
die gute Lehre besser zu behalten.

Einst sorgte der Überwinder
Für die Befriedigung aller Bedürfnisse
Und ließ achtzigtausend Mädchen holen,
die über alle Vorzüge verfügten.

Fürsorglich versorgt die Bettler
Mit verschiedensten glänzenden Gewändern,
mit Schmuck und duftenden Essenzen,
Girlanden und sonstigen Annehmlichkeiten.

Wenn Ihr den Allerärmsten, die keine Gelegenheit haben,
die Lehre [zu studieren] [Mittel und Wege] dazu verschafft,
dann wisset, dass es kein größeres Gut gibt
als dieses.

Jenen, denen es zuträglich ist,
mögt Ihr das stärkste Gift geben.
Doch hütet Euch, jenen Leckerbissen denen zuzustecken,
denen er nicht im Geringsten nützt.

Wurde man von einer Schlange in den Finger gebissen,
so heißt es, man schneide diesen besser ab.

Ähnlich lehrt der Überwinder, könne man anderen kurzfristig
Unbehagen schaffen, wenn ihnen dies nützt.[31]

Über unsere eigenen Bedürfnisse denken wir sorgfältig nach. Doch gewöhnlich denken wir nicht mit gleicher Sorgfalt über das nach, was anderen helfen könnte. Selbst wenn wir versuchen, anderen zu helfen, denken wir nur zu oft an uns selbst. Wir möchten, dass andere auf eine Weise glücklich sind, die uns passt oder wenigstens unserer Vorstellung davon entspricht, was ein Mensch mit seinem Leben anfangen sollte. Ich bin mir nicht sicher, ob es viele Menschen gibt, die *gerne* darüber nachdenken, was sie für andere tun können, so wie Nāgārjuna es dem König empfiehlt. Vielleicht schaffen wir es, anderen aus Pflichtgefühl zu helfen, doch unser Ziel sollte es sein, es aus Liebe zu tun. Die erste Strophe gibt uns etwas ganz Leichtes und Einfaches – gleichzeitig aber ziemlich Herausforderndes – auf, was wir in unserem spirituellen Leben anstreben sollten. Wenn uns wirklich die Bedürfnisse anderer am Herzen liegen, haben wir spirituell gesehen tatsächlich einige Fortschritte gemacht.

> Wir können uns einfach darauf konzentrieren, den Erfordernissen
> des gegenwärtigen Augenblicks gerecht zu werden.

Wie sollen wir das erreichen? In der zweiten Strophe gibt Nāgārjuna einen Hinweis. Er sagt: „… und sei es nur für einen Augenblick …". Wir müssen uns nicht unbedingt verpflichten, ständig so zu handeln. Wir können uns einfach darauf konzentrieren, den Erfordernissen des gegenwärtigen Augenblicks gerecht zu werden. Sei verfügbar für andere – und zwar jetzt, nicht nur dann, wenn dir danach zumute ist. Das legt nahe, dass das vielleicht gar nicht so schwierig ist. In gewissem Sinn reicht es wahrscheinlich, „sich nützlich zu machen". In einem tieferen Sinn geht es darum, die Art, wie wir über uns denken, radikal zu verändern. Anstatt die Welt als eine Ressource für unsere Bedürfnisse zu betrachten, können wir uns ebenso gut als eine Ressource für die Welt halten.

Viele dieser Verse könnten auch aus dem *Bodhicaryāvatāra* stammen, dessen Autor, Śāntideva, 500 Jahre nach Nāgārjuna lebte und der gleichen

---

31 *Nāgārjunas Juwelenkette*, S. 193.

spirituellen Linie angehörte. Die beiden Zeilen „so wie Erde, Wasser, Feuer, Wind, Heilmittel und Wälder [einfach für alle da sind]" erinnern direkt an die Verse aus dem *Bodhicāryvatāra,* die wir in der Triratna-Gemeinschaft am Ende eines buddhistischen Rituals, der siebenfältigen Puja, rezitieren:

So wie die Erde und alle Elemente
den zahllosen Wesen im unendlichen Raum
auf vielfache Weise dienstbar sind,
so möge auch ich das werden, was alle Wesen erhält,
die der ganze Weltraum birgt,
solange noch nicht alle
in Frieden sind.

Manche von Nāgārjunas Vorschlägen in Bezug auf angemessene Geschenke mögen uns seltsam vorkommen, wie Bettler mit Schmuck und duftenden Essenzen zu versorgen oder Heiratslustige mit Mädchen. Ein Mann, der sich aber damals keine Frau leisten und daher auch keine Kinder zeugen konnte, hatte im Alter niemanden, der ihn versorgen würde. Und einen Bettler wie den liebsten Freund zu behandeln, indem man freudig und nicht herablassend gibt, ist ein gutes Beispiel echter Großzügigkeit.

Schließlich erwähnt Nāgārjuna noch angemessenes Geben, ein Geben mit wirklichem Gespür für die Bedürfnisse des Empfängers. Manchmal kann das Gegebene sogar zeitweilig unerwünscht sein. Oder es ist etwas ganz Gewöhnliches, was jemand wirklich wünscht und benötigt. Und dann wieder mag jemand sogar „Gift" in Form starker Drogen benötigen, weil er schwer krank ist oder Schmerzen hat.

Den Dharma geben

Sorgt Ihr dafür, dass die Lehre
ohne Behinderungen erteilt und vernommen werden kann,
werdet Ihr zum Gefährten der Buddhas
und schnell Eure Ziele verwirklichen.

Durch Nicht-Anhaftung entschlüsselt Ihr die Bedeutung [der Lehren].
Durch Großzügigkeit werden Eure Mittel anwachsen.

Enthaltet Euch des Stolzes, und Ihr werdet zum Haupt
[all derer, denen man Achtung entgegenbringt].
Das Ertragen der Lehre wird Euer Gedächtnis stärken.[32]

Auf zwei Arten können Sie die Verbreitung der buddhistischen Lehre – des Dharma – unterstützen: Sie können Menschen helfen, sie zu lehren, und Sie können Menschen helfen, sie zu hören. Auch wenn Sie die Gabe des Dharma nicht selbst geben, werden Sie in Gesellschaft der Buddhas sein, solange Sie jene so gut wie möglich unterstützen, die ihn zu lehren vermögen, und es denen ermöglichen, ihn zu hören, die vielleicht für ihn empfänglich sind. Diese Lehre ist für das Mahāyāna zentral. Wenn Sie anderen helfen, den Segen des Dharma zu erfahren, üben Sie damit im Grunde selbst den Dharma. Je mehr Sie geben, desto mehr empfangen Sie. Ich würde sogar sagen, dass wirkliche Dharma-Übung erst dann beginnt, wenn Sie anfangen zu geben – und zwar vor allem, den Dharma zu geben. Das Karma-Prinzip gilt ganz direkt auch für die Gabe des Dharma: „Durch Großzügigkeit werden Eure Mittel anwachsen." Wenn Sie großzügig mit Ihrem Verständnis des Dharma umgehen, werden Sie ihn selbst immer tiefer verstehen.

Solange Sie sich nicht um die Bedürfnisse anderer kümmern und beginnen zu geben, werden Sie nicht erkennen, wie sehr Sie an Ihren eigenen Sorgen und Bedürfnissen hängen. Solange Sie den Dharma nicht zu lehren beginnen, erkennen Sie nicht, wie unzureichend Ihr Verständnis des Dharma ist. Wenn Sie zu lehren beginnen, beginnen Sie wirklich zu lernen. Das Lehren eröffnet Ihnen eine gänzlich andere Dimension des Verständnisses. Zwar ist es nicht ratsam, andere voreilig mit der eigenen Weisheit zu „segnen" – zumal, wenn es sich lediglich um Bücherwissen handelt –, doch wird eine Zeit kommen, in der Sie durch Lehren mehr lernen als durch das Hören von Belehrungen. Es geht daher nicht darum, ob man „bereit ist zu lehren". Vielleicht sind Sie anfänglich kein besonders guter Lehrer. Doch wenn Sie an die Grenzen Ihres Wissens stoßen, sind Sie gezwungen, über diese Grenzen hinauszuwachsen, sowohl als Lehrende wie als Lernende.

Vielleicht befragt man Sie zu Themen, mit denen Sie sich bisher nicht auseinandersetzen wollten. Die meisten Menschen fühlen sich auf manchen Gebieten ziemlich sicher, doch es gibt andere, mit denen sie sich nicht be-

---

32 *Nāgārjunas Juwelenkette*, S. 196. Zweite Strophe in Anlehnung an die englische Vorlage geändert. Anm.d.Üb.

Ethisch leben

fassen möchten oder an denen sie nicht interessiert sind. Vielleicht geht es um eine ethische Frage oder eine Meditationspraktik, die Sie bisher vernachlässigt haben. Nun müssen Sie darüber nachdenken, in den Schriften zum Thema nachlesen, Ihre Freunde befragen und mit etwas zurückkommen, was Sie mit Ihren „Schülern" besprechen können. Das, womit sie zurückkommen, wird vielleicht eine tiefere, nachhaltigere Wirkung auf Sie selbst haben als auf Ihre Schüler. So werden Sie nicht nur Lücken in Ihrem Wissen schließen, sondern es regt Sie vielleicht an, weiter zu forschen. Oder Sie entdecken, dass Sie mehr wissen, als Sie glaubten.

Natürlich benötigen Sie ein gewisses Grundwissen über den Dharma, bevor Sie zu lehren beginnen. Es ist so ähnlich, wie wenn man sich selbständig macht. Man benötigt etwas Startkapital, und manchen Leuten gelingt es, mit einer vergleichsweise kleinen Summe geschäftlich erfolgreich zu sein. Wenn Sie glauben, Sie bräuchten, um zu starten, eine richtig große Summe, werden Sie den Sprung vielleicht gar nicht wagen. Auf gleiche Weise können manche Menschen mit einem recht kleinen Grundwissen über den Dharma zu lehren beginnen und durch ihr Lehren wächst ihr Wissen ziemlich schnell an.

Eine notwendige Voraussetzung ist Ehrlichkeit in Bezug auf das, was Sie wissen und was nicht. Sie dürfen nicht versuchen, Ihre Schüler zu bluffen, indem Sie eine Antwort bloß erraten oder schwierige Fragen abblocken. Sie sollten zugeben, wenn Sie etwas nicht wissen oder es nicht erinnern können, und sich vornehmen, der Frage nachzugehen. „Enthaltet Euch des Stolzes, und Ihr werdet zum Haupt [all derer, denen man Achtung entgegenbringt]." Im Umkehrschluss gilt: Wenn Sie Menschen zu beeindrucken versuchen, werden diese Sie vielleicht nicht achten. Niemand kann alles über den Buddhismus wissen. Wenn man Ihnen eine Frage stellt, die Ihnen bisher noch nie gekommen ist, könnten Sie sagen: „Das ist interessant. Ich habe noch nie darüber nachgedacht. Was meinen Sie?"

Wenn Sie den Dharma zu lehren beginnen, benötigen Sie außerdem eine gewisse Tiefe in Ihrer spirituellen Übung. Den Menschen geht es meist nicht um Informationen, die sie ebenso gut selbst herausfinden könnten. Sie suchen eine lebendige Begegnung mit dem Dharma, möchten wissen, wie man den Dharma tatsächlich lebt. Vielleicht sind sie noch nicht bereit, einem Buddha zu begegnen, und es ist auch unwahrscheinlich, dass sie einen Buddha als Lehrer finden werden – ob in einem buddhistischen Zentrum oder anderswo. Sofern Sie aber das Wissen, das Sie erworben haben, in sich aufgenommen und einige Erfahrung gesammelt haben, auf die Sie sich stützen können, werden Sie etwas Wertvolles geben können.

Man kann den Dharma nur dann wahrhaft vermitteln, wenn man ihn einige Jahre lang umfassend geübt hat. Er ist nichts Abstraktes. Letztlich kann man ihm nicht losgelöst von Menschen begegnen, die ihn wenigstens zu einem gewissen Grad verkörpern. Buddhisten sollten Aspekte des Dharma, so oft wie möglich in Geist und Herz erwägen. Wenn man sie dann bittet zu lehren, werden sie schon etwas zu sagen haben – vielleicht über etwas, worüber sie seit Jahren nachgedacht haben.

Thematisch können wir die zweite, hier zitierte Strophe als Fortsetzung der ersten verstehen: Es geht um Lernen und Lehren des Dharma. Wie könnte man empfänglich sein, wenn man sich viel auf sich selbst einbildet? Eine Zen-Geschichte veranschaulicht dies. Ein Meister namens Nan-in erhielt einst Besuch von einem gelehrten Professor. Er goss ihm Tee ein, und er goss so lange, bis die Tasse überlief. Als der Professor protestierte, erwiderte Nan-in: „Sie sind wie diese Tasse. Wie kann ich Ihnen die Lehre geben, wenn Sie schon übervoll mit Ihren eigenen Ansichten sind?" Über den Dharma zu lernen bedeutet zuhören zu lernen und nicht so stark an eigenen Ansichten anzuhaften, dass man sich dem vielleicht Aufwühlenden verschließt. Deshalb werden die Schüler auch *śrāvaka*, „Hörer", genannt.

„Ertragen der Lehre" ist ein merkwürdiger Ausdruck, der nahe legt, dass der Dharma eine Art Bürde ist, etwas, womit man zurechtkommen muss. Aber das ist nicht gemeint. Nāgārjuna benutzt hier den Begriff *dharmadhara,* jemand, der den Dharma durch seine eigene Übung trägt oder weitergibt. Solch eine Person wird ihn bewahren und das heißt ihn im Gedächtnis behalten.

KLUGES GEBEN – EIN FÜHRER FÜR GESCHÄFTSLEUTE

Die Vergeblichkeit der Selbstsucht ist ein wiederkehrendes Thema im Mahāyāna. Wer zu sehr an seinem Besitz hängt oder sich zu viel auf sich selbst einbildet, wird unwissend, arm und verachtet enden. Traditionell versteht man diese Lehre im Sinn von Karma und Wiedergeburt, die man gewissermaßen als Vollstrecker einer Art poetischen Gerechtigkeit betrachtet: Wer großzügig ist, wird in wohlhabenden Umständen wiedergeboren, und wer bescheiden ist, in einer hoch angesehenen gesellschaftlichen Stellung. Das ist aber keineswegs zwangsläufig so. Außer Karma bestimmen noch andere Faktoren, welches Los uns im Leben beschert ist. Nichtsdestotrotz: Geizhälse werden sich immer arm *fühlen*, und jene, die geachtet werden wollen, werden nie das Gefühl haben, genug davon zu bekommen. Wenn Sie hingegen wahrhaft großzügig sind, haben Sie das Gefühl im Überfluss zu leben, und wenn Sie bescheiden sind, genießen Sie wenigstens die Achtung jener wenigen, die Bescheidenheit zu schätzen wissen.

Karma und Wiedergeburt sind nie ein geradliniges Geschehen. Selbstlose Taten sind das Eine; selbstlose Motivation hingegen ist etwas ganz Anderes, besonders wenn Sie dabei an zukünftige Leben denken. Wahre Selbstlosigkeit ist letztlich nicht von Einsicht zu trennen. Um der größeren Belohnung willen müssen Sie Belohnungen ganz vergessen und bloß um des Gebens willen geben. Das ist paradox. Es ist wie der gezielte Versuch, glücklich zu sein oder zu lieben: Je mehr Sie vorgeben, glücklich zu sein, desto unwahrscheinlicher ist es, dass man Ihnen glaubt, und je mehr Sie betonen, wie sehr Sie andere Menschen lieben, umso weniger werden Sie diese davon überzeugen können. Wenn Sie sich aber den Wunsch glücklich zu sein und zu lieben ganz aus dem Kopf schlagen, haben Sie eine gute Chance glücklich zu *sein* und zu *lieben* – und vielleicht sogar geliebt zu werden.

Wenn Ihr an Eurem Reichtum, den einstige Freigebigkeit
Euch eintrug, die Bedürftigen nicht teilhaben lasst,
dann werden Eure Anhaftung und Undankbarkeit dazu führen,
dass Ihr in künftigen Leben nicht mehr über Reichtum verfügt.

Kein Arbeiter schafft Euch in dieser Welt
ohne Lohn Vorräte herbei.
Der einfache Bettler jedoch trägt ohne jedes Handgeld
[alles, was Ihr ihm gebt] hundertfach in Euer nächstes Leben.

Seid immer von noblem Geiste,
sodass Euch noble Taten im Herzen erfreuen.
Denn aus noblen Taten entstehen
alle noblen Wirkungen.

Schafft Fundamente für die Lehre, in denen
die drei Juwelen eine Heimstatt finden und hohen Ruf erlangen.
Schafft Fundamente, die ein weniger edler König
sich nicht einmal hätte ausmalen können.

O König, es ist aber besser, dann keine Fundamente zu legen,
wenn diese mächtige Könige nicht beeindrucken können,
denn [solche Zentren der Lehre] werden nach Eurem Tod
keinen Ruhm erlangen.

Wendet all Euren Reichtum für Euer nobles Tun auf,
sodass die Noblen frei von Stolz werden,
die [Gleichgesinnten] Freude erfahren
und die Neigungen der niedrig Gesonnenen umgekehrt werden.

All Euren Besitz müsst Ihr [im Tod] aufgeben,
und machtlos geht Ihr fort von hier.
Doch was Ihr im Sinne der Lehre einsetzt,
geht Euch [als gutes Karma] voran.

Wenn alle Besitztümer eines einstigen Königs
Auf seinen Nachfolger übergehen,
welchen Nutzen zieht der König daraus
für seine Praxis, sein Glück, seinen Ruf?

Reichtum so zu verwenden bringt Glück schon in diesem Leben.
Wer so gibt, erlangt aber auch Glück in der Zukunft.
Wer ihn jedoch verschwendet, ohne ihn zu nutzen,
erntet nur Unglück. Wie sollte daraus Glück entstehen?

Im Tode verliert Ihr Eure Macht
und könnt nichts mehr geben, weil Eure Minister Euch daran hindern werden.
Schamlos werden sie ihre Zuneigung zu Euch vergessen
und sich dem neuen König andienen wollen.

Also sorgt dafür, dass Euer Reichtum jetzt
zur Grundlage der Lehre wird, solange Ihr noch gesund seid.

Ethisch leben

Denn Ihr lebt inmitten zahlloser Todesursachen
wie eine Flamme im Luftzug.[33]

Man muss wohl sagen, dass sich diese Argumente für Großzügigkeit auf einem ziemlich niedrigen Niveau bewegen. Nāgārjuna denkt offenbar, es gehe vor allem darum, dass der Strom der Großzügigkeit überhaupt in Fluss kommt. Es ist nicht so wichtig, wie man die Menschen vom Geben überzeugt, solange sie nur geben. Geben ist an sich eine Tugend. Es setzt Energie frei, es lockert die Fesseln einiger schädlicher Einstellungen, und das übrige spirituelle Leben kann darauf aufbauen.

> Sorgen Sie sich nicht um Karma und Wiedergeburt oder um Vergangenheit und Zukunft; wichtig ist nur, welche Gestalt Sie sich und Ihrem Leben im gegenwärtigen Moment geben.

Es geht um das jetzige Leben. Wenn Sie jetzt Reichtum genießen, liegt das daran, dass Sie in früheren Leben großzügig waren. Wenn Sie also in zukünftigen Leben reich sein wollen, müssen Sie von Ihren derzeitigen Besitztümern abgeben. Die meisten modernen Buddhisten, zumindest im Westen, finden diese Sichtweise bestenfalls bedeutungslos und schlimmstenfalls schändlich. Wenn wir aber verstehen wollen, wie sich der Buddhismus über die Jahrhunderte entwickelt hat, müssen wir diese traditionelle Denkart mit in Betracht ziehen. Wir müssen verstehen, dass früher eine solche Argumentationsweise für Menschen ein echter Anreiz war. Das wird seinen Grund auch darin gehabt haben, dass das Leben damals viel unsicherer war als heute. Für jeden Mittellosen war das Leben „gefährlich, grausam und kurz".[34] Deshalb überrascht es kaum, wenn Glück so eng an den Besitz von Wohlstand gekettet ist oder auch – wie hier nachdrücklich behauptet wird – an seine gewinnbringende Verwendung.

Zweifellos heizen weltliche Beweggründe manchmal unsere eigene Dharma-Übung an. Suchen wir denn durch spirituelle Praxis nicht häufig eher Glück, Erfolg und Sicherheit für uns selbst als Erleuchtung zum Wohl aller Wesen? Vielleicht sollten wir daher den spirituellen Materialis-

---

33 *Nāgārjunas Juwelenkette*, S. 198f.
34 „the life of man, solitary, poor, nasty, brutish and short" aus: Thomas Hobbes, *Leviathan.* Anm.d.Üb.

mus der Vergangenheit nicht zu scharf kritisieren. Doch zu sagen, „der einfache Bettler trägt ohne jedes Handgeld [alles was Ihr ihm gebt] hundertfach in Euer nächstes Leben", spiegelt diese traditionelle, handfest kaufmännische Art, über Großzügigkeit und ihren Nutzen nachzudenken, auf eher groteske Weise wider. Es zeichnet eine Situation, in der man Bettler praktisch anstellt, um den eigenen Reichtum von diesem Leben ins nächste zu retten.

Für uns ist es vielleicht schwierig, uns einen wahrhaft religiös gesinnten Menschen vorzustellen, der so selbstbezogen ist. In allen Religionen lassen sich aber viele Beispiele für diese Einstellung finden. In Indien begegnete ich einem etwas altmodischen Typ eines Gläubigen aus der reichen Kaufmannsschicht, der zwar sehr fromm und großzügig war, seine Geschäftstüchtigkeit aber in sein religiöses Leben mitbrachte. Diese Kaufleute gaben zwar große wohltätige Spenden, knüpften daran aber ganz offen Bedingungen. So boten sie etwa ungeniert viele Rupien für die Eröffnung einer gemeinnützigen Apotheke, eines Krankenhauses oder einer Schule an, allerdings unter der Bedingung, dass die Einrichtung nach ihrem Vater benannt werden müsste, sie selbst als Ehrengast bei der Eröffnungsfeier anwesend sein und anschließend dem Premierminister vorgestellt würden, nachdem dieser die Einrichtung eröffnet habe.

Diese Verbindung von Materialismus und Frömmigkeit mag uns fremd anmuten, doch beruht sie letztlich auf traditionellen religiösen Werten. Sie hängt mit der Vorstellung zusammen, dass Macht und Wohlstand von unseren guten Taten in einem früheren Leben herrühren. Das verstärkt die Auffassung, ein wohlhabender Mensch sei ein guter Mensch und ein Armer sei moralisch verdächtig. Das ist zwar nicht die buddhistische Sicht, doch eine eher buchstabengetreue Präsentation der Lehre von Karma und Wiedergeburt kann eine solche Auslegung leider nahelegen. Unter Hindus ist diese Sicht bedauerlicherweise das allgemein akzeptierte Verständnis. Es führt dazu, dass fromme und wohlhabende Leute oft äußerst selbstzufrieden sind. Mir sind in Indien viele Menschen begegnet, die fest von ihrer Tugendhaftigkeit überzeugt waren, doch ihre Überzeugung beruhte einzig und allein auf ihren glücklichen und wohlhabenden Lebensumständen. Und, so traurig es ist, habe ich auch viele arme Menschen getroffen, die glaubten, sie hätten kein besseres Los verdient. Diese unerfreuliche Verdrehung der Lehre von Karma und Wiedergeburt, die man manchmal sogar unter Buddhisten findet, ist im Hinduismus in Gestalt des Kastensystems institutionalisiert und wird dazu benutzt, den Status Quo zu sichern.

Früher gab es das auch im Christentum. Die Kirche lehrte, Menschen hätten die Pflicht, ihre Lebensumstände zu akzeptieren, weil sie ihnen von Gott zugemessen worden seien. In einem Kirchenlied gibt es folgenden Vers:

Der Reiche in seinem Schloss,
der Arme an der Tür,
Gott schuf sie hoch und niedrig,
wies ihnen ihr Gut an.[35]

Es scheint, als neige organisierte Religion dazu, den Status Quo zu rechtfertigen und sich eher auf die Seite der Reichen gegen die Armen zu stellen. Wie der heilige Paulus sagte: „Denn es gibt keine staatliche Gewalt, die nicht von Gott stammt; sie ist von Gott eingesetzt."[36] Ganz gleich, was die Mächtigen tun, sie haben die Autorität Gottes hinter sich.

In Indien gewann ich den Eindruck, dass viele Reiche sich nicht für Ausbeuter der Armen hielten. In ihren Augen versorgten sie Menschen mit Anstellungen, die nicht intelligent genug waren, um sich selbst Arbeitsplätze zu schaffen. Sie glaubten ernsthaft, sie würden der Gesellschaft einen Dienst erweisen und ganz uneigennützig dabei reich werden. Manchmal sagten sie, das sei ihre Art Gott zu dienen. Solche Behauptungen machten mich gewöhnlich sprachlos, doch ich begegnete auch buddhistischen Mönchen, die solche Einstellungen nur zu gerne billigten.

Während seines ganzen Lebens behandelte der Buddha die Reichen und Mächtigen ohne die geringste Spur von Unterwürfigkeit. In manchen buddhistischen Ländern gibt es aber Mönche, die gegenüber Autoritätspersonen eine untertänige Haltung einnehmen. Das rührt von einem falschen Verständnis des zentralen Prinzips des spirituellen Lebens her, das besagt, dass wir frei sind zu wählen, wie wir hier und jetzt sein wollen, unabhängig von sozialen oder gruppenbezogenen Zwängen. Wir sind frei, mehr oder weniger gewahr zu sein, mehr oder weniger schöpferisch zu handeln, in größe-

---

35 Im Englischen lautet diese Strophe: The rich man in his castle, / The poor man at his gate, / God made them high and lowly / And ordered their estate. Anm.d.Üb.
36 Römerbrief 13.1. Siehe: http://www.bibleserver.com/text/EU/Römer13.

rem oder geringerem Maß ein Individuum[37] zu sein. Sorgen Sie sich nicht um Karma und Wiedergeburt oder um Vergangenheit und Zukunft; wichtig ist nur, welche Gestalt Sie sich und Ihrem Leben im gegenwärtigen Moment geben. Das ist es, was der Buddha betonte. Er betonte, dass es darum geht, hier und jetzt, in diesem Leben Erleuchtung zu erlangen. Er leugnete die Wahrheit von Karma nicht, aber er behauptete nie, eine gute Wiedergeburt sei das wertvollste Ziel für einen Menschen. Ganz gleich welche buddhistische Lehre dargelegt wird, sie muss sich auf dieses zentrale Prinzip beziehen. Andernfalls führt es leicht dazu, dass man nur niedrigere, eher selbstbezogene Motivationen anspricht.

Gerechterweise dürfen wir nicht vergessen, dass zu Nāgārjunas Lebzeiten ein König unbegrenzte Macht besaß und so viel Schaden anrichten konnte, dass es sich lohnte, ihn buchstäblich mit allen Mitteln zu zügeln. Gewöhnlich gab es keine andere Macht innerhalb des Staates, durch die man ihn hätte bändigen können. Wenn er weder hochintelligent noch religiös gesinnt war, musste man seine eigenen Skrupel vielleicht beiseitelassen, um ihn überhaupt zu einem gewissen ethischen Verhalten zu bringen, selbst wenn dieses mit eher rohen Motiven einherging. Vielleicht musste man ihm ein künftiges Leben versprechen, in dem er noch mehr von dem besitzen würde, was er jetzt schon besaß. Das war vielleicht die einzige Möglichkeit, ihn dazu zu bewegen, auf ethische Weise zu regieren.

---

37 Sangharakshita führte den Begriff „wahres" oder „echtes Individuum" für Menschen ein, die durch ihre spirituelle Übung eine Reihe geistig-emotionaler Qualitäten in einem solchen Ausmaß entwickelt haben, dass sie gewissermaßen zu ihrer zweiten Natur geworden sind. Zu diesen Qualitäten gehören unter anderem Achtsamkeit und Gewahrsein, liebende Güte (*mettā*), Verantwortungsgefühl, Loyalität, Kreativität und Solidarität mit allem Lebendigen. Siehe hierzu Subhuti, *Neue Stimme einer alten Tradition*, S. 158-172. Anm.d.Üb.

Ethisch leben

3. SEXUELLE BEZIEHUNGEN

Der dritte Vorsatz – *kamesu micchācārā veramaṇī* – bedeutet, sich „sexuellem Fehlverhalten zu enthalten". Nāgārjuna umschreibt diesen Vorsatz als Sich-von-den-Frauen-anderer-Fernhalten, und das ist das mindeste, das Männer, die den Dharma üben, von sich erwarten sollten. Die männliche Sicht wird als selbstverständlich genommen, weil der Text an einen König gerichtet ist. Überdies betrachtete man im alten Indien die Gattin als Eigentum des Mannes, und die traditionelle Deutung dieses Vorsatzes spiegelt diese Sichtweise wider. Sie schloss auch ein, Frauen weder zu verletzen noch zu verführen, ganz gleich ob sie verheiratet waren oder nicht. Auch hier ging es aber vor allem darum, das „Eigentum" anderer Männer zu respektieren, denn Töchter und Schwestern jeden Alters „gehörten" buchstäblich ihren Familien, bis sie durch Heirat in eine andere Familie übergingen. Bis dahin standen sie unter dem Schutz ihres Vaters und ihrer Brüder.

Lassen wir die Geschichte beiseite und wenden uns der heutigen Anwendung zu. Dann wird schnell klar, wie man ihn üben sollte, ob als Frau oder Mann. Es scheint um zwei wesentliche Grundsätze zu gehen. Erstens sollten wir die Individualität einer anderen Person nicht verletzen, indem wir sie gegen ihren Willen zur eigenen sexuellen Befriedigung benutzen. Wenn zweitens davon ausgegangen wird, dass sexuelle Partner einander „(an)gehören", gilt das wissentliche Zerbrechen einer Ehe oder sexuellen Partnerschaft als eine Art „Nehmen des nicht Gegebenen" und auch eine Verletzung der Individualität des Menschen, dessen Partner man „gestohlen" hat.

Genügt es aber, wenn wir unsere sexuellen Aktivitäten in den gesellschaftlich akzeptierten Grenzen halten? Reicht dieses einfache Kriterium? Wenn Sie bloß eine Regel haben wollen, durchaus. Es reicht aber nicht, wenn Sie die Befolgung dieses Vorsatzes zu einer wirklich ethischen Übung machen wollen. In London sah ich die Vorsätze einmal in einem Vihāra (einem buddhistischen Kloster) auf einer Tafel geschrieben. Der dritte Vorsatz lautete: „sich keiner lasterhaften Liebe hingeben". Die Mönche wollten damit offenbar zu etwas tieferem Nachdenken über den Vorsatz anregen. Wie aber übt jemand ihn, wenn er oder sie verheiratet ist und ohnehin weder die Zeit noch die Neigung hat, „lasterhafter Liebe" zu frönen?

Sich nicht mit den Partnern anderer einzulassen erschöpft nicht die ganze Reichweite des Vorsatzes. Zunächst sollten wir die Masse jener Rationalisierungen und Romantisierungen aus dem Weg räumen, die dazu dienen, sexuelle Aktivitäten zu idealisieren oder sogar spirituell zu überhöhen. Wir bilden uns gerne ein, Sex habe vor allem mit Geben und Teilen zu tun, aber stimmt das? Können wir ehrlich von uns behaupten, die gewaltige Anziehung, die wir für einen anderen Menschen empfinden, sei bloß ein Drang, ihm oder ihr zu geben? Ich vermute, sexuelle Beziehungen sind, wenn man sie freundlich beurteilt, in den meisten Fällen wechselseitige Übereinkünfte, ausbalancierte Tauschverhältnisse körperlicher und emotionaler Dienstleistungen – auf dieser Ebene durchaus gesund, aber nichts, was man darüber hinaus schönreden sollte. Wenn man versucht, ihnen einen schöneren Anstrich zu geben wird man unweigerlich enttäuscht oder sogar verbittert werden, wenn jene Dienste nicht mehr so bereitwillig angeboten oder ganz verweigert werden.

Damit stellt sich die Frage nach unserer Bewusstheit. Was ist die tatsächliche Wirkung unser sexuellen Aktivität auf unseren Geiseteszustand? Es lohnt sich dies zu beobachten. wenn wir versuchen, ein spirituelles Leben mit sexueller Aktivität zu verbinden. Zweifellos können tantrische Meister und fortgeschrittene Bodhisattva-Yogis sexuelle Aktivitäten zum Teil ihrer spirituellen Übung machen, aber wir müssen uns fragen, ob wir auch nur entfernt an diese Stufe heranreichen. Es ist nicht etwa so, dass ein gelegentlicher Aussetzer der Achtsamkeit unser spirituelles Leben zum Stillstand bringt. Fehltritte sind unvermeidlich. Selbst nach jahrelanger Übung können instinktive Triebe und alte Neigungen von Zeit zu Zeit hochkommen und zu einem vorübergehenden Rückschlag auf unserem spirituellen Pfad führen. Es hat dann keinen Sinn, sich in Selbstbeschuldigungen zu ergehen. Man wird aber spirituell handlungsunfähig, wenn man sich selbst betrügt.

Natürliche Triebe zu berücksichtigen, ist überdies nicht mit der Ansicht zu verwechseln, ein gesunder Mensch *brauche* Sex und man entbehre oder verdränge etwas, wenn man ihn nicht bekomme. Leider wird die Annahme, sexuelle Unschuld oder Reinheit würde das gesunde Leben eines Individuums blockieren, weithin akzeptiert. Daher rührt die seltsame Vorstellung, man müsse eine Menge weltlicher Erfahrungen in Form persönlicher Probleme und vertrackter sexueller Beziehungen ansammeln, ehe man „reif" genug sei, sich auf das spirituelle Leben einzulassen. Es gilt fast als Makel, wenn man zugeben muss, dass man seit Monaten oder Jahren keinen Sex gehabt hat, als ob man dadurch unattraktiv, ein Versager und sogar kein echter Mann oder keine echte Frau wäre. Das ist heutzutage eine weit verbreitete *micchā-diṭṭhi* (eine falsche Ansicht). Dies ist aber weder im Westen noch im Osten die traditionelle Überzeugung.

Sie beruht auf der fehlerhaften Annahme, die gleichen Regeln müssten für alle gelten. Menschen sind aber verschieden. Viele Dinge, die für eine Person wichtig sind, spielen für eine andere keine Rolle. Manche können nicht ohne Sex leben, während andere recht gut ohne ihn auskommen, sofern man ihnen nicht ständig einredet, sie müssten ganz unglücklich sein. Menschen, die von ihrem Temperament her zur Keuschheit neigen, möglicherweise als Ergebnis eines sehr positiven Karma, treten vielleicht unschuldig und rein ins spirituelle Leben und machen dann beträchtliche Fortschritte. Sie haben vielleicht eine „Begabung" zu Keuschheit; man sollte ihnen erlauben, diese Gabe zu genießen und sie nicht gegen die gesunde und verfeinerte Ausrichtung ihres Wesens zu jene Erfahrungen drängen, auf die die meisten von uns offenbar nicht verzichten können. Wer nicht in diesem Sinne begabt ist, sollte sich ein Ventil für das sexuelle Verlangen zugestehen, ohne aber das Vertrauen derer zu untergraben, die den Dharma höchst glücklich üben können, ohne Sex zu benötigen. Warum sollten wir nicht Reinheit und Unschuld als eine Tugend und einen Segen preisen, selbst wenn die übrige Gesellschaft eine ganz andere Sicht einnimmt?

Im dritten Vorsatz geht es darum, wie wir im weitesten Sinn mit unserer Sexualität umgehen. Es geht nicht nur um sexuelle Beziehungen, sondern auch darum, wie wir Sexualität einsetzen, um andere Dinge zu erreichen, beispielsweise wenn wir Menschen bezaubern, um etwas zu bekommen, das wir begehren. Vieles, das als normaler gesellschaftlicher Umgang der Geschlechter miteinander gilt, geht mit einer unerfreulichen Mischung von gegenseitiger Ausbeutung und Täuschung einher. Dieser Vorsatz betrifft darum auch die Entwicklung von Gewahrsein für eine gewisse Macht oder Energie, über die wir verfügen, und für die Rolle, die sie in den halbbewussten Koketterien spielt, die sich häufig in unsere Kommunikation einschleichen. Wir sollten anderen Menschen mit echter Freundlichkeit und Mettā begegnen, aber uns nicht in einer Art Austausch verfangen, der gedankenlos sexuelle Empfindungen anregt.

> Sexuelle Gefühle lassen sich nicht von allen anderen Emotionen getrennt in einer versiegelten Kiste aufbewahren.

Mit diesem unbewussten Missbrauch der Sexualität geht häufig eine Angst einher, sexuelle Gefühle zu erleben, zumal dann, wenn sie sich auf eine Person gleichen Geschlechts richten. Das soll nicht heißen, dass man solche Gefühle ausleben müsse, doch sexuelle Gefühle lassen sich nicht von allen anderen Emotionen getrennt in einer versiegelten Kiste aufbewahren. Unsere Sexualität fließt wohl oder übel in alle möglichen Situationen ein, auch solche, in denen wir sie nicht ausdrücken wollen. Dabei besteht jedoch die Gefahr, dass wir Angst entwickeln, auch nur das Vorhandensein dieses Elements in unserem Erleben anzuerkennen. Eine unbewusste Furcht, angeblich inakzeptable sexuelle Gefühle zu empfinden, hält manche Menschen davon ab, eigentlich normale Gefühle der Anziehung oder Zuneigung überhaupt wahrzunehmen und auszudrücken. Wenn man sich emotional zu jemandem hingezogen fühlt, hält man das fast automatisch für eine sexuelle Empfindung, selbst wenn es nichts dergleichen ist. So können sehr positive Gefühle durch emotionales Unbehagen, Hemmungen und schließlich in der Folge durch Energieverlust verdrängt werden.

Wir sollten fähig sein, starke, warme Emotionen in Verbindung mit unserer Sexualität zu empfinden, aber wir sollten starke, warme Emotionen auch dann empfinden können, wenn keine sexuellen Gefühle beteiligt sind. Wenn Sie es schwierig finden, solche Emotionen von Sexualität zu trennen, dann bedeutet das nicht, dass es gut wäre, die sexuellen Gefühle zu verdrängen und ein Leben strenger Keuschheit aufzunehmen. Wenn Sie das tun, werden diese Gefühle fast gewiss später im Leben erneut hochkommen und dann viel schwieriger zu handhaben sein. Umgekehrt gilt: Je freier Sie positive Emotionen auszudrücken vermögen, desto fähiger werden Sie sein, mit Ihren biologischen und instinktmäßigen Trieben umzugehen.

DIE HÄSSLICHKEIT DES BEDINGTEN

Begehren nach einer Frau entsteht zumeist
Aus der Vorstellung, ihr Körper sei rein;
in Wirklichkeit aber gibt es nichts Reines
im Körper einer Frau.

Bauch und Brust sind nichts anderes als eine Herberge
Für Kot, Urin, Lungen, Leber und so weiter.
Wer aber auf Grund seiner Verwirrung nicht so sieht,
verlangt nach ihrem Körper.

Wer empfindet keine Erleichterung, wenn eine juckende Wunde gekratzt wird,
doch ohne Wunden zu sein, ist weit erstrebenswerter.
Und so schafft das weltliche Begehren durchaus Vergnügen,
doch ohne Begehren zu sein, ist bei weitem angenehmer.

Wenn Ihr Euch dies vor Augen führt, erlangt Ihr zwar
keine Freiheit vom Begehren,
doch weil Euer Begehren abnimmt,
verlangt es Euch wenigstens nicht mehr nach einer Frau.[38]

In seinem Rat an den König hält Nāgārjuna es für nötig, den sexuellen Appetit des männlichen Lesers mit mehr als zwanzig Strophen zu zügeln (von denen hier nur vier zitiert wurden). Warum? Betrachten wir zunächst seine Argumente.

---

38 *Nāgārjunas Juwelenkette*, S. 180, 181, 183.

> Man muss wissen, dass diese Strophen der Methode nicht so sehr
> der Lehre gelten; die Methode ist in diesem Fall ein Mittel, das
> Männern helfen soll, ihr sexuelles Verlangen zu überwinden.

Wir sind daran gewöhnt, die verschiedenen Absonderungen und Ausscheidungen unseres Körpers abzuwaschen, und dennoch erleiden wir Sehnsuchtsanfälle nach dem unreinen Körper eines anderen. Nāgārjuna weist auf die Absurdität dieser Situation hin. In vergleichbarer Weise kann man eine gewisse starke Befriedigung daraus ziehen, eine juckende Wunde zu kratzen, und doch würde niemand, der weiß, wie es sich anfühlt, von diesem schrecklichen Jucken befreit zu sein, es freiwillig zurück haben wollen.

Lehren dieser Art richten sich im Buddhismus in aller Regel an Männer, doch man findet auch in den *Therigāthā,* den Versen der ersten erleuchteten buddhistischen Nonnen, ähnliche Ansichten über den Körper. In den entsprechenden Betrachtungen, die den Nonnen empfohlen wurden, um sie ihrer Anhaftung an Männer zu entwöhnen, geht es aber weniger um das Abstoßende des Körpers. Zur damaligen Zeit fühlten sie sich anscheinend nicht so sehr von körperlichen Eigenschaften der Männer angezogen, als von ihrer scheinbaren Vertrauenswürdigkeit. Daher stellen diese Verse vor allem heraus, wie trügerisch und treulos, wie illoyal und falsch Männer sein können. Sie zeigen, dass man ihren süßen Worten nicht vertrauen kann, so wie sie das Eine sagen und das Andere meinen, und wie sie das Vertrauen der Frau sogar hintergehen, während sie ihr verliebt in die Augen schauen. Diese Verse heben die Tatsache hervor, dass es in der Natur der Männer liegt, untreu zu sein und lüstern auf andere Frauen zu schielen.

Dieser strengen Sicht auf das männliche Geschlecht stimmen wahrscheinlich heute noch viele Menschen zu. Die traditionell buddhistischen Aussagen über den Frauenkörper dagegen gehen direkt gegen den Strich des neuzeitlichen Empfindens. Wahrscheinlich würden die meisten Menschen die systematische Entwicklung solchen Denkens über weibliche Körper für krankhaft, unerfreulich und negativ halten. Oberflächlich betrachtet scheinen diese Strophen und ähnliche buddhistische Texte eine starke frauenfeindliche Strömung auszudrücken, die sich durch die buddhistische Überlieferung zieht. Anscheinend werden Frauen hier schlecht gemacht. Solche Texte sind aber überhaupt nicht als objektive Einschätzung von Frauen gedacht. Man muss diese Strophen als Methode nicht als Lehre sehen; die Methode ist in diesem Fall ein Mittel, das Männern helfen soll, ihr sexuelles Verlangen zu überwinden.

Die Schwierigkeit, die manche mit solchen Texten haben, entspringt meines Erachtens der unterschiedlichen Art der Hauptthindernisse, denen Männer und Frauen sich in ihrem spirituellen Leben gegenüber sehen. Die Hindernisse haben mehr mit Identität zu tun als mit Sex. Männer scheinen es heutzutage schwierig zu finden, Sex aufzugeben, denn für sie bedeutet das den Verlust eines wichtigen Teils ihrer männlichen Identität. Diese Identität wird aber vor allem durch männlichen Wettbewerb am Arbeitsplatz aufgebaut. Wahrscheinlich werden Männer größere spirituelle Fortschritte machen, wenn sie mit ganzem Herzen ihren weltlichen Ehrgeiz statt Sex aufgeben.

Ebenso scheint es, als hätte die Schwierigkeit, die Frauen mit dem Zölibat haben, weniger mit Sex selbst als mit ihrer Identität als Frau zu tun. In ihrem Fall scheint es eher darum zu gehen, die emotionale Intimität verlieren, die mit Sex einhergeht, und letztlich auch die Möglichkeit, Ehefrau und Mutter zu sein. Daher bedeutet die Aufnahme eines zölibatären Lebensstils einen gewaltigen Schritt. Besonders der Kinderwunsch ist für Frauen weiterhin ziemlich wichtig, während er für die meisten Männer vielleicht weniger wichtig als früher ist.

Kontemplation des Unreinen oder Hässlichen

Der Sanskrit Begriff, auf den Nāgārjuna sich in diesen Strophen bezieht, ist *śubha*, was hier mit „rein" übersetzt wird, während die negative Form *aśubha* in einem der nicht zitierten Verse mit „unrein" übersetzt wird. Man könnte die Begriffe auch als „schön" oder „liebreizend" und „hässlich" oder „reizlos" übersetzen.

> Begierde kann unsere natürliche Abscheu vor den
> Absonderungen und Ausscheidungen der Körper
> anderer Menschen außer Kraft setzen.

Aśubha wird häufig mit den drei *lakṣaṇas*, den Merkmalen der bedingten Existenz, verbunden. Der buddhistischen Lehre zufolge ist die bedingte

Existenz *duḥkha* (unbefriedigend), *anitya* (unbeständig) und *anātman* (ohne ein festes, unveränderliches Selbst). Manchmal fügt man *aśubha* zu dieser Liste hinzu. Stattdessen betrachten wir die Welt als beglückend, dauerhaft, substanziell und schön. Dies ist die Haltung der vier *vipariyāsas,* der „geistigen Verdrehungen" oder „auf den Kopf gestellten Ansichten". Da wir selbst bedingt sind, können wir nicht anders, als dem bedingten Dasein Eigenschaften zuzuschreiben, die in Wirklichkeit zum Unbedingten gehören. Wir sehen die Welt nicht als unbefriedigend an, sondern als *sukha* oder erfreulich. Wenn wir etwas besitzen, glauben wir, dass wir es für immer behalten werden, und sehen die bedingte Existenz nicht als vergänglich, sondern als *nitya* oder beständig an. Wir sehen sie auch nicht als ohne ein beständiges, unveränderliches Selbst, sondern als mit einem Selbst oder *ātman* ausgestattet. Schließlich erleben wir die Objekte unserer Begierde nicht als *aśubha*, sondern als attraktiv und liebreizend.

Nāgārjuna stellt jenen Aspekt des bedingten Daseins in den Mittelpunkt, dem wir am ehesten und regelmäßig die Eigenschaften von Schönheit und Reinheit zuschreiben, die in Wirklichkeit zum Unbedingten gehören: den Körper eines Menschen, von dem wir betört sind. Wir verlieben uns schließlich nicht in Bäume, so schön sie auch sein mögen. Wir haften einem bestimmten Baum nicht so sehr an, dass wir all unsere Zeit mit ihm verbringen und schließlich mit ihm zusammenziehen möchten. Unser Verlangen hüllt die Körper gewisser Menschen in eine Art Zauberglanz, der um kein anderes Objekt strahlt, so schön es auch sein mag.

Deshalb wird ernsthaft übenden Buddhisten immer wieder geraten, die *aśubha-bhāvanā* zu üben, die Betrachtung der weniger erfreulichen Aspekte des menschlichen Körpers. So wie wir über die Unbeständigkeit und Substanzlosigkeit der bedingten Existenz meditieren, und dass man darin keine echte Befriedigung finden kann, so können wir auch über die Reizlosigkeit (*aśubha)* des bedingten Daseins meditieren. Dabei achten wir besonders auf bestimmte Aspekte des menschlichen Körpers, die wir normalerweise unschön finden, jedoch übersehen, wenn wir von sexueller Leidenschaft ergriffen sind. Die *aśubha-bhāvanā* vermag aufzudecken, wie lustvolles Verlangen unsere natürliche Abscheu vor den Absonderungen und Ausscheidungen der Körper anderer Menschen außer Kraft setzen kann. Man übt hier, den menschlichen Körper so zu sehen, wie er wirklich ist: vergänglich, unbefriedigend, ohne festes Selbst und an sich reizlos.

Zur buddhistischen Übung gehört auch die Entwicklung von Gewahrsein, doch sexuelles Verlangen bringt uns aufgrund seiner blinden, instinkthaften Natur in die entgegengesetzte Richtung. Um das zu verhindern, ist ein drastischer Eingriff nötig, und genau das ist es, was diese Strophen bieten. Nāgārjuna hofft nicht unbedingt, den König ganz von sexuellem Verlangen zu befreien; er versucht lediglich, ihm zur Entwicklung eines gewissen Grades von Gewahrsein zu verhelfen. Es ist, als würde er sagen: „Wach auf! Schau das Objekt deiner Begierde genauer an. Wie ist es denn wirklich?"

Seine Aufforderung, den Zauber des Fleisches mit kritischem Blick zu untersuchen, spiegelt vielleicht auch einen Gedanken wider, der den meisten Menschen wenigstens gelegentlich in den Sinn kommt, wenn sie um jemanden werben und es ihnen schließlich sogar gelingt, ihn oder sie in ihre Arme zu nehmen. Während der ersten paar Male erforschen Sie vielleicht wirklich das Spektrum genussvollen menschlichen Erlebens, doch später können Sie nicht umhin zu denken: „Hmm, jetzt geht das wieder los." Sie wissen mehr oder weniger, was passieren wird, und fragen sich: „Ist das wirklich den ganzen Aufwand wert? Wozu ist es gut? Was habe ich davon? Inwieweit genieße ich es wirklich?" Doch trotz solcher Bedenken fühlen Sie sich irgendwie dazu getrieben, als stünden Sie unter Zwang.

Um einem solchem Zwang entgegenzuwirken, betonen die meisten Formen des Buddhismus das Zölibat, was anzeigt, dass der sexuelle Drang unter Kontrolle ist. Die Pāli-Schriften sagen klar, dass der Buddha völlig zölibatär lebte. Jene, die Stromeintritt erlangt hatten (den Punkt, von dem an der weitere Fortschritt zur Erleuchtung sichergestellt ist), waren nicht unbedingt zölibatär, wurden aber gewiss nicht von ihren sexuellen Begierden beherrscht. An mindestens einer Stelle spricht der Buddha allerdings auch von der Möglichkeit, dass jemand die Sinnesfreuden vielleicht genießen, aber weiterhin frei von Anhaften sein könne. Im Ariyapariyesanā-Sutta gruppiert er die Übenden in drei Typen. Er benutzt darin das Bild eines Hirschs, der gejagt wird, aber hier werde ich das Bild einer Maus verwenden, denn ich glaube, das macht die Angelegenheit klarer. Es gibt drei Arten von Mäusen. Jene, die unklug in die Falle tappen und gefangen werden, wenn sie auf Käse aus sind; jene, die dabei vorsichtiger vorgehen und nicht gefangen werden; und jene, die sich sowohl vom Käse wie von der Falle fernhalten und natürlich ebenfalls nicht gefangen werden. Interessanterweise verneinte der Buddha nicht die zweite Möglichkeit, dass man, wenn man sehr achtsam sei, an den Sinnesfreuden „knabbern" könne, ohne zwangsläufig von Begierde überwältigt zu werden. Es sei aber riskant. Die meisten Menschen werden doch überwältigt und leiden dann unter den Folgen. Es ist viel sicherer, sich vom Käse fernzuhalten. Nāgārjuna rät dem König im Prinzip zur zweiten Möglichkeit. Praktisch gesehen wird das bedeuten, sich auf ein genügsames Sexualleben zu beschränken, das mit dem Ziel, Stromeintritt zu erlangen, durchaus vereinbar ist.

KONTEMPLATION DES SCHÖNEN

Wie das Zölibat ist auch die *aśubha-bhāvanā* kein Selbstzweck. Ekel oder Abscheu vor dem menschlichen Körper ist nicht als ein positiver Geisteszustand anzusehen, es sei denn, er bahne den Weg für etwas Besseres. Man könnte sagen, Sinn der *aśubha-bhāvanā* sei es, uns zu helfen, zwischen biologischer Anziehung und ästhetischer Schönheit zu unterscheiden. Jemand sieht vielleicht im üblichen Verständnis gut aus, ohne doch wirklich schön zu sein, während jemand anders vielleicht keinerlei offensichtliche Reize hat und dennoch wahrhaft schön ist. Der Begriff *śubha,* der hier benutzt wird, bedeutet sowohl rein, als auch schön. Er bezeichnet eine Art spiritueller Schönheit im neuplatonischen Sinn. Ganz am Anfang der *Juwelenkette* bezieht Nāgārjuna sich auf eben diese Art von Schönheit, wenn er den Buddha als „mit allen guten Eigenschaften geschmückt" rühmt.

> In den Pāli-Schriften sagt der Buddha mehr als einmal, ein typisches Zeichen von Mettā sei es, die Dinge als schön anzusehen.

Jahrhunderte lang war es für Künstler eine Herausforderung, Bilder zu malen, die den jeweiligen öffentlichen Geschmack von sinnlicher Schönheit ansprachen, zugleich aber darauf zielten, eine unschuldigere Sicht – einen Eindruck von reiner Schönheit – für diejenigen zu schaffen, die sie zu genießen vermochten. Selbst die größten Künstler werden wohl nicht immer für diese höhere Leistung geschätzt. Man sagt zwei britische Soldaten seien am Ende des Zweiten Weltkriegs durch die Uffizien in Florenz gegangen, und als sie zu Botticellis „Geburt der Venus" kamen, habe der eine zum anderen gesagt: „Eh, guck dir das mal an, Bill. Hier ist ein Mädchen ohne Kleider und zwei Kerle spucken sie an."

Offensichtlich wohnt Schönheit nicht zwangsläufig dem Gegenstand unserer Wahrnehmung inne. Sie ist auch davon abhängig, dass wir etwas auf eine bestimmte Weise betrachten. Wenn wir es begehrlich oder lüstern betrachten, dann werden wir etwas sinnlich Anziehendes sehen. Wenn wir es eher kontemplativ, mit Mettā, anschauen sehen wir etwas ziemlich Anderes, etwas Schönes. In den Pāli-Schriften sagt der Buddha mehr als einmal, ein typisches Zeichen von Mettā sei es, Dinge als schön anzusehen. Das ist so, weil uneigennütziges Gewahrsein das Schlüsselelement in *śubha* wie auch in Mettā ist und sie über gewöhnliche menschliche Emotionen erhebt.

Schopenhauer betonte diese Eigenschaft von ästhetischer Wertschätzung: Sie sei eine reine Freude am Gegenstand um seiner selbst willen, ohne jeden Wunsch ihn zu benutzen. Das, was er „Wille" nennt, eine strebende, sich sehnende Kraft, wird vorübergehend außer Kraft gesetzt. Wenn Sie das, was Sie gerade sehen, sinnlich anziehend finden, werden Sie wahrscheinlich danach greifen wollen, um es selbst zu genießen. Wenn Sie es aber ästhetisch schön finden, werden Sie bloß zurücktreten und es betrachten wollen. Sie werden sich ihm ergeben, sich darin versenken. Ästhetische Betrachtung ist deshalb nicht nur uneigennützig, sondern gewissermaßen unpersönlich. Man verliert sich in dem Gegenstand und vergisst alle persönlichen Belange. Damit entspricht es dem Erlebnis des ersten *dhyāna,* der ersten Stufe meditativer Versenkung.

Eine solche Art des Schauens ist es, auf die uns die *aśubha-bhāvanā* vorbereitet. Wenn wir eine gewisse Kontrolle über unsere unheilsamen Reaktionen auf bedingte Objekte entwickelt haben, können wir beginnen, über die Schönheit des Unbedingten zu reflektieren. Die *aśubha-bhāvanā* hilft uns, vom Objekt unseres sinnlichen Begehrens zurückzutreten und den Impuls zu hemmen, die Hand danach auszustrecken und es zu ergreifen, ob im wörtlichen oder übertragenen Sinn. In dem Grad, wie wir das tun können, werden wir auch Dinge als ausschließlich schön sehen können. Das Unattraktive der bedingten Existenz zu sehen, bereitet darauf vor, die jenseits davon liegende Schönheit wahrzunehmen. Umgekehrt ist es schwierig, sein Verlangen auf das Unbedingte auszurichten, solange man sich einbildet, man habe vollkommene Schönheit in einer bestimmten menschlichen Gestalt gefunden. Der positive Ansatz dem Verlangen gegenüber besteht also darin, den Blick von gröberen zu feineren Objekten der Begierde zu heben. Ab einem gewissen Punkt wird dieser Ansatz hilfreich sein, doch am Anfang ist gewöhnlich ein kraftvoll verneinender erster Schritt nötig.

Ob allerdings jeder Mensch von einem solchen Ansatz profitieren kann, ist eine andere Frage. Während die Inder zuzeiten Nāgārjunas anscheinend einen vollblütigen und von Schuldgefühlen freien Geschmack an weltlichen Freuden hatten, werden viele Menschen im nach-christlichen Westen weiterhin von einem vagen Gefühl für die Sündhaftigkeit sexueller Freuden niedergedrückt. Sex ist für uns keine so unkomplizierte Sache, wie er es anscheinend im alten Indien war. Daher ist es möglich, dass jemand die Übung der *aśubha-bhāvanā* mit einer Begeisterung aufnimmt, die aus einer eher ungesunden, gehemmten oder irgendwie negativen Haltung zum eigenen Körper und zur Sexualität herrührt. In einem solchen Fall wird die Übung nur dazu beitragen, diese ungesunde Einstellung zu verstärken.

MIT ROMANTISCHEN PROJEKTIONEN ARBEITEN

In unserem Kulturkreis würde ich die *aśubha-bhāvanā* heute nicht vielen Menschen empfehlen. Nāgārjunas Rat galt einer bestimmten Person in einer bestimmten Zeit. Würde er heute leben, dann würde er sich zweifellos so ausdrücken, wie es den modernen Problemen und Sichtweisen gerecht wird. Vielleicht würde er denken, dass eine „romantische" emotionale Bindung an eine bestimmte Person den Übenden in mancher Hinsicht gefährlichere Fallen stellt als das eigentliche sexuelle Verlangen. Die Prozesse, die solchen Bindungen zugrunde liegen, sind von der modernen Psychologie untersucht worden.

Aus buddhistischer Sicht gibt es verschiedene positive Potenziale in uns. Wir sind uns ihrer aber nicht immer bewusst, und deshalb neigen wir dazu, diese Potenziale auf Objekte außerhalb von uns selbst zu projizieren – wie die Psychologen es ausdrücken würden. Beispielsweise projizieren wir unser spirituelles Potenzial auf eine Guru-Gestalt, und wenn es uns an Selbstvertrauen mangelt, projizieren wir dieses vielleicht auf jemanden, der es zu haben scheint. Natürlich ist es nicht leicht zu unterscheiden, ob man eine positive Eigenschaft projiziert oder sie einfach auf gesunde Weise in einem anderen Menschen wahrnimmt und schätzt. Mit ziemlicher Sicherheit werden wir dazu neigen, bestimmte Eigenschaften auf jene zu projizieren, zu denen wir uns sexuell hingezogen fühlen.

Es ist, als wären wir uns dessen bewusst, dass wir irgendwie unvollständig sind. Anstatt aber zu versuchen, das zu entwickeln, woran es uns mangelt, suchen wir es in einer anderen Person – gewöhnlich in jemandem vom anderen Geschlecht. Verheiratete Leute reden gelegentlich von ihrem Ehepartner als ihrer „besseren Hälfte". Aus diesem Grund geraten Menschen manchmal in Angst und Schrecken, wenn eine Beziehung zerbricht. Es kommt ihnen so vor, als würden sie mehr verlieren als nur die andere Person; vielleicht fühlen sie sich nur noch als halber Mensch, so als wäre eine Hälfte von Ihnen abgerissen worden. Doch das ist eine Täuschung. Die andere Person ist nicht unsere andere Hälfte, wie wir nur zu rasch bemerken können, wenn wir einmal in einen Streit miteinander geraten. Wenn eine Beziehung zu einer Strategie wird, die Aufgabe zu vermeiden, jene Eigenschaften zu entwickeln, die man in der anderen Person zu sehen glaubt, dann ist sie eindeutig nicht hilfreich.

Am Anfang der spirituellen Übung kann Projektion durchaus insoweit nützlich sein, als sie den Übenden gestattet, durch die Verbindung mit einem anderen Menschen die eigenen, nicht integrierten Eigenschaften in einem gewissen Ausmaß zu erleben. Bei Männern sind dies ihre nicht verwirklichten „weiblichen" Eigenschaften, die sie gewöhnlich in einer romantischen Beziehung auf ihre Partnerin projizieren: ihre potenzielle Sanftheit, Mitgefühl und Empfänglichkeit. Weil man bestimmte Eigenschaften nicht in sich selbst erlebt, und nicht in sein bewusstes Sein integriert hat, wird man unbewusst dazu hingezogen, sie außerhalb von sich zu suchen.

> Das Ende der Verliebtheit und gegebenenfalls die Trennung
> vom Partner oder von der Partnerin wird fast auf natürlichem
> Wege bewirken, dass Sie charakterlich reifen.

Während der Jugend gehen die meisten Menschen gewöhnlich durch dieses Stadium romantischer Projektion, und einige wiederholen später diese Erfahrung wieder und wieder. Wenn Sie aber, psychologisch ausgedrückt, verhältnismäßig gesund und ziemlich bewusst sind, können Sie lernen, solche Projektionen ohne allzu große Schwierigkeiten wieder zurückzunehmen, ohne deshalb die Beziehung zum anderen Menschen zu zerrütten. All das kann ein normaler Teil des Erwachsenwerdens sein. Das Ende der Verliebtheit und gegebenenfalls auch die Trennung vom Partner oder von der Partnerin wird auf fast natürlichem Wege bewirken, dass Sie charakterlich reifen.

Sogar in einer engen Beziehung ist es möglich, mit Projektionen zu arbeiten. Wir müssen uns nur fragen: „Was sehe ich wirklich in diesem Menschen?" Wenn wir erkennen, was das ist, wissen wir, wonach wir in uns selbst suchen müssen. Wir können uns auch fragen, wie wir uns in Abwesenheit des geliebten Menschen fühlen. Gewöhnlich ist das ein guter Indikator dafür, wie weit die Projektion fortgeschritten ist. Haben Sie, wenn der andere Mensch fort ist, das Gefühl, selbst nicht ganz wirklich oder nicht ganz da zu sein; fühlen Sie sich irgendwie verloren oder hilflos? Wenn das so ist, fehlt offensichtlich etwas. Allerdings fehlt nicht bloß die andere Person, sondern eine Qualität, die Ihnen bisher durch diese Person zur Verfügung stand. Sie haben sich an das Vorhandensein dieser Qualität gewöhnt, erleben sie aber als etwas, das eher außerhalb von Ihnen als in Ihnen ist. Solch eine Projektion ist etwas ganz anderes, als Eigenschaften an jemandem zu schätzen, von denen man weiß, dass man sie selbst nicht hat. Dann wird man es nämlich genießen, wenn dieser Mensch da ist, und wenn er nicht da ist, vermisst man ihn vielleicht, hat aber nicht das Gefühl, der eigenen Seele beraubt zu sein.

Es tut weh, wenn ein Partner uns verlässt. Es ist aber auch eine Gelegenheit, etwas in uns selbst zu erkennen, das wir auf andere Weise vielleicht nicht gesehen hätten. Nun sind wir endlich gezwungen, dem inneren Mangel ins Auge zu schauen, der uns vorher durch die Gegenwart dieser Person in unserem Leben verborgen blieb. Selbst wenn wir vielleicht nach einem Ersatz suchen, um die Lücke zu füllen, kann die Zeit schmerzhaften Gewahrseins, in die wir gestürzt worden sind, uns dazu befähigen, die unbewussten Prozesse, die abgelaufen waren, mit offeneren Augen anzuschauen.

Ein mittlerer Weg

Abschließend sei gesagt, dass man die Betrachtung der Hässlichkeit des Bedingten mit der Betrachtung des rein Schönen ausbalancieren muss. Wir brauchen Zuckerbrot *und* Peitsche. Nur möchte ich vorschlagen, das Zuckerbrot sorgfältig auszuwählen. In manchen Kreisen scheint man es für altmodisch zu halten, in den Künsten nach Schönheit zu suchen, aber das beruht vielleicht auf einer Verwechslung zwischen echter Schönheit und dem bloß Hübschen und Dekorativen. Zwar kann man gegen die biedermeierliche Schwäche für das Malerische und Sentimentale reagieren, doch ist das kein Grund, dem wahrhaft Schönen den Rücken zuzukehren, ob in der Kunst oder in der Natur.

Vor vielen Jahren lernte ich in Bombay einen Filmproduzenten kennen, der trotz seines viel beschäftigten und glamourösen Lebens ziemlich nachdenklich war. Seine Suche nach einem Drehort führte ihn einmal zu den Höhlen von Ajanta, und bei seiner Rückkehr stellte er mir eine Frage. Er sagte, die Schönheit der Höhlenmalereien hätte ihn sehr beeindruckt, aber etwas sei ihm rätselhaft geblieben. Er habe bemerkt, dass es dort nicht nur Gemälde von Buddhas und Bodhisattvas, von Tieren und Pflanzen gab, sondern auch von halb nackten Frauen. Warum hatten die dort lebenden Mönche, die ihr Leben doch der Übung von Entsagung gewidmet hatten, solche Bildnisse an die Wände ihrer Behausungen gemalt? Ich hatte bis dahin noch nie über diese Frage nachgedacht, aber mir kam sofort als Antwort in den Sinn, dass die Mönche die Körper der Frauen schlichtweg als Teil der natürlichen Welt angesehen haben mussten, als etwas, das genauso wie andere schöne Dinge da war, um geschätzt zu werden. Sie betrachteten sie mit ästhetischem Gewahrsein, nicht mit Begierde, sondern so, wie sie Obst und Blumen ansahen. Ein anderer buddhistischer Zugang ist es, diese Objekte des Verlangens gänzlich zu verwerfen und sich einzureden, dass sie ohnehin gar nicht allzu attraktiv sind. Vielleicht aber eröffnet die ästhetische Wertschätzung einen mittleren Weg zwischen totaler Ablehnung der Begierde und völliger Selbstaufgabe an sie. Das scheint mir die ideale Lösung des Problems sexuellen Begehrens zu sein, und sie liegt durchaus im Bereich des Möglichen für ernsthafte Buddhisten.

Das alles legt nahe, dass wir durchaus Genuss aus unserem Leben – und sogar besonders aus einem Leben der Entsagung – ziehen sollen. Es macht nicht viel Sinn, sich von sexuellen Verstrickungen fernzuhalten, wenn Sie nirgends sonst Freude erfahren können. Wenn Sie Ihre spirituelle Übung als einen schwierigen, schmerzhaften Kampf empfinden und Ihre einzigen Vergnügen eher roh und sinnlich sind, dann haben Sie ein Problem. Eine einfache Lösung ist es, Freude beim Meditieren zu finden. Bilden Sie sich nichts darauf ein, Marathon-Sitzungen um ihrer selbst willen durchzuziehen. Eine zwanzigminütige Meditation, die Sie genießen, ist besser als eine einstündige, die Sie nur deshalb machen, weil Sie angeblich gut für sie ist. Halten Sie jenseits der selbst auferlegten Disziplin, die anfangs vielleicht nötig ist, nach einem natürlichen Anstoß Ausschau, der Sie in die Tiefe führen kann. Weiten Sie die Bandbreite Ihrer Interessen aus und schließen harmlose Freizeitbeschäftigungen ein, die Sie mit anderen – besonders mit spirituellen Freunden – teilen können. Wenigstens manche der hilfreichen Dinge, die Sie tun, sollten auch genussvoll sein.

Aus Sicht der normalen Welt sollten Buddhisten eine Art wandelndes Paradoxon sein: offensichtlich glücklich, und dies sogar ohne alle finanzielle Sicherheit, gesellschaftlichen Status, Luxusgüter oder eine sexuelle Beziehung. All dies hält man gewöhnlich für wesentliche Bedingungen menschlichen Glücks. Beim Anblick eines Buddhisten oder einer Buddhistin sollten die Menschen sich fragen: „Wie kann das sein? Sind meine Vorstellungen vom Leben vielleicht doch nicht ganz richtig?" Was Menschen anspricht, sind nicht so sehr kluge Darlegungen der buddhistischen Lehre, sondern was Buddhisten tatsächlich *sind*. Wo Sie Ihr Glück und Ihre Zufriedenheit suchen, sagt anderen Menschen mehr darüber, wer Sie tatsächlich sind und wofür Sie stehen, als worüber Sie sprechen.

Versuchen Sie also, mit einer ästhetisch genießenden statt einer nutzenorientierten Einstellung zu leben. Offensichtlich sollten wir andere nicht einfach benutzen. Wir sollten uns bemühen, es aufzugeben, attraktive Menschen nur als Objekte der Begierde zu sehen. Dies gründet in einer Sichtweise, wonach die Menschen und die Welt um uns herum nur insoweit wertvoll sind, als sie zu unserem Vergnügen oder Vorteil beitragen. Mit der ästhetischen Einstellung begegnen Sie dagegen allem – auch anderen Menschen – mit einem warmen und klaren Gewahrsein. Sie schätzen alle Dinge so, wie sie sind, ohne darüber nachzudenken, wie Sie sie verbessern oder verwenden könnten. Diese Einstellung ähnelt der betrachtenden Haltung,

in der Sie in reinem Gewahrsein verweilen, ohne Verlangen oder Abneigung zu empfinden. Das erfordert natürlich Achtsamkeit, doch es ist eine
Übung, die den Druck des Begehrens vermindern und zu größerer Unbe-
schwertheit führen wird.

4. FÖRDERLICHE REDE

Keine unwahren, trennenden, groben
Und sinnlosen Worte sprechen.[39]

Sich unwahrhaftiger Rede zu enthalten ist der einzige Sprachvorsatz in der traditionellen Liste von fünf Vorsätzen, den *pañca-śīla*. In der Liste der zehn Vorsätze wird jedoch ein Vorsatz des *pañca-śīla* ausgelassen, Enthaltung von berauschenden Mitteln. Stattdessen gibt es dort drei weitere Sprachvorsätze sowie drei „den Geist trainierende" Vorsätze, die zu üben mehr Gewahrsein verlangt. Bei alldem geht es um ethische Richtlinien für Buddhisten, die den Dharma ernsthaft und „rund um die Uhr" üben wollen. Die besondere Betonung der Rede ist bezeichnend. Im Westen teilen wir unser Dasein traditionell in Geist und Körper oder in Körper, Seele und Geist ein. Im Buddhismus gibt es die Einteilung in Körper, Rede und Geist, und mit dieser Analyse wird unserem Vermögen, uns anderen mitzuteilen, der gleiche Stellenwert zugesprochen wie dem körperlichen Sein und dem inneren Erleben. Wenn Buddhisten sich vor einem Buddha-Bildnis verneigen, berühren sie häufig mit zusammengelegten Händen nacheinander Stirn, Kehle und Brust. Auf diese Weise verbinden sie sich mit den psychophysischen Energiezentren oder Chakras an jenen Körperteilen, die nach der tantrischen Überlieferung mit Körper, Rede und Geist verknüpft sind. Damit widmet man sich symbolisch ganz dem Ideal der Erleuchtung, wie es vom Buddha verkörpert wird, ohne etwas zurückzuhalten. Die Rede bringt Kopf und Herz, Verstand und Gefühl, Körper und Geist und natürlich auch einen selbst und andere zusammen.

---

39 *Nāgārjunas Juwelenkette*, S. 164.

Vier Stufen menschlicher Kommunikation

Bei den Sprachvorsätzen geht es nicht bloß um Wahrhaftigkeit. Unsere Rede sollte auch liebenswürdig und hilfreich sein, und sie sollte Harmonie stiften, statt grob, leichtfertig und entzweiend zu sein. Somit gibt es vier Sprachvorsätze, und sie spiegeln vier ansteigende Stufen menschlicher Kommunikation wider. Die erste ist die Stufe gewöhnlicher Ehrlichkeit die Enthaltung vom Lügen, *musāvāda*. Als Nächstes kommt die Stufe der freundlichen und liebevollen Rede, die Enthaltung von grober Rede, *pharusa-vācā*[40] (sprich: parrussa-waatschaa). Das erfordert gewahr zu sein, mit wem man spricht und wie der andere Mensch antwortet. Es sollte möglich sein, sich frei und triftig auszudrücken, dabei aber gleichzeitig die Gefühle derjenigen zu berücksichtigen, an die man sich wendet.

Ein Säugling kennt seine Mutter nur als eine wunderbare Empfindung von Wärme und Behagen, Sicherheit und Wohlbefinden; er ist sich ihrer nicht als einer Person bewusst. Erwachsenen geht es mit anderen Menschen oft mehr oder weniger ebenso, wenn auch auf verfeinerte oder rationalisierte Art. Das ist einer der Gründe, warum es so viele Missverständnisse gibt. Ein Großteil der „Kommunikation" ist nur Pseudo-Kommunikation – ein Austausch von wechselseitigen Projektionen. Liebevoll zu reden ist hingegen ein Versuch, aus wahrem Gewahrsein des anderen Menschen zu kommunizieren, unabhängig davon, was er für einen selbst körperlich, materiell oder emotional zu tun vermag. Sich während einer Diskussion grober Rede zu enthalten verlangt ein besonderes Maß an Achtsamkeit, denn man kann sich leicht mitreißen lassen, zumal wenn man redegewandt ist. Manche Leute erhitzen sich zunehmend über Punkte, die sich immer mehr vom ursprünglichen Thema entfernen bis sie sich schließlich lautstark über irgendetwas ereifern und die Existenz der anderen Teilnehmer ebenso aus den Augen verloren haben wie das Diskussionsthema.

Die dritte Stufe von Kommunikation ist die bedeutungsvolle und hilfreiche Rede. Sie ist das positive Gegenstück zum Vorsatz, sinnlose Rede, *samphappalāpa-vācā*, aufzugeben. Die meisten Menschen halten bedeutungslose oder leichtfertige Rede für eher harmlos. Wer nicht den Wunsch hat, bewusster zu werden, ist wahrscheinlich durchaus zufrieden, bis ans Lebens-

---

40 *Vācā* bedeutet wörtlich Rede. Anm.d.Üb.

ende Belanglosigkeiten auszutauschen. Wenn Sie jedoch achtsamer werden, bemerken Sie, dass ein bisschen Smalltalk Kommunikation wohl in Gang bringen, ein ganzer Abend davon allerdings ziemlich auslaugend sein kann. Ein Teil von Ihnen ist in das Geplänkel verstrickt, ihre ernsthaftere Seite wird aber frustriert. Sie spüren, dass Sie Ihr besseres Selbst betrügen, und der daraus entstehende innere Zwiespalt raubt Ihnen Kraft. Das soll nicht heißen, dass Sie morgens, mittags und abends nur über den Dharma sprechen müssen. Doch sollten Sie zumindest davon Abstand nehmen, viel Zeit für Smalltalk zu verwenden. Nehmen Sie sich vor, dass alles, was Sie sagen, bedeutungsvoll und hilfreich sein soll.

Die vierte Ebene der Kommunikation stiftet Harmonie zwischen Menschen. Sie ist das positive Gegenstück zum Vorsatz, sich jener Rede zu enthalten, die Uneinigkeit schafft, *pisuṇa-vācā*. Damit ist nicht gemeint, man müsse Uneinigkeit um jeden Preis vermeiden. Es geht um Rede, die über das Festhalten am Selbst hinausgeht, die den Eigennutz hinter sich lässt und dazu beiträgt, ein glücklicheres und friedlicheres Miteinander zu schaffen. Harmonische Kommunikation zwischen zwei oder mehr Menschen mag schließlich in Schweigen gipfeln – einem reichhaltigen und lebendigen Schweigen, in dem es ein gemeinsames Erleben von Selbstüberwindung gibt. Um diese Stufe der Kommunikation hervorzubringen kann man zunächst damit beginnen, sich tieferer und echterer Seinsebenen im anderen Menschen bewusst zu werden, besonders in spirituellen Freunden und am wichtigsten im eigenen spirituellen Lehrer. Versuchen Sie, der wirklichen Person hinter ihrer körperlichen Gestalt und hinter den Worten zu begegnen und sich auf das zu beziehen, was in ihnen das Tiefste – oder das Höchste – ist. Die umfassendste Erfahrung harmonischer Rede ereignet sich zwischen erleuchteten Menschen. Zwischen ihnen gibt es keine Schranke durch irgendein Selbst.

DER PFAD DER WAHRHEIT

So wie die wahren Worte eines Königs
ganz von selbst unerschütterliches Vertrauen entstehen lassen,
so sorgen seine falschen Worte dafür,
dass man ihm nicht mehr traut.
Wahrheit ist, was nicht auf Trug ausgerichtet ist.

Sie kann nicht bewusst erfunden werden.
Wahrheit ist, was anderen Wesen hilft.
Und so ist Falschheit das, was nicht hilfreich ist.[41]

Idealerweise sollte eine demokratische Regierung ihrer Wählerschaft die Wahrheit sagen, doch aus verschiedenen Gründen geschieht das nicht immer. Zum einen ist die Wahrheit in einer komplexen politischen oder wirtschaftlichen Lage selten offensichtlich. Selbst wenn alle Fakten bekannt sind, kann man daran nicht unbedingt ablesen, was wirklich vor sich geht. Was Sie für die Wahrheit halten, wird sich von dem unterscheiden, was andere für die Wahrheit halten. Man darf auch die Beschränktheit des eigenen Blickwinkels nicht vergessen.

> Im spirituellen Leben geht es darum, die Wahrheit zu suchen
> und zu lernen, im Einklang mit ihr zu leben,
> gleichgültig wie hoch der Preis sein mag.

Zweitens wollen Menschen nicht unbedingt die Wahrheit hören. Um Zuspruch zu gewinnen, müssen Politiker der Öffentlichkeit oft das sagen, was sie gerne hören will. Die meisten Menschen ziehen eher Politiker vor, die behaupten, die Ereignisse unter Kontrolle zu haben, als solche, die zugeben, dass sie ratlos sind. Das ist durchaus verständlich.

Drittens verbünden sich Politiker in einer Demokratie miteinander, um Wahlen zu gewinnen und an der Macht zu bleiben. Deshalb müssen sie ihre Partei manchmal auf Kosten ihres eigenen Gewissens an die erste Stelle setzen. Sie sind gezwungen, der Parteilinie zu folgen und ihre eigene Sicht der wahren Lage den kollektiven Interessen ihrer Partei unterzuordnen. Wahrscheinlich sagen viele Politiker sich, es mit der Wahrheit nicht ganz so genau zu nehmen, sei der Preis dafür, dass sie all die guten Dinge tun können, die sie in ihrem Wahlprogramm versprochen haben. Das ist ein zwielichtiger Opportunismus um löbliche Ziele zu erreichen.

Derartige Rationalisierungen sind aber nicht überzeugend. Das höchste Ziel eines Politikers sollte es sein, das Vertrauen der Menschen zu verdienen, denn verlorenes Vertrauen ist unwiederbringlich. Dem Volk ist es aber

---

41 *Nāgārjunas Juwelenkette*, S. 179.

nicht klar, dass es selbst nach unglaubwürdigen Politikern ruft. Es wählt jene Menschen, die ihm überzeugend beruhigende Unwahrheiten erzählen. Nur im Fall einer Krise besteht die breite Öffentlichkeit darauf, die Wahrheit zu erfahren, doch dann ist es häufig zu spät.

Ob in der Politik oder in anderen Bereichen: Wenn Sie von Anfang an die Wahrheit sagen und es auch weiter tun, werden Sie vielleicht auf lange Zeit ein einsamer Rufer in der Wüste sein, und niemand glaubt Ihnen. Einige wenige aber werden Ihnen vertrauen, dass Sie wahrhaftig sagen, was Sie für wahr halten, wie unverdaulich sie diese Wahrheit auch finden.

Die Wahl zwischen Wahrheit und Beruhigung lässt sich oft nur schwierig treffen, aber genau sie ist es, worauf es im spirituellen Leben letztlich ankommt: Es geht darum, die Wahrheit zu suchen und zu lernen, im Einklang mit ihr zu leben, gleichgültig wie hoch der Preis sein mag. Es ist viel leichter andere, zumal Politiker, zu kritisieren, als unsere eigenen Angelegenheiten in Einklang mit unseren buddhistischen Werten zu erledigen. Die Wahrheit zu sagen, beginnt bei uns selbst. Für Buddhisten ist es die erste Pflicht als Staatsbürger, aufrichtig und ehrlich in allen ihren Handlungen zu sein. Das Predigen kommt erst viel später.

Wenn Nāgārjuna sagt, Wahrheit sei das, was hilfreich ist, dann legt er damit nahe, sie schließe mehr als nur Fakten ein. Man kann den Menschen die Wahrheit nicht überstülpen. Es geht um wahrhaftige *Kommunikation.* Wahrheit ist Nicht-Täuschung in Aktion. Fakten kann man auf eine kalte, objektive Art und Weise wissen. Aber die Wahrheit zu wissen, schließt auch ein, dass man wertschätzt, was diese Tatsachen für die Menschen bedeuten und welche Verbindung sie damit haben. Der Zeitpunkt muss richtig sein, die andere Person muss empfänglich sein, und wir selbst müssen in einer positiven, freundlichen Geistesverfassung sein. Wenn der andere Mensch missversteht, was wir gesagt haben, oder wenn er übertrieben beleidigt reagiert, dann können wir nicht wirklich behaupten, wir hätten im vollsten Sinn „die Wahrheit kommuniziert".

Selbst wenn es Schmerz bereitet, die Wahrheit zu sagen, müssen wir es aber irgendwann tun. Wir können den Tag, an dem wir endlich aussprechen, was wir wirklich denken, nicht auf unbestimmte Zeit vertagen. Wir sollten uns wohl bemühen, liebenswürdig und einfühlsam und, soweit wir es vermögen, taktvoll zu sein, doch auf lange Sicht wird nur die Wahrheit den Menschen helfen und keine angenehme Lüge.

Menschen entwickeln ehrliche Rede auf unterschiedliche Weise. Wenn Sie geneigt sind, ohne nachzudenken mit der Wahrheit herauszuplatzen, also erst zu reden und danach nachzudenken, werden Sie lernen müssen, die Dinge zunächst geistig abzuwägen. Wenn Sie aber eher gehemmt sind und dazu neigen, Dinge zurückzuhalten, werden Sie lernen müssen, weniger ängstlich und weniger selbstkritisch zu sein.

> Letzten Endes können Sie die Wahrheit in abstrakter Form
> nur zu jemandem sprechen, der sie schon kennt – und
> das bedeutet, dass es keine wirkliche Mitteilung ist.

Die Vorstellung, Rede solle hilfreich sein, legt nahe, dass wahrhaftige Rede dem Prinzip der „geschickten Mittel" untergeordnet ist. Das klassische Beispiel dafür ist die Parabel vom brennenden Haus im *Lotus-Sūtra*. Ein Vater möchte seine vielen Kinder aus dem Haus herausholen, das in Flammen steht, und so sagt er ihnen, er habe verschiedene Spielzeugwagen für sie, die draußen für sie bereit stünden. In wilder Aufregung stürmen die Kinder aus dem Haus und müssen nun feststellen, dass sie getäuscht worden sind. Die Fahrzeuge, die sie sich gewünscht hatten, sind nicht da. Doch der Vater gibt nun jedem von ihnen einen viel größeren und besseren Wagen, als sie ihn sich in ihren wildesten Träumen hätten ausmalen können. In dieser Geschichte steht der Vater natürlich für den Buddha und das Haus für *saṃsāra*, die Welt, in der die Menschen in ihre verschiedenen „Spiele" vertieft sind. Wie weit aber sollten wir diese Geschichte als Modell für die Vermittlung des Dharma nehmen?

Zunächst einmal dürfen wir sie nicht wörtlich nehmen. Sie ist eine Parabel und keine Beschreibung, wie ein Lehrer seine Schüler mit Lügengeschichten dazu bringt, den Dharma zu üben. Sie handelt von einem Vater, der tut, was in einer lebensgefährlichen Situation nötig ist. Wenn Sie den Dharma vermitteln wollen, sollten Sie sorgsam darauf achten, so offen und direkt wie möglich zu sein. Bewegen Sie bitte niemanden zu spirituellen Übungen indem Sie irgendwelche weltlichen Vorteile als Lohn der Bemühung versprechen. Selbst wenn man davon ausgehen kann, dass die Menschen die Begrenzungen des weltlichen Nutzens der Dharmaübung im Vergleich mit dem spirituellen Gewinn irgendwann selbst herausfinden werden, bleibt es doch eine Tatsache, dass sie getäuscht worden sind. Die Täuschung betrifft nicht den materiellen Nutzen, der durchaus eintreten mag, sondern das Wesen der Veränderung, die man durch die Übung des Dharma bewirkt. Sie ist im Wesentlichen ein Bewusstseinswandel und nicht eine Veränderung materieller Umstände. Obwohl wir durchaus ein gewisses Maß weltlichen Glücks durch die Dharmaübung erlangen können, sollte dieses Glück weniger wichtig sein als ein tieferes Verständnis des Dharma.

Somit muss man die Parabel vom brennenden Haus vorsichtig deuten. Tiefere spirituelle Erfahrungen werden immer mehr beinhalten, als wir in der Theorie vorwegnehmen können. Sie werden unsere Erwartungen immer übertreffen. Die Realität ist unendlich viel mehr als jede ihrer Beschreibungen, und jede Beschreibung wird in dem Ausmaß irreführend sein. Wenn Sie *nirvāṇa* erlangen, wird es dann so sein, wie Sie es sich vorgestellt haben? Natürlich nicht. Aber hat der Buddha Sie getäuscht? Nein. Es ist einfach so, dass Sie etwas darüber hören mussten, selbst wenn das, was man Ihnen erzählte, der Realität so wenig gerecht wurde, dass es von *nirvāṇa* aus gesehen eine völlige Entstellung war. Wenn der Vater seinen Kindern Spielzeug verspricht, ist er so wahrhaftig, wie er sein kann. Man könnte sagen, das Fahrzeug, das er schließlich jedem seiner Kinder gibt, sei dasselbe wie die kleinen Wagen, die er versprochen hatte – allerdings in einem unendlich größeren Maßstab.

Weitgehend das Gleiche geschieht im gewöhnlichen Leben. Sind Ihre Erfahrungen, nachdem Sie erwachsen sind, geheiratet und ein Kind bekommen haben, auch nur annähernd so ähnlich wie das, was Sie sich einmal vorgestellt hatten? Höchstwahrscheinlich nicht. Nicht anders ist es, wenn Sie buddhistisch ordiniert werden oder jemanden ordinieren. Hat man Sie aber betrogen, als man Ihnen erzählte, womit Sie rechnen könnten? Nein, denn alle diese Ereignisse bedeuten einen Durchbruch, den Sie im Rahmen früherer Erfahrung gar nicht hätten verstehen können. Auf seiner viel höheren Stufe gleicht *nirvāṇa* solchen Erfahrungen des Durchbruchs. Letzten Endes können Sie die Wahrheit in abstrakter Form nur zu jemandem sprechen, der sie schon kennt – und das bedeutet, dass es keine wirkliche Mitteilung ist. Wir könnten daher sagen, die Wahrheit sei das, was positive Ergebnisse hervorbringt oder jemanden in eine positive Richtung führt.

PSYCHO-SPIRITUELLER JARGON

Wenn wir zum ersten der vier Sprachvorsätze, Enthaltung von lügnerischer Rede, zurückkommen, sehen wir, dass er – so wie die übrigen Vorsätze auch – fordert, auf die subtilen Formen zu achten, mit denen wir seiner wahren Bedeutung ausweichen. Wir verwechseln beispielsweise manchmal objektive Tatsachen mit unserer subjektiven Deutung dieser Tatsachen, ohne uns bewusst zu sein, wie wir sie dadurch entstellen. Dieser Neigung unterliegt die Annahme, unsere Sicht der Dinge sei die richtige, und diese Annahme verstärkt lediglich unsere Verblendung. Wenn wir nicht akzeptieren können, dass unsere Wahrnehmungen auch durch unsere verworrenen Ansichten und Mutmaßungen bedingt sind, schließen wir die Möglichkeit aus, jemals unsere Sichtweise zu ändern.

> Wir sollten aufpassen, nicht zu bewerten und
> besser nur beschreiben.

Unwahrhaftige Rede versteckt sich oft hinter Jargonausdrücken. Anstatt zum Beispiel zu sagen: „Er ist nicht offen zu mir" oder „Sie ist leider nicht sehr empfänglich", wäre es vielleicht ehrlicher zu sagen: „Er (oder sie) stimmt mir nicht zu." Es *könnte* wohl sein, dass mein Standpunkt mangels Offenheit oder Empfänglichkeit nicht akzeptiert wird, es könnte aber auch eine echte Meinungsverschiedenheit vorliegen; die andere Person denkt einfach anders. Wir sollten aufpassen, nicht zu bewerten und besser nur beschreiben. Zu behaupten, jemand sei nicht offen, kann eine unehrliche Art sein, einen Disput für sich zu entscheiden, und das zeigt wenig Verständnis dafür, was Offenheit wirklich bedeutet. Offen zu sein, heißt nicht unbedingt, dass man einer Meinung ist. Jemand ist vielleicht sehr empfänglich für das, was Sie sagen und versucht aufrichtig, Ihren Standpunkt zu verstehen, stimmt Ihnen am Ende aber nicht zu. Umgekehrt könnte es so sein, dass jemand gar nicht offen Ihnen gegenüber ist, sondern nur aus Höflichkeit zustimmt.

Natürlich wollen wir, dass andere uns zustimmen. Wenn sie es aber nicht tun, heißt das nur, dass wir nicht fähig waren sie zu überzeugen. Sie in der Weise falsch darzustellen, dass wir – um ein weiteres Beispiel zu geben – sagen „Ich habe eine sehr negative Antwort erhalten", kommt unwahrhaftiger Rede gleich. Hatte die andere Person einen Wutausbruch und schlug Ihnen einen Stuhl auf den Kopf, oder stimmte sie Ihnen lediglich nicht zu? Der Gebrauch psycho-spiritueller Jargonwörter wie „Offenheit", „Rezeptivität", „Commitment" birgt die Gefahr, dass wir sie statt unsere Geisteszustände einzuschätzen und positive Haltungen zu fördern, auch benutzen können, um jemanden ins Unrecht zu setzen, der sich wirklich bemüht offen, rezeptiv und so weiter zu sein. Mit solchem Jargon manipuliert man nicht nur die Sprache, sondern auch Menschen. Er kann zu einer Art emotionaler Erpressung werden, so als würde man sagen: „Du willst doch offen, rezeptiv und ‚committed' sein! Also warum stimmst du mir dann nicht zu?"

Dieser Jargon bildet in unterschiedlichen Gruppen eine eigene Schicht unwahrhaftiger Rede, mit der wir uns auseinandersetzen müssen. Jemand sagt beispielsweise: „Es tut mir leid. Ich kann dir bei dieser Sache nicht helfen." Ertappen Sie sich nun dabei, wie Sie sagen, er sei nicht hilfsbereit? Oder halten Sie sich an das, was wirklich gesagt wurde, selbst wenn Sie von der Antwort enttäuscht sind und sich vielleicht auch fragen, ob er vielleicht absichtlich nicht hilft?

Andere Beispiele psycho-spirituellen Jargons sind Begriffe wie „Rationalisierung" und „Projektion". Wir wissen, dass es diese vielschichtigen Arten der Selbsttäuschung durchaus gibt und man sie manchmal in Betracht ziehen muss. Genau dadurch erhalten solche Begriffe aber ihre besondere Schärfe, wenn man sie in anschuldigender Weise benutzt. Die goldene Regel ist, den möglicherweise unbewussten Grund für das, was eine andere Person sagt oder tut, nur unter vier Augen und eher fragend, vorsichtig anzudeuten. Sagen Sie: „Vielleicht bilde ich mir das nur ein, und ich kann ganz falsch liegen, aber das ist es, was ich denke. Denke bitte wenigstens mal darüber nach." Man darf Motive durchaus in Frage stellen, doch sollte man nicht versuchen, die Argumente anderer damit zu widerlegen, dass man ihre Motivation bezweifelt – erst recht nicht, dass man ihnen angeblich unbewusste Motive unterstellt. Wenn jemand anderer Meinung ist, dann heißt das nicht unbedingt, dass psychologisch etwas mit ihm nicht stimmt.

An der Wurzel dieses Themas liegt das Beharren den eigenen Gefühlen eine Art objektiver Geltung zuzubilligen, die man für sein Denken kaum in Anspruch nehmen würde. Anstatt zu sagen: „Ich glaube" oder „mein Eindruck ist ...", sagt man „ich fühle ...". In der buddhistischen Gemeinschaft sagt jemand vielleicht: „Ich habe das Gefühl, dass XY dem Dharma nicht sehr verpflichtet ist". Nun weist ein anderer darauf hin, dass XY doch täglich drei Stunden meditiert, in einer halbklösterlichen Wohngemeinschaft lebt, in einem Unternehmen Rechten Lebenserwerbs arbeitet, regelmäßig den Dharma studiert und im örtlichen buddhistischen Zentrum aushilft. Daraufhin schaut die erste Person sehr nachdenklich und antwortet: „Stimmt, mein *Gefühl* ist aber dennoch, dass er/sie nicht sehr verpflichtet ist." Hier wird anscheinend erwartet, dass man diesem Gefühl den Rang einer objektiven Tatsache zubilligen sollte.

Die Verwirrung entsteht, wenn man annimmt, die Gefühle eines Menschen dürften nicht in Frage gestellt werden, weil sie *ipso facto* nur von ihm selbst überprüft werden können, wohingegen rationale Argumente von allen in Frage gestellt werden können. Wenn man eine Begründung durch ein Gefühl ersetzt – besonders ein *intuitives* Gefühl – schließt man damit die Möglichkeit jeglicher rationaler Diskussion aus. Wir haben beispielsweise das Gefühl, jemand habe uns gegenüber eine sehr negative Einstellung. Wir fragen uns aber nicht: „Woher kommt mein Gefühl?", sondern „Warum hat er so eine negative Einstellung mir gegenüber?" Wenn wir dann nachfragen: „Warum hast du so eine negative Einstellung mir gegenüber?" und der andere Mensch antwortet: „Ich habe wirklich keine negativen Gefühle dir gegenüber", dann bieten wir dem armen Kerl im nächsten Schritt vielleicht die hilfreiche Diagnose an: „Dein Problem ist, dass du nicht in Kontakt mit deinen Gefühlen bist."

Auf diese Weise vernebelt man die Wahrheit. Eine Variation dieses Vorgehens ist emotionalisierende Argumentation. Gewöhnlich geschieht das auf eine eher naive Art, doch ein klassisches Beispiel, das ganz und gar nicht naiv ist, berichtet von einem Prediger, der am Rand seines Predigtmanuskripts notiert hatte: „Hier Stimme heben – schwaches Argument." Die emotionale Betonung, mit der jemand spricht, sagt nichts über die Wahrheit seiner Behauptung. Sie sagt bestenfalls etwas über die Stärke der Überzeugung, mit der sie gemacht wurde.

Das alles gehört in den größeren Bereich unwahrhaftiger Rede durch Unterlassung oder *suppressio veri, suggestio falsi:* Unterdrückung des Wahren, Nahelegen des Falschen. Vielleicht ist es manchmal angebracht, Mutmaßungen über die Motive eines Menschen anzustellen, doch man sollte subjektive Sichtweisen nicht mit objektiven Tatsachen verwechseln. Wenn Sie nicht wissen, warum jemand bei einem wichtigen Treffen nicht anwesend ist, wäre es unwahrhaftig zu sagen: „Soundso ist heute (wieder einmal) pflichtvergessen." Unter der Schicht von Vermutungen gibt es immer eine Schicht von Tatsachen, und man muss an diese Tatsachen herankommen, selbst wenn man weiter im Ungewissen darüber bleibt, wie jemand oder eine Situation zu beurteilen ist.

FOLGEN UNHEILSAMER REDE

Wer lügt, wird selbst verleumdet.
Wer intrigiert, wird keine Freunde haben.
Wer grobe Worte gebraucht, wird Unangenehmes zu hören bekommen.
Wer Unsinn schwätzt, dessen Worte finden weder Glauben noch Achtung.

Sprechen ist eine Art des Handelns. Ein Großteil unserer ethischen Übung geschieht in diesem Bereich. Die Rede ist das erste – und oft einzige – Ventil, durch das wir unsere Gedanken und Gefühle ausdrücken. Nāgārjuna sagt hier, wenn wir unheilsam reden, werden wir gerade das nicht bekommen, was wir uns erhofft haben. Wenn wir uns auf Kosten anderer durch Lügen einen Vorteil zu verschaffen suchen, werden wir nur wenig erreichen. Je berechnender wir sind, desto weniger wird unsere Rechnung aufgehen. Warum also lügen wir? Lügen erscheint oft als einfacher Weg, um jemand anderen zu übervorteilen. Nāgārjuna erinnert uns aber daran, dass der Vorteil nur kurzlebig sein wird. Wenn wir lügen, verlassen wir uns darauf, dass Menschen unsere Worte für wahr halten, und ein solches Vertrauen ist ein unbezahlbares Vermögen. Früher oder später wird die Unwahrheit herauskommen und dann werden unsere Worte zumindest mancherorts nichts mehr wert sein. Überdies schaffen Lügen eine Atmosphäre des Misstrauens, in der andere Angst haben könnten, die Wahrheit zu sprechen. Wenn Lügen zur allgemein akzeptierten Kommunikationswährung werden, wird

Wahrheit wertlos. Wenn wir beispielsweise andere für etwas beschuldigen, das wir selbst getan haben, könnten sie sich für berechtigt halten, dasselbe zu tun. Sie werden uns wahrscheinlich irgendwann die Schuld für die Fehler eines anderen aufladen. Wir müssen nicht auf ein nächstes Leben warten, um die Folgen unserer eigenen unheilsamen Rede zu erleben.

Für die anderen Arten unheilsamer Rede gilt dasselbe. Auch sie scheinen rasch eintretende Folgen (*karma vipāka*) hervorzubringen. Mit entzweiender Rede ist Geschwätz, Lästern, böswilliger Klatsch, das Schaffen von Zwietracht und Missklang zwischen Menschen gemeint. Wer so redet, bringt seine Freunde und Bekannten im Grunde dazu, schlechter voneinander zu denken als sie es taten, bevor man zu sprechen begonnen hatte. Vielleicht wiederholt man etwas vor einer Person, was eine andere über sie gesagt hat, oder man erzählt jemandem eine amüsante Geschichte, die etwas Entehrendes über einen ihrer Freunde preisgibt. Auf diese Weise untergräbt man Vertrauen und Respekt zwischen Menschen, und im Ergebnis wird die so geschaffene Zwietracht und Disharmonie irgendwann auch wieder den Urheber erreichen.

Wenn wir an jemandem Kritik üben müssen, ist es weitaus besser, es zur Person selbst zu sagen. Es könnte Sie überraschen, wie Menschen, die nur hinter ihrem Rücken kritisiert wurden, doch von der Kritik erfahren. Vielleicht hören wir eine lange Zeit nichts mehr von der Sache, wobei wir aber nie sicher sein können, dass es nicht doch dazu kommt. Eines Tages dann erleiden wir vielleicht einen Schock, besonders dann, wenn sich herausstellt, dass die Person das Verhalten, an dem wir etwas auszusetzen hatten, sehr plausibel erklären kann. So etwas passiert leicht zwischen Freunden, wenn sie in ihrer Beziehung schwierigen Themen ausweichen. Wenn sie diese Themen mit anderen Menschen zur Sprache bringen anstatt mit der Person, um die es geht, ist ein Zerwürfnis und sogar eine Trennung nur zu wahrscheinlich.

Bei grober Rede fällt unsere Ungeschicklichkeit oft schnell auf uns selbst zurück. Man spürt ihre schmerzhafte Wirkung unmittelbar und kann deshalb auch eine schnelle Reaktion erwarten. Zumindest schaffen wir um uns herum eine unerfreuliche Atmosphäre, die sogar in Gewalt umschlagen kann und nicht leicht zu beruhigen ist. Grobe Rede zu führen ist so, als würde man erwarten, dass andere sie geduldig ertragen, doch das werden sie nicht immer tun. Vielleicht tun sie, was wir wollen, wenn wir grob reden, aber wenn sie können, werden sie in Zukunft einen großen Bogen um uns machen.

Leeres oder nutzloses Gerede hat zur Folge, dass unsere Rede nicht respektiert wird. Wenn jemand meist Unsinn redet, vielleicht um unterhaltsam zu sein oder bloß wahrgenommen zu werden, wird ihn schließlich niemand mehr ernst nehmen. Wenn er dann einmal ernsthaft spricht, erhält er vielleicht nicht die Aufmerksamkeit, die er wünscht. Andere denken: „Das ist ja bloß Soundso, der wie üblich drauflos quatscht." Und so stellen sie sich taub. Wir sollten aber versuchen, sogar Menschen ernst zu nehmen, die meist leichtfertig reden. Wir wissen nicht, ob jemand töricht schwätzt, um bedeutungsvolle Gespräche zu vermeiden oder als Kompensation dafür, dass man ihm bisher nicht zugehört hat. Außerdem ist ein Hofnarr selten ein kompletter Tor, und wie der Narr von König Lear hat er vielleicht etwas zu sagen, das sich sonst niemand zu sagen traut.

DIE GEFAHR, MENSCHEN ZU ETIKETTIEREN

Eine der Folgen des Übertretens von Vorsätzen – besonders jener, die wir häufig übertreten, wie die Sprachvorsätze – ist es, dass andere Menschen uns Etiketten anheften. Praktisch gesehen, kann es nützlich sein, Etiketten zu erhalten und anderen Etiketten anzuheften. Wenn jemand gewöhnlich zu spät zu Verabredungen kommt, vergesslich ist, oder auch pünktlich oder zuverlässig ist, dann ist es nützlich, das zu wissen. Wir sollten aber vorsichtig mit Etiketten sein, besonders mit negativen. Nachdem sie einmal angeklebt wurden, ist es oft schwierig, sie wieder zu entfernen, auch dann, wenn sie nicht mehr passen, etwa weil jemand einen Neuanfang gemacht hat. Etiketten sollten etwas Vorläufiges sein, und es ist wichtig, sowohl jene Etiketten in Frage zu stellen, die man uns anhängt, als auch jene, die wir anderen aufkleben. Andernfalls werden wir den Menschen wahrscheinlich mit einer festgefahrenen Einstellung begegnen und damit unsere Entwicklung ebenso blockieren wie ihre. Eltern neigen besonders dazu, ihre erwachsenen Sprösslinge in festgelegter Weise zu sehen. Sie möchten sie gerne weiter so sehen, wie sie als Kinder oder Jugendliche waren. Das kann dazu führen, dass die Sprösslinge wieder in ihr Verhalten als Jugendliche zurückfallen, sobald sie ihr Elternhaus besuchen.

Selbst einem alten Freund gegenüber sollten wir
idealerweise das Gefühl haben, dass wir nicht
wirklich wissen, wen wir da gerade treffen.

Wahrscheinlich neigen wir alle dazu, anderen unsere Beurteilungen aufzubürden. Das kann so weit gehen, dass wir jemanden lebenslänglich etikettieren. Unsere festen Meinungen über uns selbst und die Welt gründen weitgehend in unserer Gewohnheit, Klischees zu bilden. Wenn jemand zum Beispiel für grobes Reden und aufbrausendes Temperament bekannt ist, kann es sein, dass wir selbst dann nicht von unserer vorgefertigten Meinung ablassen, wenn er sich entschlossen bemüht, geduldiger zu sein. Vielleicht räumen wir skeptisch ein: „Nun ja, er zeigt es jetzt gerade mal nicht, aber darunter ist er doch ganz offensichtlich sauer." Wenn seine Bemühungen sich zu ändern, auf derart zynische Weise nicht anerkannt werden, könnte dieser Mensch zur Entscheidung kommen, dass der Versuch wohl nicht der Mühe wert ist, und wieder in das alte Verhalten zurückfallen. Dasselbe gilt für diejenigen, die man für leere Schwätzer oder für faul oder unverantwortlich hält. Wenn man erst einmal ein Etikett hat, dann kann es einem lebenslänglich anhängen, es sei denn, man zieht woanders hin und beginnt von neuem.

Wenn Sie allerdings entschlossen sind sich zu ändern, können Sie manche Etiketten auch ganz leicht entfernen. Sollten Sie im Ruf stehen, knauserig zu sein, können Sie die Art, wie andere Menschen Sie wahrnehmen, ganz leicht verändern, indem Sie so großzügig sind, dass sie es mit Sicherheit bemerken werden. Wenn Sie dazu neigen, häufig zu spät zu kommen, können Sie sich bemühen, immer pünktlich zu sein, und früher oder später wird man es merken. Manche Etiketten lassen sich nur viel schwieriger entfernen.

Eine der Aufgaben der spirituellen Gemeinschaft ist es, Menschen anzuregen sich zu ändern. Dazu müssen wir versuchen, sie als Individuen zu sehen. Ein Individuum – ein echtes Individuum – lässt sich nicht so leicht etikettieren oder kategorisieren. Letztlich wird solch ein Individuum sich ganz von Etiketten befreien: Menschen versuchen vielleicht, ihr oder ihm Etiketten anzuhängen, doch sie bleiben nicht haften. Man muss dies mit einem Verhalten fördern, das die menschliche Neigung, andere zu etikettieren, nicht unterstützt. Wenn wir anderen, zumal Angehörigen der spirituellen Gemeinschaft, begegnen, sollte es so sein, als begegneten wir ihnen zum ersten Mal. Wir sollten sie nicht auf der Grundlage dessen betrachten, wie wir sie früher gesehen haben. Normalerweise wissen wir nicht, welche Bedingungen zu unseren ersten Eindrücken geführt hatten, ob unsere eigenen Vorurteile oder die Umgebung, in der wir sie zum ersten Mal trafen. Wenn wir sie nur einmal trafen, geschah es vielleicht in einem für sie untypischen Moment. Selbst einem alten Freund gegenüber sollten wir idealerweise das Gefühl haben, dass wir nicht wirklich wissen, wen wir da gerade treffen. Diese Haltung der Offenheit kann es anderen ermöglichen, sich zu ändern.

Die Wahrheit hören

Weisheit und Praxis gedeihen stets
bei einem Menschen, der sich umgibt mit
Menschen, die klugen Rat erteilen, die rein sind
und makelloses Mitgefühl sowie ebensolche Weisheit besitzen.

Selten sind Menschen, die hilfreiche Rede führen,
noch seltener aber jene, die auf diese hören.
Am seltensten aber sind solche, die unangenehmen,
doch hilfreichen Rat ohne zu zögern in die Tat umsetzen.

Wenn Ihr also erkannt habt, dass ein Ratschlag zwar unangenehm,
doch nützlich ist, tut unverzüglich, wie Euch geraten,
so wie ein Kranker zur Heilung seines Übels
bittere Medizin nimmt von jenen, die für ihn sorgen.[42]

Wahrheit gilt in Bezogenheit: Sie ist zum Teil (aber wirklich nur teilweise) abhängig davon, wer sie hört. Daraus folgt, dass es ebenso wichtig ist fähig zu sein, die Wahrheit zu hören, wie sie zu sagen. In gewisser Hinsicht geht es hier um verschiedene Aspekte ein und derselben ethischen Übung. Nāgārjuna weist darauf hin, dass weniger Menschen fähig sind, auf hilfreiche Rede zu hören als sie zu führen. Das ist offensichtlich, denn es ist leichter, die Wahrheit in Bezug auf andere Menschen zu sehen als in Bezug auf sich selbst. Das gilt sogar dann, wenn ein anderer Mensch sie uns sehr bereitwillig mitteilt. Wir sind geneigt, uns gegen die Wahrheit über uns selbst zu sträuben, manchmal sogar über eine angenehme Wahrheit. Was hilfrei-

---

42 *Nāgārjunas Juwelenkette*, S. 165.

che, aber „unangenehme Wahrheiten" angeht, fällt es den meisten Menschen zweifellos leichter, anderen solch bittere Pillen zu verabreichen, als sie selbst zu schlucken.

> Wenn Sie die Fähigkeit besitzen oder entwickeln können,
> Wahrheiten zu hören, die schwierig anzunehmen
> sind, dann ist das eine großartige Eigenschaft.

Wenn ein Versuch zu kommunizieren nicht erfolgreich war und wir sagen: „Ich wollte ja nur helfen", dann mag es wohl so sein, dass die andere Person nicht wirklich empfänglich war, doch es kann auch sein, dass wir sie schlicht falsch verstanden haben. Es ist schwierig, die Wahrheit über jemanden sowohl zu sehen als auch so mitzuteilen, dass er sie annehmen kann. Vor allem müssen wir sicher sein, dass uns das wirkliche Wohlergehen des anderen Menschen am Herzen liegt und wir nicht nur aus Frustration oder Verärgerung sprechen. Dabei können wir uns leicht täuschen. Es ist ebenso wichtig, Zuneigung, Freundlichkeit, und liebevolle Sorge um das Wohl der anderen Person zu kommunizieren wie die hilfreiche Wahrheit zu sprechen.

Wenn Sie die Fähigkeit besitzen oder entwickeln können, Wahrheiten zu hören, die schwierig anzunehmen sind, dann ist das eine großartige Eigenschaft, besonders, wenn Sie eine Leitungsfunktion haben. Wenn Sie fähig sind, Ihre unmittelbaren emotionalen Reaktionen und Rationalisierungen beiseite zu lassen, sollten Sie die Medizin schnell einnehmen – Sie sollten die unangenehme Wahrheit annehmen und sofort danach handeln. Es ist leichter, positiv zu antworten, wenn Sie den Menschen schon länger kennen, der Ihnen die eher unerwünschte Information gibt. Bei jemandem, der Ihnen schon seit Jahren immer wieder seine Zuneigung gezeigt hat, können Sie darauf vertrauen, dass er Ihnen von Herzen Gutes wünscht, selbst wenn er ziemlich unverblümt spricht.

5. Die Ethik von Ansichten

Begehrlichkeit aufgeben und mit ihr die Absicht, anderen zu schaden,
Anschauungen aufgeben, welche die Wirklichkeit für nicht-existent erklären –[43]

Diesen beide Zeilen sind Nāgārjunas knapper Hinweis auf die drei Vorsätze, die den Geist betreffen: sich vornehmen, sich der Begierde, der Feindseligkeit und falscher Ansichten zu enthalten. Im nächsten Kapitel werden wir Begierde und Feindseligkeit in ihren verschiedenen Formen besprechen. Zunächst aber werden wir betrachten, was es bedeutet, sich falscher Ansichten zu enthalten.

Ewigkeitsglaube und Vernichtungsglaube

Es mag den Anschein haben, als gehörten Ansichten, „welche die Wirklichkeit für nicht-existent erklären", zu einer völlig anderen Kategorie geistiger Erfahrungen als Begierde und die Absicht anderen zu schaden. Buddhisten sehen aber eine entscheidende Verbindung zwischen Emotionen und Ansichten, zwischen negativen Emotionen und spiritueller Unwissenheit. Auf Grund der Art und Weise, wie wir die Dinge sehen, fühlen wir so, wie wir fühlen; und weil wir sie so fühlen, sehen wir die Dinge so, wie wir sie sehen. Nihilismus zum Beispiel hängt letztendlich mit Hass zusammen, während sein Gegensatz, Eternalismus, mit Begehren verbunden ist.

Der Begriff „Vernichtungsglaube" übersetzt das Sanskrit-Wort *ucchedavāda*. Wortwörtlich bedeuten *vāda* die „Lehre" oder auch der „-ismus" und *uccheda* „Abschneiden", also wäre eine wörtliche Übertragung „die Lehre vom Abschneiden". Eine wörtliche Übertragung wäre die „Lehre" oder auch der „-ismus" (*vāda*) vom „Abschneiden" (*uccheda*). Deshalb findet man oft auch die

---

43 *Nāgārjunas Juwelenkette*, S. 180.

Übersetzung „Nihilismus". Damit ist die Ansicht gemeint, dass man mit dem Tod ganz und gar ende, also „abgeschnitten" werde, und dass es kein psychisches oder geistiges Element gebe, das die Auflösung des Körpers überdauert. Deshalb nennt man diese Überzeugung auch „Vernichtungsglaube". Die entgegengesetzte Ansicht, die „Eternalismus" oder „Ewigkeitsglaube" genannt wird, ist die Meinung, man besitze eine unveränderliche psychische Essenz, ein beständiges Selbst oder eine Seele, die vom Körper unabhängig sei und nach dem Tod fortdauere. Der Buddhismus stimmt keiner dieser Positionen zu, sondern versteht das Bewusstsein als einen Strom, einen Fluss sich stets ändernder Bewusstseinsereignisse, der von Leben zu Leben weiter geht und sich mit einem Körper nach dem anderen verbindet, obwohl nicht als ein *Ding* oder eine Einheit, von der man sagen könnte, dass sie weiter wandere oder reinkarniere. Deshalb spricht man im Buddhismus von „Wiedergeburt" oder „Wiederwerden" statt von „Reinkarnation".

Diese beiden Ansichten scheinen der Art und Weise, wie der unerleuchtete Geist die Dinge sieht, innezuwohnen. Denken Sie einmal an *nirvāṇa,* das höchste Ziel des buddhistischen spirituellen Lebens. Da der Begriff wörtlich „ausblasen" (beispielsweise einer Flamme) bedeutet, kann man *nirvāṇa* leicht nihilistisch, als einen „Zustand" der Nichtexistenz auffassen, in dem man verschwindet, wenn man Erleuchtung erlangt. Wenn man sich *nirvāṇa* hingegen als eine Art Himmel vorstellt, in dem man nach dem Gewinn der Erleuchtung weiter existieren wird, wenn auch in einer verfeinerten und sublimierten Form, dann unterliegt man einer Täuschung eternalistischer Art. In Wahrheit transzendiert Erleuchtung diese beiden Ansichten. Mit Begriffen von Sein oder Nicht-Sein, Existenz oder Nicht-Existenz, Leben oder Tod lässt sich *nirvāṇa* nicht beschreiben. Man kann es nirgends einordnen, und es fällt unter keine bestimmte Denkkategorie. Weder kann man sagen, dass das Selbst vernichtet wird, noch dass es weiterhin besteht. *Nirvāṇa* existiert weder so, wie wir Existenz verstehen, noch existiert es nicht, und es ist auch nicht etwas dazwischen.

Einer alten eternalistischen – und damit auch falschen – Ansicht zufolge, die zu Lebzeiten des Buddha von einem Lehrer namens Makkhali Gosāla vertreten wurde, muss man lediglich 1 406 600 verschiedene Arten von Leben durchleben und wird, nachdem man sie alle durchlaufen und damit sämtliche Möglichkeiten der Existenz erschöpft hat, automatisch *nirvāṇa* erreichen.[44] Gewisse „New-Age"-Ansichten sind ähnlich: Wir sind auf der Erde, um bestimmte Lektionen aus unserer derzeitigen Existenz zu lernen, bevor wir zum nächsten Leben und zur nächsten Lektion weitergehen. Es gibt auch die Ansicht, mit dem Eintritt ins „Wassermannzeitalter" befänden wir uns an der Schwelle zu einer kollektiven Steigerung des menschlichen Bewusstseins. Ob wir es wollen oder nicht, wird uns gemäß dieser Ansicht eine große Welle spiritueller Erneuerung in das „Neue Zeitalter" hineintragen. Die allgemeine Vorstellung dabei ist die, dass spirituelle Evolution automatisch eintrete und unvermeidlich sei.

Der diesen beiden falschen Ansichten gemeinsame Fehler liegt darin, dass sie die biologische Evolution und die spirituelle Evolution miteinander verschmelzen. Dabei übersehen sie den wesentlichen Aspekt der persönlichen Entscheidung. Die immer komplexere Entwicklung von Lebensformen über Millionen von Jahren hinweg hat uns weit gebracht, von einzelligen Amöben hin zum menschlichen Organismus. Von nun an ist eine weitere Entwicklung aber von individueller Initiative abhängig, von eigener, persönlicher Bemühung. Wenn wir uns bequem zurücklehnen und auf die Morgendämmerung des Wassermannzeitalters warten, werden wir sehr lange warten müssen. Auch der Buddhismus scheint diese Art eternalistischer falscher Ansichten in seiner Lehre vom Reinen Land zu propagieren (siehe Seite 177ff). Das Reine Land wird aber als Ergebnis der Entschlossenheit eines Bodhisattvas hervorgebracht, der den „zahllosen Wesen im unendlichen Raum" helfen will, indem er Bedingungen schafft, unter denen sie den Dharma leichter *üben* können. Es wird niemals eine Art spirituellen Wohlfahrtsstaat geben. Das Ziel für jeden Menschen ist es, selbst Schöpfer eines Reinen Landes zu sein, statt sich darauf zu beschränken, spirituelle Leckerbissen zu konsumieren.

---

44 Siehe *Samaññaphala-Sutta*, *Dīgha-Nikāya* i.54. Deutsche Übersetzungen u.a. in Klaus Mylius (Hrsg.), Gautama Buddha. Die vier edlen Wahrheiten. Texte des ursprünglichen Buddhismus und in Paul Dahlke, Auswahl aus dem Palikanon.

Der mittlere Weg ist es, das Leben so hoch zu schätzen wie wir nur
können, aber nicht an ihm zu haften, und den Tod zu würdigen,
wenn er naht, sich aber weder nach ihm zu sehnen,
noch ihn zu fürchten.

Ewigkeitsglaube und Vernichtungsglaube sind zwei Ausflüchte aus der Realität. Der Buddha stellte den Vernichtungsglauben als Verkörperung der schlimmsten Seiten spiritueller Unwissenheit heraus. Er meinte, wenn man zwischen Eternalismus, dem Glauben, die Dinge hätten einen unveränderlichen Kern, und Nihilismus, dem Glauben, Karma gebe es nicht und der Tod bedeute die völlige Auslöschung, wählen *müsse*, dann sei der Ewigkeitsglaube die bessere Option.[45] Eternalisten haben wenigstens eine bejahende Einstellung zum Leben. Sie glauben an etwas Positives. Zwar mag die eternalistische Ansicht unbegründet sein, dass es ein ewiges Leben nach dem Tod gibt, aber sie dient wenigstens als eine Grundlage beständiger und konstruktiver Handlungsweisen, die sich auf deutliche Ziele richten und überdies ein Gefühl der Verantwortung gegenüber anderen Menschen wecken.

Der Vernichtungsglaube geht sehr tief und ist eine Quelle zahlloser, scheinbar plausibler, falscher Ansichten. Wie man ihn durchschaut, wird davon abhängen, was für eine Art von Nihilist man ist und wie sich die nihilistische Überzeugung so tief im eigenen Geist verwurzeln konnte. Den Pāli-Schriften zufolge verband der Buddha den Ewigkeitsglauben mit dem Wunsch, weiterhin zu existieren, und den Vernichtungsglauben mit dem Wunsch, nicht zu sein oder der Sehnsucht nach Vergessen. Die eternalistische Sicht erscheint recht natürlich: Wenn Sie Eternalist sind, haften Sie Ihrem persönlichen Sein so an, dass Sie sich vorstellen, nach der Erleuchtung würden Sie mehr oder weniger unverändert, jedoch frei von Leiden fortbestehen. Was aber bewegt einen Menschen dazu, nach Nicht-Sein zu verlangen? Anscheinend verstand der Buddha Nihilismus als eine Rationalisierung von Selbsthass. Vielleicht fürchtet man sich vor dem, was nach dem Tod passieren mag, etwa am „Tag des Jüngsten Gerichts", und man zieht es vor, in dem Glauben zu leben, dass alles ganz und gar enden werde und man sich

---

45 Siehe *Apaṇṇaka-Sutta*, Majjhima-Nikāya 60.9-12 (besonders i.403-4). Deutsch in *Die Lehrreden des Buddha aus der Mittleren Sammlung. Majjhima-Nikāya*. Aus dem Englischen und dem Pāli übersetzt von Kay Zumwinkel. Jhana Verlag, Uttenbühl 2001, Band 2, S.96f.

Ethisch leben

selbst nicht für alle Zeiten ertragen müsse. Andererseits könnte es aber auch sein, dass man schlicht und einfach des Lebens überdrüssig ist und nicht freiwillig mehr davon zu jenen schmerzhaften Bedingungen erleiden will, die offenbar einzig im Angebot sind. Es mag so aussehen, als bestünde das Leben ausschließlich aus Leid, und als gebe es keinen positiven Ausweg. Leider prägen sich negative Lebenserfahrungen oft in einer negativen Sicht des Todes und all dessen aus, was nach dem Leben kommen mag. Wenn alles, was Sie sich vorstellen können, eine große Abrechnung ist, die Sie – vielleicht ganz wörtlich – im nächsten Leben mit Höllenqualen bezahlen müssen; oder wenn Sie noch weitere Ihrer bisherigen schrecklichen Erfahrungen erwarten, fühlen Sie sich vielleicht zu der Vorstellung hingezogen, dass es nach dem Tod nichts mehr gibt. Im Buddhismus heißt es, der Vernichtungsglaube führe zu einer unglücklichen Wiedergeburt, und sicherlich scheint es auch so, dass ein von Verzweiflung und Lebensekel erfülltes Bewusstsein derartige Folgen nach sich ziehen kann.

Es ist aber keineswegs unumgänglich, dass man eine im Großen und Ganzen unglückliche Lebenserfahrung zur Basis jener nihilistischen Einstellung macht, die leidvolle Ergebnisse im Sinne von *karma vipāka* hervorbringen wird. Es ist möglich, schmerzhaftes Erleben und unheilsames Reagieren voneinander zu trennen. Ein großer Teil der buddhistischen Übung besteht genau darin. Warum sollten Sie beispielsweise den Tod nicht als ein großes „Reinen-Tisch-Machen" ansehen, das Ihnen erlaubt, alles zu vergessen und neu zu beginnen? Vielleicht ist es so, dass Sie in der Todeserfahrung die Leiden Ihres bisherigen Daseins vergessen können und Ihr natürlicher Lebensdrang mit seinen Freuden wieder hervortritt. Kraft dieses großen Vergessens können Sie von vorne beginnen. Frühere Leben dürften Ihnen schon eine ganze Menge Leid bereitet haben, aber an wie viel davon können Sie sich erinnern? Für die meisten Menschen verliert selbst in diesem Leben das Leid, das ihnen vor langer Zeit widerfahren ist, schließlich seinen Stachel. Viele Dinge, die damals schrecklich wichtig erschienen, hat man ein paar Monate oder Jahre später buchstäblich vergessen, und das gilt in einem zukünftigen Leben sicherlich noch mehr. Wir werden unsere karmischen Neigungen in zukünftige Leben übertragen, aber nicht die Umstände, in denen sie ursprünglich geprägt wurden.

Es ist für niemanden leicht, mit diesen Fragen von Leben und Tod umzugehen, ganz gleich ob wir durch Veranlagung oder aus Überzeugung Eternalisten oder Nihilisten sind. Wir müssen jedoch einen mittleren Weg finden, und der mittlere Weg ist es, das Leben so hoch zu schätzen wie wir nur können, aber nicht an ihm zu haften, und den Tod zu würdigen, wenn er naht, sich aber weder nach ihm zu sehnen, noch ihn zu fürchten.

DIE LEERHEIT DES BEDINGTEN

Wer an die Nichtigkeit der Existenz glaubt,
glaubt nicht an die Auswirkung von Handlungen.
Dieser Zustand ohne Verdienst, der zu einer schlechten Wiedergeburt führt,
gilt als „falsche Anschauung".

Wer an Existenz glaubt,
glaubt an die Auswirkung von Handlungen.
Diese Ansicht, die Verdienste sammeln lässt und
zu einer guten Wiedergeburt führt,
gilt als „rechte Anschauung".

Da Weisheit Existenz und Nicht-Existenz gleichermaßen auslöscht,
gibt es einen Weg zwischen verdienstvollen und nicht-verdienstvollen Handlungen.
Dort, so sagen die Weisen, liegt die Befreiung von
Schlechter Wiedergeburt oder guter Wiedergeburt.[46]

Der Vernichtungsglaube ist die Ansicht, dass nach dem Tod nichts von uns übrig bleibt, dass der Geist mit dem Körper vergeht, dass es keine Wiedergeburt gibt, und dass es deshalb auch keine karmische Frucht unserer in diesem Leben begangenen Taten gibt. Das ist natürlich eine weit verbreitete moderne Sicht, auch unter Menschen, die sich Buddhisten nennen. Nāgārjuna sagt hier, dass falsche Ansichten, in diesem Fall der Vernichtungsglaube, zu einer schlechten Wiedergeburt führen, wohingegen rechte Ansichten – in diesem Fall der „Glaube an Existenz", der durchaus ein eternalistisches

---

46 *Nāgārjunas Juwelenkette*, S. 168f. Anm.d.Üb: Die erste Zeile im zweiten Vers wurde in Anlehnung an die englische Übersetzung geändert. In der deutschen Ausgabe heißt es hier: „Wer an das relative Sein der Existenz glaubt …"

Ethisch leben

Verständnis von *nirvāṇa* einschließen kann – zu einer guten Wiedergeburt führt. Wenn Sie eine solche eternalistische Sichtweise einnehmen, sind Sie in einem gewissen Grad durchaus auf dem richtigen Weg. Doch jede Position im Rad des Werdens – symbolisch dargestellt durch das Tibetische Lebensrad – bleibt diesseits von Erleuchtung. *Nirvāṇa* ist jenseits von niedriger und hoher Wiedergeburt. *Nirvāṇa* ist Freiheit vom gesamten Zyklus, Befreiung von „guter" wie von „schlechter" Wiedergeburt. Solange Sie innerhalb des Rades des Werdens bleiben, solange sind Sie auch gefangen. Unser Grundproblem wird sich nicht dadurch lösen, dass wir als Gefangene mit besonderen Privilegien eingestuft werden. Rechte Ansicht führt zu guten Wiedergeburten; falsche Ansicht führt zu schlechten Wiedergeburten; „Nicht-Ansicht" führt zu *nirvāṇa*.

Weisheit ist ein dynamisches Verständnis des Erlebens, das die Dinge als Prozess oder Fluss sieht. Diese Weisheit ist es, die die statische Ansicht von „ist" und „ist nicht" zerstört und einen Weg jenseits der Höhen und Tiefen des Rades des Werdens, jenseits hohen und niedrigen Rangs, guter und schlechter Wiedergeburten eröffnet.

Wer Entstehen als verursacht erkennt,
geht über Nicht-Sein hinaus.
Wer Verlöschen als verursacht betrachtet,
geht auch nicht von einem Sein aus.[47]

Dies ist die grundlegende buddhistische Ansicht: Die Dinge, die wir in uns und in der Welt um uns herum erfahren, existieren in Abhängigkeit von Bedingungen und vergehen, wenn diese Bedingungen vergehen. Es liegt in der Natur des bedingten Geistes, die Dinge so zu behandeln, als seien sie absolut real, obgleich sie eigentlich im vorübergehenden Zusammenkommen objektiver und subjektiver Faktoren bestehen, die selbst von anderen Faktoren bedingt sind.

Wenn man die Entstehung der bedingten Dinge sieht, ist man sich bewusst, dass sie durch Ursachen und Bedingungen erzeugt sind. So durchschaut man die nihilistische Ansicht, dass sie ohne Ursache entstehen – das heißt, „man geht über Nicht-Sein hinaus". Wenn man auch das Aufhören

---

47 *Nāgārjunas Juwelenkette*, S. 169. Deutsche Übersetzung in Anlehnung an die englische Vorlage verändert. Anm.d.Üb.

der bedingten Dinge sieht und versteht, dass dies ebenfalls ein Ergebnis von Ursachen oder Bedingungen ist, behauptet man nicht länger ihr vorheriges Sein, unabhängig von Ursachen.

Vorher entstandene und gleichzeitig entstandene [Ursachen]
sind Nicht-Ursachen. Daher gibt es in Wirklichkeit keine Ursachen,
da [diese Art] des Entstehens
weder als konventionell noch wirklich [existierend] bestätigt wird.

Wenn dies ist, entsteht jenes,
wie das Kurze, wenn es Langes gibt.
Aus der Erzeugung von diesem wird jenes erzeugt,
wie das Licht aus der Erzeugung der Flamme.

Wo Langes ist, gibt es auch Kurzes.
Obwohl beides nicht aus sich selbst heraus existiert

wie das Licht, das nicht entsteht,
wenn keine Flamme entstanden ist.

Wer erkannt hat, dass Wirkungen
aus Ursachen entstehen, nimmt das, was erscheint,
im Rahmen der Konventionen der Welt hin
und vermeidet so den Glauben an die Nichtigkeit der Existenz.

Jemand, der so wie es ist, Erlöschen bestätigt,
das nicht aus Konventionen entsteht,
verfällt nicht [der Ansicht] von Existenz.
Deshalb ist einer, der sich nicht auf Dualität stützt, befreit.[48]

Obwohl wir uns weiter im Bereich ethischer Übung befinden, tauchen wir nun immer tiefer in die „Vervollkommnung von Weisheit" ein, in der Nāgārjuna ein so großer Meister war. Hier sagt er, wenn eine Ursache vor einer Wirkung erscheine, könne sie für sich genommen keine Ursache sein – erst mit dem Eintreten der Wirkung wird sie zur Ursache. Wenn andererseits Ursache und Wirkung gleichzeitig auftreten, können sie nicht in einer Verursachungsbeziehung stehen, denn definitionsgemäß müssen Ursa-

---

48 *Nāgārjunas Juwelenkette*, S. 169. Die ersten beiden Strophen und die letzte wurden in Anlehnung an die englische Textvorlage geändert. Anm.d.Üb.

Ethisch leben

chen den Wirkungen vorausgehen. Eine Ursache ist im Wesentlichen eine Idee, sie ist eine Art und Weise, das zu verbinden, was wir beharrlich als getrennte Dinge und Einheiten zu sehen pflegen. Die Idee einer Ursache ist abhängig von der Idee einer Wirkung. Eine Ursache kann nicht als Ursache bestehen, bevor die Wirkung, die sie zu einer Ursache gemacht hat, selbst aufgetreten ist. Wenn es die Ursache gibt, bevor die Wirkung eingetreten ist, ist sie noch keine Ursache, sondern lediglich etwas, das geschieht. Andererseits, wenn die Wirkung schon eingetreten ist, kann die „Ursache" ebenfalls keine Ursache sein. Die Wirkung hat schon stattgefunden und bedarf somit keiner Ursache, um sie hervorzurufen.

> Die Bestreitung der Existenz eines „Selbst" bei gleichzeitiger Behauptung einer Welt aus-sich-selbst-existierender Einheiten wirkt schlichtweg entfremdend, ohne dass eine solche Bestreitung die tief sitzende Ich-Illusion in irgendeiner Weise erschüttern würde.

Sobald Sie denken, Ursache und Wirkung seien wirklich existierende Einheiten, finden Sie sich in alle möglichen logischen Widersprüche verstrickt. Das ist mehr als bloß eine Spitzfindigkeit. Ernsthafte Reflexion darüber zahlt sich aus. Unsere Vorstellungen von Ursache und Wirkung bestimmen auf subtile Weise, wie wir das Erleben sogar während des Erlebens selber deuten. Die Beziehungen zwischen den Dingen und sogar die Dinge selbst sind keineswegs immer das, wofür wir sie halten. Indem wir die Ursache nur bezogen auf die Wirkung als Ursache verstehen, beginnen wir, die Ansicht von Dingen als Wesenheiten mit einer echten Existenz zu durchschauen, und in der Folge haften wir weniger an ihnen. Auf diese Weise lassen wir allmählich „die Ansicht von Existenz" los, die Vorstellung, dass etwas oder jemand tatsächlich existiert. Im Sinne letzter Realität gibt es nicht einmal ein Ins-Sein-Treten oder ein Aufhören-zu-Sein, kein Entstehen oder Vergehen. Diese Vorstellungen sind ebenfalls das Ergebnis beschränkter Denkweisen. Weder gibt es ein zuvor noch nicht existierendes „Ding", das erzeugt wird, noch gibt es irgendein „Ding", das zu existieren aufhört. Nāgārjuna widerlegt diese völlig statische und rigide Denkweise, indem er sie auf sie selbst anwendet, um ihre Ungültigkeit aufzudecken.

Indem wir die Idee einer Welt fester Einheiten aufgeben, bedienen wir uns der Hilfe von Ideen wie Prozess, Bedingtheit und sogar Ursache und Wirkung. Falls wir nun aber diese Ideen als Hinweise auf wirkliche Einheiten verstehen, wiederholen wir nur denselben Fehler auf einer anderen Ebene. Nāgārjuna sagt, Ursache und Wirkung seien relative Begriffe: Man kann sich keine Ursache ohne Wirkung denken oder keine Wirkung ohne Ursache, so wie man auch nicht lang ohne kurz und kurz ohne lang denken kann. Lang ist nur im Vergleich zu kurz lang.

Diese Warnung gegen die Neigung des Geistes zu verdinglichen, sich auf Prozesse zu beziehen, so als ob sie Dinge seien, hat Parallelen in der Kritik des Mahāyāna an bestimmten Deutungen des Abhidharma durch Anhänger des Hīnayāna. Im Abhidharma nahm man die Idee des *pudgala* oder der „Person" und zerlegte sie in kleinere Elemente, die so genannten *dharmas*. Diese *dharmas* waren eigentlich nur eine Methode, die in einer Person wirkenden Prozesse zu benennen. Einige der Abhidharma-Gelehrten aber neigten dazu, diese *dharmas* nun mit demselben Realitätsgehalt auszustatten, den sie dem *pudgala* vorher mit ihrer Hilfe abgesprochen hatten. Es macht wenig Sinn, die Idee einer Person oder eines Dinges mit dem Begriff eines Prozesses auszutreiben, wenn man sich diesen Prozess selbst als eine Folge von aus-sich-selbst-existierenden Dingen vorstellt. Dies ist sogar potentiell schädlich. Die Existenz eines „Selbst" zu bestreiten und gleichzeitig eine Welt aus-sich-selbst-existierender Einheiten (*dharma*) zu behaupten wirkt entfremdend, ohne dass eine solche Bestreitung die tief sitzende Ich-Illusion in irgendeiner Weise erschüttern würde.

Wir müssen Wörter benutzen, um die Welt des benannten Erlebens aus den Ketten zu lösen, die die Wörter selbst geschmiedet haben.

Nāgārjuna geht in diesem Abschnitt so vor, dass er die Idee des Selbst als etwas, das wirklich existiert, demontiert. Er hämmert auf das Ego ein, während er zugleich leugnet, dass der von ihm angegriffene Gegenstand tatsächlich existiert. Allerdings birgt dieses Vorgehen ein eigenes Problem. Die Frage ist die nach dem Wesen von Begriffen und wie man mit ihnen am besten umgeht. Wenn man von etwas spricht, dessen Existenz man zu widerlegen be-

Ethisch leben

absichtigt, kann dies dazu führen, dass man in einer tieferen und unbewussten Schicht das Gefühl verstärkt, dieses Ding existiere doch.

Verdinglichung – aus Prozessen Dinge machen – ist tief verwurzelt in der Art, wie wir uns selbst und die Welt sehen. Wir sagen, jemand habe „ein Problem mit Wut" oder "Konzentrationsprobleme", wenn diese Person nur gewohnheitsmäßig wütend oder unaufmerksam ist. Jemand, der lernen muss, sich anders zu verhalten, muss sich nicht wirklich mit Dingen beschäftigen, die man „Wut" oder „Selbstbezogenheit" nennt. Dies sind nur Wörter für verschiedene Arten, Energie zu nutzen. Wut entsteht, wenn man Energie auf unheilsame Art ausdrückt, während Mitgefühl oder Mettā entsteht, wenn Energie in heilsame Bahnen geleitet wird. Der Buddhismus ermutigt uns, im Sinne von Prozessen oder Handlungen zu denken, statt von Dingen, Objekten oder Einheiten. Eine Person ist keine Einheit, sondern eine Person lebt.

Jedes substantivisch verwendete Wort bezieht sich anscheinend auf ein Ding. Wörter halten den Fluss des Erlebens an und zergliedern es in eine Serie materieller Objekte und geistiger Zustände. Das begrenzt das, was wir zu erfahren vermögen: Sprache bedingt Erfahrung. Zweifellos diente die Sprache in ihrer frühesten, primitiven Phase praktischen Bedürfnissen: „Brechen wir zum Jagen auf!", „Wirf deinen Speer!", „Gib mir den Stein!" Wenn es aber um die Mitteilung spiritueller Wahrheiten geht, ist die Sprache der bestimmten Begriffe, die zu bestimmten Dingen gehören, ihrer Aufgabe nicht gewachsen. Wir müssen lernen, Sprache gegen den Strich ihres ursprünglichen Zwecks, nämlich die Dinge festzulegen, zu benutzen. Wir müssen Wörter benutzen, um die Welt des benannten Erlebens aus den Ketten zu lösen, die die Wörter selbst geschmiedet haben. Wie T. S. Eliot in „East Coker" sagt:

Weil man nur lernte, die Worte für Dinge,
Die man nicht mehr sagen muss, zu überwinden …

Wenn wir aber erkannt haben, dass sich die von uns verwendeten Begriffe auf relative, bedingte Prozesse beziehen, können wir sie als wirkungsvolle Hilfen nutzen, mit der Welt zurechtzukommen, denn sie sind zweifellos nützlich, wie auch Nāgārjuna im Weiteren ausführt. Ungeachtet der Tatsache, dass „Ursache" und „Wirkung" vorläufige Begriffe sind, die nicht hinreichend beschreiben, was wirklich vor sich geht, sollten wir dennoch die herkömmliche Wahrheit bestätigen, die sie ausdrücken. Nur wenn unser

Standpunkt auf dieser vorläufigen Wahrheit beruht und den Vernichtungsglauben zurückweist, können wir die absolute Wahrheit erkennen und das
als wahr bestätigen was „nicht aus Konventionen entsteht".

Nāgārjuna bekräftigt seinen wichtigsten Punkt mit zusätzlichen Argu-
menten, die er anscheinend als Entgegnung auf diverse Einwände formuliert, wobei er sich zumindest implizit auf verschiedene zeitgenössische buddhistische und auch nicht-buddhistische Lehrmeinungen bezieht. Heutige
Leser brauchen sich nicht in Einzelheiten dieser Debatten verzetteln, solange sie den Kernpunkt im Sinn behalten: dass die Idee eines Selbst eine freie
Erfindung ist, die das Gewahrsein der Realität verdunkelt.

JENSEITS VON ETERNALISMUS UND NIHILISMUS

Wer denkt, die Welt, die einer Luftspiegelung gleicht,
sei entweder existent oder nicht-existent,
ist unwissend.
Und wo Unwissenheit herrscht, gibt es keine Befreiung.

Ein Anhänger der Nicht- Existenz erleidet ungünstige Wiedergeburten.
Ein Anhänger der Existenz erfährt günstige Wiedergeburten.
Wer sich aber die korrekte, wahrhafte Sicht aneignet,
verlässt sich nicht mehr auf die zweifache Sicht und findet Befreiung.[49]

In Nāgārjunas Verständnis ist man Nihilist, wenn man glaubt, die einer Luftspiegelung gleichende Welt existiere nicht wirklich. Damit geht man von einem äußerst negativen Standpunkt aus, nämlich der Weigerung zu akzeptieren, dass die Dinge ursächlich miteinander verbunden sind, in Abhängigkeit
von bestimmten Bedingungen entstehen und vergehen, wenn diese Bedingungen entfallen. Ohne diese Art von Verbundenheit hat die Welt weder
Sinn noch Bedeutung, und spirituelle Praxis wird sinnlos. Der Vernichtungsglaube ist der philosophische Ausdruck einer ablehnenden Haltung zur
Welt. Ablehnung beruht aber auf dem Glauben an die Existenz dessen, was
man zurückweist. Wer die Welt so sehr hasst, dass er ihr Sein in dem Sinne

---

49 *Nāgārjunas Juwelenkette*, S. 170. Deutsche Übersetzung im zweiten Vers verändert. Anm.d.Üb.

Ethisch leben

verneint, dass er alles Geschehen für moralisch bedeutungslos und das Leben für letztlich sinnlos hält, bestätigt die Existenz dieser Welt ziemlich fest.

> Es ist besser, ein recht gut angepasster, optimistischer,
> ethischer Mensch, wenngleich mit starken weltlichen
> Verhaftungen, zu sein, als ein kritischer, mäkelnder, bitterer,
> desillusionierter und die Welt verneinender Zyniker.

Eine solche negative Haltung wird zu ungünstigen Wiedergeburten führen, zum erneuten Werden in unglücklichen Bereichen. Sie wurzelt in einer Unwilligkeit, sich auf die Welt einzulassen, wie sie nun einmal ist. Ihre Existenz selber zu verneinen, gibt einem die Freiheit zu tun und lassen, was man will. Nihilisten glauben nicht, dass unheilsame Handlungen Leid verursachen, und das macht den Vernichtungsglauben so gefährlich für den Einzelnen wie für die Gesellschaft. Das Problem mit Nihilismus ist, dass er sich wie andere Arten von Negativität pseudo-spirituell verkleiden kann – etwa in der Ansicht, dass „alles eins ist" und es keinen moralischen Unterschied zwischen richtig und falsch gibt. Wer von seinem Temperament her zum Nihilismus neigt, fühlt sich vom Buddhismus vielleicht durch die Idee angezogen, das Selbst oder Ego zu zerstören. Aber Selbsthass oder Selbstablehnung sind überhaupt nicht hilfreich, um das Selbst zu überwinden oder zu durchschauen, sondern sie können sogar die verblendete, emotionale Bindung daran verstärken.

Jene, die Nāgārjuna „Anhänger der Existenz" nennt, sind Eternalisten. Sie glauben, die Welt sei so real, wie sie erscheint, Leben habe eine Bedeutung, und andere Welten wie Himmel und Hölle seien ebenfalls wirklich. Dieser Ansicht folgend nimmt man den eigenen Lebensweg in dieser Welt ernst und neigt dazu, ethisch gewissenhaft zu sein. Wenn die geistige Einstellung der Nihilisten von Hass bestimmt ist, dann ist für Eternalisten das Anhaften kennzeichnend.

Anhaften ist keineswegs ein positiver Geisteszustand, aber es ist ein Schritt weg vom Nihilismus. Als Eternalist werden Sie keine Befreiung finden; Sie werden weiterhin Wiedergeburten erfahren. Aber der Glaube, dass die Welt wirklich existiert und dass Sie Dinge ergreifen und sogar festhalten können, führt tendenziell zu glücklichen Wiedergeburten. Es ist besser, ein recht gut angepasster, optimistischer, ethischer Mensch, wenngleich mit starken weltlichen Verhaftungen, zu sein, als ein kritischer, mäkelnder, bitterer, desillusionierter und die Welt verneinender Zyniker. Aus spiritueller Sicht ist eine gesunde Akzeptanz des Weltlichen eher eine aussichtsreiche Basis für eine zukünftige spirituelle Entwicklung als eine vollständige Zurückweisung des Lebens, wie man es erfährt, selbst wenn diese Ablehnung mit einem „buddhistischen" Beglaubigungsschreiben daherkommt.

Befreiung ist jedoch etwas Anderes als diese beiden Ansichten. Erleuchtung ist ein Erwachen aus der Ansicht, diese Welt, die einer Luftspiegelung gleicht, sei entweder existent oder nicht-existent. Von einer Luftspiegelung lässt sich weder sagen, es gebe sie in einem absolut realen Sinn, noch trifft es zu, dass es sie gar nicht gibt, denn sie wird ja wahrgenommen. Dasselbe gilt für die Welt. Auf diese Weise überwindet man den Dualismus.

Selbstkasteiung und asketische Übung

Praxis heißt nicht,
den Körper zu martern,
denn solch ein Mensch mag anderen immer noch schaden,
statt ihnen helfend beizustehen.

Wer den großen Pfad der vorzüglichen Lehre nicht zu schätzen weiß,
der geschmückt ist mit den Juwelen der Freigebigkeit, der Ethik und der Geduld,
quält seinen Körper und folgt dem Irrweg,
einem Trampelpfad [auf dem er sich und alle, die
ihm nachfolgen, in die Täuschung führt].

Den Körper umschlungen von den schrecklichen Schlangen
der störenden Emotionen, bleibt er lange Zeit
im entsetzlichen Dschungel der zyklischen Existenz gefangen,
im Baum-Dickicht der zahllosen Wesen.[50]

Den Körper zu martern ist ein Ausdruck der falschen Ansicht des Vernichtungsglaubens. Sie entsteht aus der Verknüpfung von spirituellem Leben und

---

50 *Nāgārjunas Juwelenkette*, S. 165. Deutsche Übersetzung im ersten Vers geändert. Anm.d.Üb.

Leiden, aus der Vorstellung, Schmerzen seien gut für uns und Leiden sei eine große Läuterung. Man untermauert diese Übung mit der Begründung, die Kasteiung des Fleisches befähige, sinnliche Begierden und Instinkte zu beherrschen, und, indem man den Körper ablehnend behandle, könne man sich von ihm distanzieren und die Identifikation mit ihm auflösen. In Wirklichkeit führt Selbstkasteiung nur dazu, dass der Körper genau so ins Zentrum der Aufmerksamkeit gerückt wird wie bei extremer, sinnloser Maßlosigkeit.

> Wir verwöhnen uns gerne selbst und wir bestrafen uns gerne
> selbst, doch wir finden es fast unmöglich, dem mittleren Weg
> der Selbstdisziplin und der spirituellen Übung zu folgen.

Angesichts der zentralen Bedeutung der Vorstellung von *duḥkha* (Pāli *dukkha*), Leiden oder Ungenügen, im Buddhismus ist die fehlerhafte Deutung der Selbstkasteiung durchaus verständlich. Man kann die Lehre des Buddha über *duḥkha* aber auch anders betrachten und sich darauf besinnen, dass sie uns lediglich daran erinnert, wie zwecklos es ist sich vorzustellen, Unannehmlichkeiten und Leid könnten gänzlich vermieden werden. Wenn sie unvermeidbar sind, wird man sie am besten mit heiterer Gelassenheit ertragen, statt zu versuchen, sie zu leugnen oder sich abzulenken. Der Buddha sagte klar, das spirituelle Leben sei nicht notwendigerweise schmerzhaft. Er unterschied verschiedene Schülertypen. Die einen mühen sich tatsächlich während ihres ganzen Weges ab; sie haben es niemals leicht. Andere finden ihre Übung anfangs schwierig, aber im weiteren Verlauf immer angenehmer. Ein dritter Typ beginnt die Übung mit Leichtigkeit, stößt aber später auf Schwierigkeiten. Schließlich gibt es noch jene, deren spirituelles Leben angenehm anfängt und während des gesamten Weges weiterhin erfreulich bleibt.

Das alles ist aber nicht so klar, wie es erscheint. Einerseits gibt es einen Unterschied zwischen den angenehmen Bedingungen, die ein gewöhnlicher Mensch braucht, um sein Dasein zu genießen, und den oftmals spartanischen Bedingungen, unter denen spirituell Übende dennoch froh und glücklich sein können. Jemand kann ein spirituelles Leben als beglückend und inspirierend erfahren, das anderen Menschen, die nicht auf solche Weise leben wollen, als schwierig und schmerzhaft erscheint. Da sie jene Bedingungen von außen betrachten, stellen sich normale Menschen das spirituelle Leben natürlich als hart und weitgehend freudlos vor, und denken, man müsse jegliche Belohnung vorher mit Leiden bezahlen. Die Übenden hingegen können ungeachtet der äußeren Bedingungen innere Zufriedenheit und Freude erleben.

Wahrscheinlich wird es an bestimmten Schlüsselstellen im spirituellen Leben ein gewisses Maß an Unbehagen geben, weil man lange gefestigte Gewohnheiten von Körper, Rede und Geist aufgeben muss, und das widerstrebt der menschlichen Natur. Wenn man aber weiter übt, sollte das eigene Erleben immer freudiger werden, gleich welchen Unbequemlichkeiten oder schwierigen Umständen man begegnet. Für sich genommen bedeutet aber das Erleben von Unbehagen und Leiden keinesfalls, dass gerade etwas wahrhaft Spirituelles geschieht. Für eine gewisse Zeit nach meiner Rückkehr aus Indien stieß ich unter manchen Zen- und „Vipassana"-Übenden wiederholt auf dieses Missverständnis. Im Grunde genommen bestraften sie sich selbst und nannten es „Buddhismus". Die wesentliche Richtgröße, an der sie ihre Fortschritte bemaßen, war der Grad geistigen und körperlichen Leidens, das sie in Verbindung mit Meditation erlitten. Nach seinem seltsam hämischen Verhalten zu urteilen, schien der Mönch, der sie vor meiner Ankunft in „Vipassana" unterwiesen hatte, ebenso großen Gefallen an ihrem Leiden zu finden wie sie selbst. Als eine seiner Schülerinnen zu mir sagte, ich sei ganz anders als er, hatte ich das Gefühl, ihre Bemerkung sei nicht als Kompliment gemeint. Mit einer gewissen wehmütigen Bewunderung fuhr sie fort: „Er war ein echter Sadist."

Es ist verständlich, dass manche so in die Irre gehen, denn viele Menschen im Westen verwechseln ein ungesundes Verlangen nach Selbstkasteiung, das auf Gefühlen von Schuld, Selbsthass und Selbstverachtung gründet, mit einer Wertschätzung der Selbstdisziplin. Das Wort „Askese" kommt vom griechischen *askesis,* was einfach „üben" bedeutet. So wie Athleten ihren Körper trainieren, so trainieren spirituell Übende das Bewusstsein. Das ist etwas Anderes als Selbstkasteiung, obwohl zugegebenermaßen vieles von dem, was als Selbstdisziplin gilt, tatsächlich neurotische Selbstkasteiung ist. Anscheinend finden wir es oft leichter, uns zu bestrafen, als echte Selbstdisziplin zu üben. Wir verwöhnen uns gerne selbst und wir bestrafen uns gerne selbst, doch wir finden es fast unmöglich, dem mittleren Weg der Selbstdisziplin und der spirituellen Übung zu folgen. Teilweise ist das so, weil wir vie-

Ethisch leben

les von dem, was bloß Selbstdisziplin ist, für eine Art Selbstkasteiung halten. Wer beispielsweise Fleisch isst, wird es wahrscheinlich eher für Selbstverleugnung als für einen Teil des Übens halten, das Fleischessen aufzugeben.

Noch verworrener wird die Lage durch die Leichtigkeit, mit der gelegentliche Vergnügungen in regelmäßige Schwelgereien umschlagen und schließlich unverzichtbar werden. Wir haben uns so an unsere bequemen Betten gewöhnt, dass wir es als echte Entbehrung empfinden würden, mit einer Matratze auf dem Boden vorlieb nehmen zu müssen. Für viele Menschen in der Welt, die auf einer Matte auf dem Boden zu schlafen gewöhnt sind, wäre ein Bett höchster Luxus. In Wahrheit genießt heute nahezu jeder im Westen einen Luxus und eine Bequemlichkeit, die vor wenigen hundert Jahren auch für die Wohlhabendsten unerreichbar gewesen wäre.

Die Übung besteht deshalb darin, die Fesseln zu lockern, die uns an die Bequemlichkeiten ketten, an die wir uns gewöhnt haben. Von Zeit zu Zeit sollten wir ohne sie auskommen und dies sogar – das ist das Wichtigste dabei – frohen Sinnes. Ein Fußballspieler freut sich, wenn er sechs Stunden am Tag, und ein Konzertpianist, wenn er acht Stunden am Tag üben kann. Sie bestrafen sich nicht selbst. Sie üben sich, um ihre jeweiligen Ziele zu erreichen. Das ist alles. Für spirituelle Asketen ist das nicht anders. Wenn Sie Ihrem Team helfen wollen, Tore zu schießen – im spirituellen Leben wie auf dem Fußballfeld – dann müssen Sie üben.

Nāgārjuna macht den kritischen Punkt ganz deutlich, wenn er darauf hinweist, dass Selbstkasteiung, soweit es um die allgemeinen Ziele des spirituellen Lebens geht, nutzlos sei. Indem wir Energie aufwenden, um den Körper zu plagen, zeigen wir unser fehlendes Interesse an einer wirklich spirituellen Bemühung. Nāgārjuna zeigt auch genau, was wir offenbar nicht üben wollen: die ersten drei Vollkommenheiten - Geben, Ethik und Geduld, und sie sind die Grundstufe der Mahāyāna-Übung. Weil wir es versäumen, das positive Wesen des spirituellen Pfades zu würdigen, wählen wir diesen schädlichen und nutzlosen Zugang. Selbstkasteiung führt nicht zu Befreiung, sondern kettet uns noch fester an die bedingte Existenz. Wenn Sie sich für Ihre Schwelgereien bestrafen, werden Sie ihnen noch stärker anhaften.

Wahrscheinlich sollte man ergänzen, dass geistige Selbstquälerei eine moderne Variante dieser Art ist. Wenn Sie sich bei Ihren Bemühungen, ein spirituelles Leben zu führen, Sorgen machen, sich erbärmlich fühlen und darauf bestehen, bis zur Erschöpfung zu arbeiten, dann läuft mit Sicherheit etwas falsch. Leider ist es nicht ungewöhnlich, dass Menschen ihre Vorstellungen vom spirituellen Leben unbewusst und wie unter einem inneren Zwang als Mittel benutzen, um sich selbst und anderen das Leben schwer zu machen. Sie wissen nicht wirklich, dass sie es tun oder warum sie es tun, doch können sie nicht anders, als irgendeine Art von Leiden zu suchen – sogar im Dharma, der doch der Weg ist, allen Kummer zu beenden. Wenn Sie auf die eine oder andere Weise absichtlich Leid in Ihr spirituelles Leben einladen, dann dient Ihr spirituelles Leben nicht als Mittel zur Befreiung.

Selbsthass, der aus Kindheitserfahrungen herrührt, lässt sich oft nur schwer abschütteln. Diejenigen, durch die wir in unseren ersten Lebensjahren uns selbst und die Welt kennen gelernt haben, vermittelten uns wissentlich oder unwissentlich Einstellungen, die wir sozusagen mit der Muttermilch aufsogen. In jener frühen Phase unserer Entwicklung hinterfragen wir solche Einstellungen nicht, und folglich nehmen wir sie tief in uns auf, so tief, dass wir sie manchmal für unser ganzes weiteres Leben behalten. Wenn uns immer eingeredet wurde, wir seien unzulänglich oder schlecht, dann nehmen wir später im Leben, wenn die Dinge einmal nicht so laufen, wie wir es gerne hätten, ganz natürlich an, das geschehe aufgrund unserer Unzulänglichkeit oder Boshaftigkeit. Wir interpretieren jede unangenehme Erfahrung so, wie man es uns gelehrt hatte.

Falls auch Sie so ähnlich denken, glauben Sie vielleicht, dass Sie ein ausgewogenes spirituelles Leben führen, obwohl Sie gleichzeitig Übungen wie die Mettā-*bhāvanā* – die Kultivierung von Freundlichkeit und Wohlwollen – ablehnen, weil sie „zu positiv" sind. Gerade jene Übungen, die Ihnen besonders gut tun würden, weisen Sie ab und sagen, Sie könnten damit nichts anfangen und seien nicht das, was Sie gerade benötigen. In solchen Situationen brauchen Sie spirituelle Freunde, denn Ihre tief verwurzelten Zwänge werden sich unvermeidlich jener Veränderung widersetzen, die Sie willentlich herbeiführen wollen. Dieser Widerstand wird Ihre spirituellen Bemühungen listig für seine eigenen Zwecke vereinnahmen und sie benutzen, um sich selbst zu stärken – es sei denn, dass Freunde erreichbar sind, die eine hilfreichere Übungsstruktur unterstützen.

ACHTSAMKEIT UND BERAUSCHUNG

Keine berauschenden Getränke zu sich nehmen...[51]

Es gibt natürlich einen ganz nüchternen Aspekt ethischer Praxis in Bezug auf den Geist. Nachdem Nāgārjuna in der *Juwelenkette* die zehn Vorsätze aufgelistet hat, spricht er ein Thema an, das heutzutage wenigstens in manchen Ländern zu einem wichtigen gesellschaftlichen Problem geworden ist: Alkohol. Zusätzlich sollten wir das eng verwandte Thema des Drogenmissbrauchs erwähnen. Es gibt hierbei eine eindeutige Analogie zu Sex, da Sex wie Alkohol und Drogen süchtig machen kann.

> Ein eher bedachtsames, kühles und förmliches Auftreten
> gilt manchmal als Zeichen für Achtsamkeit, doch echte
> Achtsamkeit ist entspannt, emotional warm und sogar herzlich.

Die buddhistische Überlieferung schließt es völlig aus, sich berauschenden Mitteln hinzugeben. Der letzte der fünf ethischen Vorsätze, die alle Buddhisten befolgen, bezieht sich darauf. Die Tatsache aber, dass dieser fünfte Vorsatz in der Liste der zehn Vorsätze durch weitere Vorsätze zur Übung der Rede und des Geistes ersetzt wurde, legt nahe, dass der fünfte Vorsatz eher als Schutz vor dem Verlust von Achtsamkeit und Gewahrsein gemeint ist. Vielleicht können wir eine etwas liberalere Einstellung gegenüber berauschenden Mitteln einnehmen, sofern wir einen wirklichen Nutzen darin erkennen. Im Grunde geht es um Achtsamkeit, und Achtsamkeit beinhaltet vor allem, sich der eigenen Gedanken und Emotionen bewusst zu sein.

Ein eher bedachtsames, kühles und förmliches Auftreten gilt manchmal als Zeichen für Achtsamkeit, doch echte Achtsamkeit ist entspannt, emotional warm und sogar herzlich. Da es schwierig ist, wirklich achtsam zu sein, wenn man angespannt oder gehemmt ist, kann es Situationen geben, in denen ein Glas Wein entspannend wirkt. In der Anfangszeit unserer buddhistischen Gemeinschaft lud ich gelegentlich ein paar Leute zum Essen ein und fand, dass sich bei einem Glas Wein die unangenehm steife, gehemmte Atmosphäre löste, die es manchmal bei diesen Gelegenheiten gab. Natürlich ist ein solches Vorgehen nur ein Mittel zum Zweck; es darf nicht zur Gewohn-

---

51 *Nāgārjunas Juwelenkette*, S. 165.

heit werden, und wenn auch ein Glas Wein hilfreich sein mag, folgt daraus nicht, dass drei oder vier Gläser noch hilfreicher sind.

> Wenn man erst einmal süchtig ist, wird man mehr oder
> weniger alles tun, um sein Verlangen zu befriedigen.

Einnahme von Alkohol führt schließlich zu geistiger Verwirrung. Daraus muss man schließen, dass Menschen, die gewohnheitsmäßig trinken, nach einer solchen Verwirrung *verlangen*. Sie fürchten Klarheit, und manche sehnen sich sogar nach Besinnungslosigkeit. Sie trinken, um zu vergessen. Zumindest wollen sie sich selbst vergessen, die Schärfe aus ihren schmerzhaften Empfindungen nehmen und den Druck erleichtern. Bis zu einem gewissen Punkt gelingt das, zumindest zeitweise. So beginnt die Abwärtsspirale der Sucht. Deshalb müssen wir unsere emotionalen Bedürfnisse an einer anderen Stelle als am Boden eines Glases angehen, denn wenn die Trunkenheit uns ergreift, schwindet die Klarheit – auch moralische Klarheit. Wenn man einmal süchtig ist, wird man mehr oder weniger alles tun, um sein Verlangen zu befriedigen.

Rauschmittel führen zu Geringschätzung des Lebens:
Geschäfte werden vernachlässigt, Reichtum verschwendet.
Täuschung führt zu unangemessenem Handeln.
Aus diesem Grund solltet Ihr Rauschmittel meiden.

Spielsucht führt zu Geiz,
zu Rücksichtslosigkeit, Hass, Täuschung und Betrug,
zu Unbedachtheit, Lügen, sinnlosem Geschwätz und grober Rede.
Aus diesem Grund solltet Ihr das Spiel meiden.[52]

Ein weiterer weltlicher Ratschlag: Niemand respektiert einen Trunkenbold oder Drogensüchtigen. Diese Menschen vernachlässigen ihre weltlichen Angelegenheiten, denn sie verbringen ihre Zeit entweder damit, ihrer Gewohnheit zu frönen oder sich von ihrer Wirkung zu erholen. Schon in Nāgārjunas Tagen war es offenbar ein teures Unternehmen sich zu betrinken. Außerdem begehen Betrunkene Torheiten; sie verlieren ihre Hemmungen und jeden

---

52 *Nāgārjunas Juwelenkette*, S. 180.

Sinn für das, was angemessen und schicklich ist. So kommt es tatsächlich zu „unangemessenem Handeln". Auf diese und viele andere Arten verwüsten Rauschmittel das Leben.

In alten buddhistischen Texten gibt es eine Menge solcher Ratschläge. Das lässt vermuten, dass die Menschen in Indien damals dem Trinken mehr zusprachen als heute. Zumindest unter Indern, die noch nicht verwestlicht sind, gilt das Trinken von Alkohol heutzutage als äußerst anrüchig, und dies besonders unter religiös Praktizierenden.

Von Glücksspielen heißt es, dass sie einen Schwarm übler Dinge nach sich ziehen. Man wird von Geld (oder etwas Entsprechendem) besessen, ganz gleich ob man gewinnt oder verliert. Geld steht beim Glücksspiel schließlich im Mittelpunkt des Interesses. Man sehnt sich auch nach dem Hochgefühl, das beim Gewinnen aufsteigt. Diese Hochstimmung ist eine Art Droge, doch viel häufiger als sie erlebt man die Dämpfung, wenn man Geld verliert. Hinzu kommt der Groll, den man jenen gegenüber hegt, an die man sein Geld verloren hat. Man wird alles tun, um zu gewinnen: man wird täuschen und betrügen. Aus Besessenheit zu gewinnen und aus Wut über Verluste verliert man die Selbstbeherrschung. Auch belügt man seine Familie darüber, wo das Geld geblieben ist.

Die Art und Weise, wie wir unsere Süchte rechtfertigen, enthält ebenfalls ein Element der Selbsttäuschung, gleichgültig, ob es um Alkohol, Drogen oder Spielen geht. Wir bilden uns ein, wir hätten alles unter Kontrolle. Auf die gleiche Weise rechtfertigen wir die Süchte anderer. Manche Leute verteidigen beispielsweise Spielhallen, Bars und Kneipen mit der Begründung, sie seien Orte für harmlose Vergnügungen, die das gesellschaftliche Miteinander fördern und niemand sei berechtigt, etwas gegen die legalen Freuden und Vergnügungen anderer Menschen einzuwenden. Tatsache ist allerdings, dass Bingo, Roulette und Spielautomaten Glücksspiele sind, und dass Kneipen und Bars Alkoholismus fördern können. Trinken und Spielen führen in der Tat zu Wirkungen wie Nāgārjuna sie aufzählt. Wenn sie die einzigen „gesellschaftlichen" Aktivitäten sind, an denen Menschen sich beteiligen, dann ist das traurig. Warum das so ist, ist ein ganz anderes Thema.

Gier, Hass und Verblendung

Begehrlichkeit verhindert Wunscherfüllung.
Böse Absichten führen zu Ängsten,
falsche Sicht der Wirklichkeit zu Verblendung,
während der Rausch den Geist verwirrt.[53]

Wie immer redet Nāgārjuna nicht um den heißen Brei herum. Er macht dem König die Folgen klar, wenn er die drei Geist-Vorsätze nicht beachtet. Als Folge des Begehrens, so sagt er, bekommt man nicht das, was man möchte, sondern was man nicht möchte. Es ist nämlich die Eigenart von Begierde, dass der begehrte Gegenstand, wenn man ihn erlangt hat, oft aufhört begehrenswert zu sein. Oscar Wilde sagte treffend: „ Es gibt nur zwei Tragödien in dieser Welt. Die eine ist, nicht zu bekommen, was man möchte, die andere ist, es zu bekommen."[54] Besonders, wenn wir heftig nach etwas verlangen, kommt es leicht dazu, dass wir, wenn wir es schließlich in Besitz nehmen, feststellen müssen, dass wir ihm Eigenschaften angedichtet haben, die es gar nicht hat. Ob es sich um ein Erlebnis, einen Gegenstand oder eine Person handelt, um Erfolg, ein Auto oder einen Liebhaber – wenn wir am Ziel unserer Wünsche sind, bemerken wir, dass es doch nicht das ist, was wir wollten. Dann aber ist es vermutlich zu spät, unsere Meinung zu ändern: Wir haben es und nun müssen wir mit der Verantwortung und den Ansprüchen zu Recht kommen, die solch ein Besitz mit sich bringt. Wir sind aber nicht zufriedener als zuvor.

Nāgārjuna hatte uns gewarnt, dass Töten ein kurzes Leben nach sich ziehe und dass es zu Leiden führe, wenn man jemandem Schaden zufügt. Nun erfahren wir, dass schon die Absicht, jemandem zu schaden, zu Ängsten führe. Das sind alles Variationen über ein Thema, das für einen Herrscher und für jeden, der Macht über andere hat, höchst wichtig ist. Bei solchen Menschen steht die „böse Absicht" oft in Zusammenhang mit ihrem Bestreben, die eigene Position zu stärken und jene zu neutralisieren, die sie bedrohen könnten. Nāgārjuna erinnert seinen königlichen Schüler daran, dass die Frucht einer solchen Absicht nicht Sicherheit, sondern deren Gegenteil ist: Furcht. Wenn Sie sich Tag und Nacht damit beschäftigen, Pläne

---

53   *Nāgārjunas Juwelenkette*, S. 165.
54   Aus *Lady Windermeres Fächer*, 3. Akt.

zu schmieden, wie Sie anderen schaden können, werden Sie in einer Welt voller Furcht und Gefahr leben.

Wenn man es psychologisch ausdrücken will: Hass bringt Verfolgungswahn hervor, und das ist unser eigener, auf andere projizierter Hass, der nun auf uns zurückfällt. Bei Verfolgungswahn ist die Furcht weitestgehend unbegründet und der Hass großenteils unbewusst. Verfolgungswahn sagt weniger über die wahre Einstellung anderer Menschen uns gegenüber, als über unsere eigenen uneingestandenen Emotionen. In ähnlicher Weise entstehen Überzeugungen schikaniert zu werden und der Eindruck, dass andere etwas gegen uns haben, oft aus uneingestandenen Übelwollen jenen gegenüber, von denen wir uns einbilden, dass sie uns nicht mögen und uns schaden wollen.

Das ist Verfolgungswahn als Projektion. In gewisser Hinsicht entsteht er ganz natürlich aus der Tatsache, dass Menschen gewöhnlich jene hassen, von denen sie gehasst werden. Wenn Sie andere hassen, werden Sie wahrscheinlich denken, diese Menschen würden auch Sie hassen. Sie interpretieren alles, was sie tun oder sagen, als Zeichen, dass sie sich gegen Sie verschworen haben. Absolute Herrscher können sich ganz leicht in dieses Muster, die Welt um sie herum wahrzunehmen, hineinsteigern. Opfer von Verfolgungswahn weben komplizierte Gespinste von „Beweisen", um ihre Phantasien zu belegen. Die einzige Schuld derer, die sie auf derart verrückte Weise verdächtigen, liegt darin, dass sie sich fragen, warum man sie so seltsam anschaut.

Die Behauptung, eine falsche Sicht der Wirklichkeit führe zu Verblendung, läuft darauf hinaus zu sagen, es gebe nichts Schlimmeres als falsche Ansichten. Kein anderes Elend kommt dem Unheil falscher Ansichten gleich. Selbst ein Höllendasein ist nicht so sehr die verdiente Folge falscher Ansichten als ein Fall in weitere falsche Ansichten. Falsche Ansichten führen unweigerlich zu weiteren falschen Ansichten. Es liegt in ihrer Natur sich zu vermehren. Wenn Sie sich eine falsche Ansicht zu Eigen machen, versinken Sie immer tiefer im Morast bloßer Meinungen und spekulativer Ideen.

Wir sollten aber auch nicht krampfhaft an richtigen Ansichten festhalten. Der Buddha hielt alle Ansichten, selbst jene, die hilfreich und somit „richtig" sind, für nur begrenzt wertvoll im Vergleich zur Erleuchtung. Sobald Sie eine Ansicht nicht nur als einen vorläufigen Standpunkt oder etwas, worüber Sie reflektieren wollen, betrachten, sondern für uneingeschränkt wahr halten, hört sie auf eine richtige Ansicht zu sein. Eine richtige Ansicht, an der Sie klammern, eine richtige Ansicht, die Sie als Totem behandeln, wird in eben diesem Ausmaß zu einer falschen Ansicht.

Voller Angst vor dem Hort der Furchtlosigkeit,
im Verderben verweilend, verderben sie sich und andere.
O König, handelt so, dass diejenigen,
die zugrunde gehen, nicht auch Euch mitreißen.[55]

„Verderben" und „zugrunde gehen" mögen in diesem Zusammenhang als starke Ausdrücke erscheinen. Sie erinnern aber an das, was auf dem Spiel steht, wenn wir das spirituelle Leben aufnehmen. Wir werden vor dem Ruin stehen, wenn wir falsche Ansichten unterstützen. Und Ansichten können ansteckend wirken. Wir haben unsere Meinungen aus dieser Welt gewonnen[56], besonders aus der Gesellschaft, in der wir leben. Die Menschen, mit denen wir verkehren, verbreiten mit allem, was sie sagen und tun, Ansichten über sich selbst, über andere und über die sie umgebende Welt. Deshalb sollten wir bei der Auswahl von Bekannten und Freunden ebenso vorsichtig sein wie wir andere beeinflussen. Da wir uns, selbst wenn es tatsächlich zutrifft, kaum je gewahr sind, dass wir „zugrunde gehen" werden, empfiehlt Nāgārjuna eine gewisse Wachsamkeit, eine gewisse Bescheidenheit und Zurückhaltung im Umgang mit anderen. Sie ist auch deshalb immer angebracht, damit sie nicht durch den Umgang mit uns „zugrunde gehen".

HERZ UND GEIST KULTIVIEREN

Wenn Euer Geist nicht wankt, werdet Ihr Gewahrsein erlangen.
Durch Nachdenken wird Eure Intelligenz gestärkt.
Wenn Ihr anderen Wesen Achtung entgegenbringt, werdet

---

55 *Nāgārjunas Juwelenkette*, S. 172.
56 Im englischen Text gibt es hier ein Wortspiel, das sich auf Deutsch nur schlecht wiedergeben lässt: Falsche Ansichten sind „ansteckend" (*contagious*), und wir haben uns solche Ansicht „geschnappt" oder auf die Art „gefangen" (*caught*), wie man sich vielleicht einen Virus „fängt". Anm.d.Üb.

Ihr die Bedeutung der Lehren verstehen.
Wenn Ihr die Lehre bewahrt, werdet Ihr Weisheit erlangen.[57]

Durch Überwindung von Ablenkung wird man zweifellos bewusster. Wenn Sie abgelenkt sind, streben verschiedene Teile von Ihnen sozusagen in verschiedene Richtungen, und die Verständigung zwischen ihnen bricht zusammen, so dass Sie sich während jener Zeit nur wenig bewusst sein werden. Wenn Sie Ihre Gedanken stabilisieren können, wird ein größerer Teil von Ihnen in dem, was Sie sagen und tun, gegenwärtig sein.

Hat man nun ein solches Gewahrsein stabilisiert, stellt sich die Frage, wie man es nutzen kann. Mit „Nachdenken" meint Nāgārjuna schöpferisches Denken – besonders die Erforschung von Geisteszuständen. Bei vielen von uns geht Denken oft mit Besorgtheit einher, beispielsweise wenn wir uns sorgen, was uns im Alter widerfahren könnte. Für Nāgārjuna besteht Intelligenz darin, ein klareres Verständnis unserer Lebenssituation zu entwickeln. Dazu ist es erforderlich, Denken mit Gewahrsein zu erfüllen. Im Buddhismus spricht man von gerichtetem Denken, achtsamem Denken und besonders der achtsamen Betrachtung unserer eigenen Geistesprozesse.

> Die Weisen zu befragen, sollte eine Ausweitung
> unserer Selbstbefragung sein.

Wenn man den Geist nicht nutzt, neigt die Intelligenz dazu zu verkümmern. Häufig nutzen wir den Geist auf kreativere Weise, wenn wir Fragen stellen, statt schon zu glauben, wir wüssten die Antworten. Man kann auf viele Weise Fragen stellen: Intelligentes Lesen kann beispielsweise darin bestehen, Fragen zu stellen. Wenn Sie vielleicht neugierig ein Buch aufschlagen, dessen Titel Sie fasziniert, kann das ebenfalls ein Zeichen für eine fragende Haltung sein. Sie wenden sich dem Buch mit einem eigenständigen Geist zu und saugen seinen Inhalt nicht bloß wie Löschpapier auf.

Die Art der Fragen macht dabei den Unterschied. Wenn Sie Ihre Intelligenz bloß dazu benutzen, nach Allerweltsdingen zu fragen, schließen Sie damit praktisch die Möglichkeit jeglichen spirituellen Verständnisses aus. So schlau Ihre Fragen auch sein mögen, werden Sie durch sie doch allmählich in

---

57 *Nāgārjunas Juwelenkette*, S. 196.

einen Zustand der Verblendung geführt, in dem Sie nur noch das wahrnehmen, was die Sinne vermitteln. Es geht also um Ihr wahres Interesse. Spirituelles Leben ist eine Art Kreuzverhör der Realität. Das soll nicht besagen, Sie müssten die Weisen in die Zange nehmen, sie in Frage stellen oder kritisieren. Auch geht es nicht darum, Fragen zu stellen, ohne zuerst selbst nachzudenken. Die Weisen zu befragen, sollte eine Ausweitung unserer Selbstbefragung sein. Wir sollten sie auch nicht bloß befragen, um uns über unsere eigenen Meinungen auszulassen oder Bestätigung dafür zu bekommen.

Manche Menschen kommen allerdings nur selten zur Geltung und haben nicht oft die Gelegenheit zu sagen, was sie denken und empfinden. Wenn sie jemanden treffen, der bereit ist zuzuhören, haben sie vielleicht das Gefühl, endlich die Erlaubnis zu haben, sich selbst mitzuteilen. Das ist nicht schlecht, auch dann nicht, wenn das, was sie zu sagen haben, nicht allzu relevant ist. Die Weisen zu befragen, bedeutet, ihnen gegenüber offen zu sein. Es gibt aber Menschen, die zunächst erleben müssen, dass jemand ihnen gegenüber offen ist, bevor sie ihrerseits offen sein können.

Selbst eine scharfe Intelligenz ist nicht genug. Mit „Achtung" meint Nāgārjuna eher etwas wie „Ehrfurcht", und auch diese positive Eigenschaft ist nötig. Man braucht eine gewisse Empfänglichkeit für höhere Dinge sowie eine Haltung, die mit Ehrfurcht einhergeht. Ich würde sogar behaupten, ohne eine gewisse Empfänglichkeit und sogar Sympathie wird man nicht einmal intellektuell etwas wirklich verstehen können, das über bloße Fakten hinausgeht. Formen emotionalen Widerstands wie Vorurteile und Abwehrhaltungen hindern uns daran, uns sogar für gewöhnliches Wissen zu öffnen, geschweige denn für höhere spirituelle Wahrheiten. Achtung oder Ehrfurcht bringt dagegen Interesse und Offenheit und eine warme, Anteil nehmende Neugier mit sich. Man ist bereit zu lernen. Ohne sie werden wir alles, womit wir uns intellektuell befassen, verzerren oder falsch darstellen, ob es der Dharma oder etwas anderes ist.

Eine solche Haltung sollten wir nicht nur dem Dharma gegenüber, sondern auch den Angehörigen des Sangha oder der spirituellen Gemeinschaft gegenüber entwickeln. Egal wie spirituell entwickelt sie sein mögen, wir sollten anderen Menschen immer respektvoll begegnen. Zwischen Angehörigen der spirituellen Gemeinschaft sollte es immer Sympathie geben – einen echten Wunsch zu verstehen, was die andere Person sagt oder auszudrücken versucht. Wir müssen einander nicht zustimmen, doch wir sollten versuchen, andere Menschen objektiv wahrzunehmen und uns ernsthaft bemühen, uns vorzustellen, wie es sein würde, in ihrer Haut zu stecken. Ohne Empfänglichkeit können wir andere Menschen nicht verstehen, so gewitzt und scharfsinnig wir auch sein mögen. Respekt für andere bedeutet auch, uns bewusst zu sein, dass wir sie nur in begrenztem Maß verstehen.

Nachdem man die Bedeutung des Dharma aufgenommen hat, muss man sie in Erinnerung behalten, wenn man „weise werden" will. Man wird nicht weise, bloß weil man den Dharma versteht. Man wird weise, indem man den Dharma im Bewusstsein hält, darüber nachsinnt und sich nicht gestattet, ihn zu vergessen. Wenn wir etwas verstehen oder auch nur einen Funken von Einsicht erleben, dann kann es zunächst scheinen, als hätten wir ihn nun für immer. Doch wir verlieren ihn. Wir verlieren ihn, weil wir uns mit anderen Dingen beschäftigen, über anderes nachdenken oder reden, und wir nehmen uns nicht die notwendige Zeit, den Dharma tief in uns aufzunehmen. Je tiefer die Einsicht, desto mehr Zeit werden wir ihrer Kontemplation widmen müssen.

Für jeden, der ein geschäftiges Leben führt, ist es wichtig, sich Notizen zu machen. Wenn man sie nach Monaten oder Jahren zur Hand nimmt, stellt man häufig fest, wie wenig man noch in Erinnerung hat. Sie bemerken, dass Dinge, die damals einen tiefen Eindruck auf Sie gemacht hatten, keine Spuren in Ihrem Geist hinterlassen haben. Vielleicht finden Sie es nützlich, sich Notizen über Ihre Meditation, Ihre Lektüre, Ihr Studium mit anderen oder über ein tiefes Gespräch mit einem Freund zu machen. Oft genügen einige Worte, damit Sie später zu einer alten Einsicht zurückfinden und bei passender Gelegenheit darüber nachsinnen können. Wenn Sie Ihre Notizen erneut lesen, werden Sie vielleicht feststellen, dass Sie sie heute besser verstehen. Wenn Sie Dinge nicht aufschreiben, werden Sie mit Sicherheit die Einsicht wieder verlieren, zumal in den Anfangsstadien ihrer Entwicklung. Das Telefon klingelt, und am Ende des Gesprächs erinnern Sie sich vielleicht nicht einmal daran, dass Sie überhaupt nachgedacht hatten. Ich selbst wäre froh, wenn ich in meiner Jugend viel mehr aufgeschrieben hätte.

Ein Meditationstagebuch ist nützlich, denn es ermöglicht Ihnen, die Höhen und Tiefen Ihrer Übung von Woche zu Woche und von Monat zu Monat zu verfolgen. Vielleicht fällt Ihnen auf, dass Sie einen Monat lang nicht die Mettā-*bhāvanā* geübt haben oder dass Sie Ihre besten Meditationen in der Vollmondzeit hatten. Wenn Sie sich auf einer Durststrecke befinden und der Gedanke aufkommt, Sie seien unbegabt für Meditation, können Sie in Ihrem Notizbuch blättern und Beweise für das Gegenteil finden. Ihre Stimmung oder eine vorübergehende negative Einstellung hat Ihre positiveren Erlebnisse vielleicht aus dem Gedächtnis gelöscht. Ein Notizbuch dient wie ein aufmerksamer, persönlicher Freund, der sich an alles erinnert, was Sie ihm erzählen.

Durch die Versenkungen, die Unermesslichen und die Meditation ohne Form
erfahren wir den Segen Brahmās.
Dies sind – kurz gesagt – die Methoden,
die zum „hohen Zustand" führen sowie deren Früchte.[58]

Die Unermesslichen sind vier Meditationsmethoden, bei denen es um die Entwicklung positiver Emotionen geht. Poetischer ausgedrückt, sind es die vier *brahmā-vihāras*, die „Göttlichen Verweilungen": liebende Güte oder *maitrī (mettā)*, Mitgefühl oder *karuṇā*, Mitfreude oder *muditā* und Gleichmut oder *upekṣā (upekkhā)*. Der etwas sperrige Begriff „Meditationen ohne Form" bezieht sich auf die vier formlosen Vertiefungen, die *arūpa-dhyānas:* die Erfahrung oder Kenntnis der Sphären der Raumunendlichkeit, der Bewusstseinsunendlichkeit, der Nicht-Irgendetwasheit und der Weder-Wahrnehmung-noch-Nicht-Wahrnehmung. Nāgārjuna spricht hier über die aufeinander folgenden Stufen höheren Bewusstseins, die man durch Meditation erreichen kann. Dort findet man sich in die entsprechenden himmlischen oder *deva*-Bereiche der traditionellen buddhistischen Kosmologie versetzt. Man kann diese höheren Zustände in diesem Leben durch Meditation erreichen; man kann sie auch nach dem Tod erfahren, wenn man in einem himmlischen Bereich wiedergeboren wird, der den meditativen Errungenschaften während des Lebens entspricht. Die Himmelswelten, in die man wiedergeboren werden kann, sind aber nicht ewig. Selbst dort befindet man sich noch im Rad des Werdens. Dasselbe gilt, wenn man während der Meditation in diese Bereiche eintritt. Mag man in eine Himmelswelt eintreten, von Frieden, Glückseligkeit und spirituelle Erneuerung, doch man wird weiterhin innerhalb der bedingten Existenz bleiben – es sei denn, man hat die

---

58 *Nāgārjunas Juwelenkette,* S. 166.

Ethisch leben

Entschlossenheit über sie hinaus in den noch höheren, transzendenten Bereich von Erleuchtung überzugehen.

> Nāgārjunas flüchtige Anspielung auf Meditation im Zusammenhang der Betrachtung hilfreicher Handlungen und ihrer Folgen erinnert uns daran, dass Meditation eine Art zu handeln ist.

Natürlich gibt es einen klaren Unterschied zwischen der Idee, dass Meditation in Zustände der Glückseligkeit führt, und der Vorstellung, dass heilsame Handlungen zu weltlichem Wohlstand führen. Die erste kann man in seiner Erfahrung nachprüfen, die zweite nicht. Meditative Versenkung bietet ein direktes Erlebnis von Entspannung und Stille, wohingegen man an die karmischen Früchte eines tugendhaften Lebens einfach als etwas glauben muss, das man in der Zukunft genießen wird, sei es in diesem oder in einem späteren Leben. Schließlich zahlt Ehrlichkeit sich nicht immer aus. Schon in der Bibel heißt es, dass ein böser oder gesetzloser Mann sich manchmal „ausbreitete wie ein Lorbeerbaum"[59]. Nur zu oft scheint es, als würden seine Opfer jene Leiden erfahren, die nach dem Karmagesetz ihn selbst treffen sollten. Es mag tröstlich sein zu denken, die Reichen fühlten sich elend und seien nicht in der Lage, ihren unrechtmäßigen Gewinn zu genießen. Ist es aber wahr? Liegt der Schwindler wirklich schlaflos in der Nacht, weil er fürchtet, das betrügerisch erlangte Geld wieder zu verlieren, oder ist dies lediglich eine tröstliche Fantasie derer, die auf ehrlicheren Pfaden wandeln?

Wie auch immer die Wahrheit sein mag – und wir können sie nicht wirklich wissen –, gilt doch dies: Das spirituelle Leben mit weltlichen Gewinnen zu verbinden, ob sie real oder eingebildet sind, ob sie psychisches Wohlbefinden oder ein besseres Leben in der Zukunft betreffen, lenkt unvermeidlich vom wahren Zweck der spirituellen Übung ab. Nāgārjunas flüchtige Anspielung auf Meditation bei der Betrachtung hilfreicher Handlungen und ihrer Folgen erinnert uns daran, dass Meditation eine Art zu handeln ist.

Alle Gedanken sind Handlungen. Positive Gedanken *sind* heilsam-kluge Handlungen. Man kann sich leicht einbilden, wenn man meditiere, täte man eigentlich gar nichts, doch in Wahrheit ist Meditation eine machtvol-

---

59 Psalm 37: 35. Zitiert aus: http://bibel-online.net/buch/elberfelder__1905/
psalm/37/#35

le Handlung, die wichtige Auswirkungen für die Meditierenden nach sich zieht. Jede Handlung bringt ein Ergebnis hervor. (Wenn kein Ergebnis eintritt, bedeutet das, dass nichts getan wurde.) Auch ein Gedanke bringt, sofern er in einer Absicht besteht, ein karmisches Ergebnis hervor, sogar dann, wenn er nicht sofort in die Tat umgesetzt wird. Alles Denken verändert uns zu einem gewissen Grad; zumindest führt es uns in eine bestimmte Richtung. Im Fall von Meditation ist das Ergebnis mehr als eine bloße Verschiebung der Betonung von bestehenden geistigen und emotionalen Elementen. Wenn Sie mit Überzeugung meditieren, wird etwas ganz Neues hervorgebracht, und das fördert Ihre spirituelle Entwicklung.

6. GEISTESHALTUNGEN

Wer alle Taten von Körper, Rede und Geist gründlich untersucht hat
und erkennt, was ihm selbst und anderen nützt,
sowie seine Erkenntnis ohne Ausnahme in die Tat umsetzt,
der allein ist weise.[60]

Diesem Vers zufolge entsteht die volle Erkenntnis dessen, was für einen selbst und andere hilfreich ist, aus der Entwicklung von Achtsamkeit oder daraus, dass man „alle Taten von Körper, Rede und Geist gründlich untersucht". Man ist sich in jedem Moment genau bewusst, inwieweit das, was man tut, hilfreich oder schädlich ist. Dieser Aspekt von Achtsamkeit wird manchmal *dharma-vicaya*, „Untersuchung der Geisteszustände" genannt (*dharma* bedeutet hier „Geisteszustand"). Dies ist ein wichtiger Teil der buddhistischen Übung. Man überprüft sich fortwährend, man untersucht das eigene Handeln mit Körper, Rede und Geist genau und beurteilt, soweit man es vermag, ob es heilsam oder unheilsam ist, ob es durch Freundlichkeit und Weisheit oder durch Gier, Hass und Verblendung motiviert wurde. Allgemeiner ausgedrückt: Heilsam-klug ist alles, was direkt oder indirekt den Pfad und das Ziel betrifft; unheilsam-töricht ist das, was einen vom Pfad abbringt und das Ziel außer Sicht rückt.

> Achtsamkeit ist etwas anderes als neben seinem Erleben zu stehen
> und es von außen zu beobachten.

Nāgārjuna stellt hier eine andere Art vor, wie man ethische Übung betrachten kann. Bringt uns aber eine ständige Prüfung unserer Geistesverfassungen nicht davon ab, spontan zu sein? Wenn man immer wieder anhält, um zu analysieren, was man denkt, tut und sagt, nimmt man dann nicht eine ziem-

---

60 *Nāgārjunas Juwelenkette*, S. 164.

lich mechanische und entfremdete Haltung gegenüber dem eigenen Erleben ein? Wird uns das nicht zu sehr hemmen, um noch authentisch zu leben? Aber da ist noch eine andere Frage: Schätzen wir tatsächlich echte Spontaneität, oder wollen wir einfach unseren instinktiven oder reaktiven Verhaltensimpulsen folgen? Schließlich sind unsere aggressiven Instinkte und destruktiven Gewohnheiten nicht weniger spontan als unsere schöpferischen Impulse. Wenn wir bloß unseren Energien freien Lauf lassen wollen, können wir darauf verzichten, Achtsamkeit zu üben.

Es ist aber zugegebenermaßen ebenso wesentlich, mit den Quellen unserer Kreativität verbunden zu bleiben. Irgendwie müssen wir ein Gleichgewicht finden und weder unseren Energien und Instinkten derart freien Lauf lassen, dass wir alle Hoffnung aufgeben müssen, sie in achtsames Gewahrsein einzuschließen, noch sollten wir uns so sehr analysieren, dass wir uns nur behindern und lähmen. Die Herausforderung besteht darin, aktiv und spontan und gleichzeitig bewusst und aufmerksam zu sein. Dann kann sich ein integrierter geistig-spiritueller Prozess entfalten, in dem Achtsamkeit und Spontaneität nicht voneinander zu unterscheiden sind. So etwas können Sie beispielsweise erleben, wenn Sie in eine Arbeit vertieft sind: Ihre gesamte Energie fließt in die Arbeit, und dennoch sind Sie dessen, was Sie tun, völlig gewahr. Besonders gilt das für künstlerische oder schöpferische Arbeit, doch auch in zwischenmenschlichen Begegnungen kann es zu einer Vereinigung von Spontaneität und Achtsamkeit kommen, wenn die Gedanken und Gefühle zwischen Menschen wechselseitig zu fließen beginnen. Auch in einer Krise oder in einer Gefahrensituation, wenn alle Kräfte mobilisiert sind, um mit einer überwältigenden Herausforderung fertig zu werden, kann es zu einer solchen Integration kommen.

Achtsamkeit verlangt, sich in sein Erleben zu vertiefen, während man sich gleichzeitig der Natur dieses Erlebens bewusst ist. Das ist kein kaltes, objektives, intellektuelles Vorgehen, und es ist auch etwas anderes als gewissermaßen neben seinem Erleben zu stehen und es von außen zu beobachten. Das Gewahrsein sollte das Handeln, Sprechen und sogar Denken mit einer kraftvollen Qualität positiven, freudigen Empfindens durchströmen und gestalten.

Man muss nicht alle paar Minuten eine Messlatte anlegen,
um nachzuprüfen, ob man ein wenig gewachsen ist.

Achtsam zu sein bedeutet, dass man besser zu entscheiden vermag, ob man etwas tun sollte oder nicht. Wenn Sie dazu neigen vorsichtig, zurückhaltend, auch gehemmt zu sein, wollen Sie vielleicht erst wissen, was passieren könnte, bevor Sie loslegen. Für manche Menschen bedeutet Achtsamkeit daher, ein wenig lockerer zu werden, ein Risiko einzugehen und spontanen Impulsen zu folgen, um so die eigenen Hemmungen zu lösen. Wenn Sie aber eher von ungestümem Temperament sind und dazu neigen, auf eine rein instinktive, reaktive Weise zu agieren, wird Achtsamkeit beinhalten, sich mehr zu beherrschen und zu lernen, Ihre Reaktionen im Zaum zu halten.

Dharma-vicaya bedeutet nicht, bei jeder Biegung den eigenen Lebensfluss zu bremsen, um sich an einer abstrakten Idee von spirituellem Fortschritt zu messen. Es geht vielmehr um ein allgemeines Gewahrsein, wie *relativ* hilfreich oder schädlich eine bestimmte Tat, ein Gedanke oder eine Äußerung sein werden. Es geht um ein Gespür dafür, ob und wie weit man sich auf ein positives Ziel hinbewegt. Man muss nicht alle paar Minuten eine Messlatte anlegen, um nachzuprüfen, ob man schon ein wenig gewachsen ist.

Am besten beginnen Sie mit *dharma-vicaya*, indem Sie von Zeit zu Zeit über Ihr Leben Bilanz ziehen, um festzustellen, was die allgemeine Richtung Ihres Handelns mit Körper, Rede und Geist ist. Ist es eher Ausdruck von Gier, Hass und geistiger Verwirrung oder von Großzügigkeit, Freundlichkeit und Verständnis? Irgendwann müssen Sie dann die systematische Entwicklung der Achtsamkeit-von-Moment-zu-Moment in Angriff nehmen. Damit werden Sie sich Ihrer Geistesverfassungen bereits beim Entstehen bewusst sowie der Richtung, in die sie weisen. So können Sie Ihr Selbstvertrauen bei dem, was Sie tun, erhalten und mit allem, was Sie denken, tun und sagen, zum Erreichen Ihres Ziels beitragen.

Mit fortschreitender Übung kann die Analyse gründlicher werden. Es ist *dharma-vicaya* und nicht theoretisches Wissen, das zu Weisheit führt. Allgemein gesagt verstehen wir intellektuell viel mehr, als wir praktisch umzusetzen vermögen. Schließlich ist es nicht allzu schwierig, eine Bestandsaufnahme unserer Handlungen mit Körper, Rede und Geist zu machen und zu beurteilen, ob sie uns selbst und anderen nützen oder nicht. Das ist aber nicht genug. Man muss auch im Licht dieser Erkenntnis leben. Wenn wir das, was wir wissen, in die Praxis umzusetzen versuchen, kommen alle möglichen nicht-intellektuellen Bedingungen und Gewohnheiten zum Vorschein. Nur wenn wir unsere Handlungen und Gedanken detailliert von Moment zu Moment untersuchen und direkt erkennen, wie sie auf uns zurückwirken, werden wir allmählich unsere Muster, wie wir der Welt begegnen, aufbrechen.

ALS ERSTES, GIB DEN ÄRGER AUF

Wer ins Klosterleben eingetreten ist,
bemühe sich zunächst um die rechte Übung [von Ethik].
Er vervollkommnet sein Bemühen um persönliche Befreiung,
indem er eifrig hört und die Bedeutung des Gehörten erkundet.

Sodann soll er alles aufgeben,
was zu den verschiedenen Fehlern gehört.
Kraftvoll stemmt er sich allem entgegen,
was zu den siebenundfünfzig besonderen Mängeln zählt.

Streitlust ist eine Störung im Geist.
Feindseligkeit ist ein [enges] Haften daran.
Täuschung bedeutet das Verschleiern übler Taten
[wenn man damit konfrontiert wird].
Böswilligkeit bedeutet, dass man an üblen Taten hängt.[61]

Hier empfiehlt Nāgārjuna, ein frisch ordinierter Mönch solle dem folgen, was ich den „Pfad regelmäßiger Schritte"[62] nenne. Wie hehr und altruistisch unsere Ziele auch sein mögen, zu Beginn unserer spirituellen Laufbahn müssen wir zunächst an uns selbst arbeiten und uns der „persönlichen Befreiung" widmen. Zweifellos werden wir, weil wir mit unserer persönlichen Übung vorankommen, auch eine positive Wirkung auf andere haben, doch solange wir nicht ein gewisses Maß an Einsicht erreicht haben, werden wir ihnen

---

61 *Nāgārjunas Juwelenkette*, S. 209f. In den ersten beiden Strophen wurde die persönliche Anrede in eine unpersönliche Form geändert, da es sich nach Sangharskshitas Kommentar offenbar nicht um einen Aufruf an den König zum Klostereintritt handelte. Anm.d.Üb.

62 Siehe Kapitel 1 in Sangharakshita, *Buddhistische Praxis. Ethik, Meditation, Weisheit.* Essen: Do Evolution, 2002.

nicht tiefgreifend helfen können. Es mag selbstsüchtig erscheinen, beharrlich nur die eigene Meditationsübung zu verfolgen statt anderen den Dharma weiterzugeben, aber auf lange Sicht ist es die Tiefe unserer Meditati-
onserfahrung, die uns den Dharma wirkungsvoll vermitteln läßt. Nāgārjuna
empfiehlt nicht das *Ideal* der persönlichen Befreiung (das heißt das Arhant-
Ideal), sondern lediglich, sich um persönliche Befreiung zu *bemühen* (ein Lebenswandel im Sinn des *prātimokṣa*, der Ordensregeln). Wir orientieren uns
weiterhin am Ideal des Mahāyāna und nicht am Hīnayāna. Aber zumindest
am Anfang geht es bei unserer Bemühung um individuelle Befreiung. Dasselbe kann man hinsichtlich Spontaneität sagen: Echte Spontaneität mag zwar
unser Ideal sein, doch unsere derzeitige Übung muss wahrscheinlich ziemlich streng oder sogar eng sein, wenn wir dieses Ideal auf lange Sicht erreichen wollen.

> Weltliche Freiheit kann sich letzten Endes wie Sklaverei anfühlen,
> so wie materieller Wohlstand sich wie Armut anfühlen mag.

Mit dem Hinweis auf siebenundfünfzig unheilsame Geisteshaltungen[63] folgt
nun eine Prise Abhidharma:[64] Es reicht nicht aus, das Vorhandensein dieser
Gemütsverfassungen bloß zu erkennen; wir müssen mit achtsamem Gewahrsein auf sie einwirken. Die eingehende und genaue Sichtung der unheilsamen Neigungen des eigenen Geistes zielt darauf, Schritte zu ihrer Beseitigung zu unternehmen und sich dadurch von ihnen zu befreien.

Als erstes wird Ärger – „Streitlust" – genannt, denn daraus entstehen
Groll, Hass und Feindseligkeit. Diese Geisteshaltungen sind das direkte Ge-

---

63 Nāgārjuna listet sie in den Strophen 403-433 der *Juwelenkette* auf. Buddhologen
   sind geteilter Meinung, wie diese 57 Geisteshaltungen zu zählen sind. Jeffrey
   Hopkins diskutiert die Frage in der englischen Ausgabe der *Juwelenkette* auf
   S. 149.

64 „Der Begriff *abhidharma* bedeutet zwar ‚über den Dharma', wurde aber traditionell oft als ‚höherer Dharma' im Sinne einer philosophisch genaueren Darlegung der Lehre verstanden. Das *Abhidharma-Piṭaka* ist eine Sammlung höchst
   akademischer Abhandlungen. Diese kommentieren und erklären die *Āgama /
   Nikāya*-Texte, definieren Fachausdrücke, bringen listenartig gruppierte Lehren
   in eine nummerische Reihenfolge, erklären die Lehre auf systematische, philosophische Weise und führen eine in sich stimmige Methode der spirituellen Praxis
   ein. Vor allem interpretieren sie den Dharma im Sinne eines strengen pluralis-
   tischen Realismus und arbeiten eine ausgefeilte Philosophie der Beziehungen
   aus." (Sangharakshita, *Buddhadharma*, S. 40. Essen: Do Evolution, 1999)

genteil zum mitfühlenden Gelübde des Bodhisattva, und damit sind sie die schädlichsten Zustände, die wir erfahren können. Ärger ist seinem Wesen nach vorübergehend und explosiv, oftmals als Ergebnis von aufgestauter, frustrierter Energie. Wir wollen etwas haben, bekommen es aber nicht, oder wir wollen etwas sagen und können es nicht. Schließlich explodieren wir. Groll oder Hass ist eine Art festgesetzter, gefrorener Ärger, das Ergebnis von Grübelei über die erfahrenen Kränkungen, ob sie nun real oder eingebildet sind. Herz und Geist werden langsam vergiftet. Feindseligkeit geht noch weiter. Sie ist der anhaltende Wunsch, einer anderen Person Leid zuzufügen. Während Hass eine geistige Einstellung ist, besteht Feindseligkeit im tatsächlichen Versuch, vielleicht über mehrere Jahre hinweg dem Gegenstand der Abneigung Schaden zuzufügen.

Es heißt, Hass sei die Erfahrung von Schmerz, verbunden mit der Vorstellung einer äußeren Ursache. Hass entsteht aus dem natürlichen Impuls, die Person zu „entfernen" oder gegen sie anzugehen, die man als Ursache des eigenen Leids sieht, obwohl sie vielleicht gar nicht dafür verantwortlich ist oder sich gar nicht der Tatsache bewusst ist, dass man sie für verantwortlich hält. Aber mancher Hass ist völlig willkürlich und wird hier als „Böswilligkeit" bezeichnet: die Freude anderen Leid zuzufügen, gleichgültig, ob sie einem geschadet haben oder nicht. Somit gibt es eine Hierarchie negativer Emotionen: Ärger, Hass, Feindseligkeit und Böswilligkeit.

Erstaunlicherweise entsteht der größte Hass oft zwischen Menschen, die einander angeblich sehr nahestehen: zwischen Kindern und Eltern, zwischen Ehemann und Ehefrau, zwischen Menschen, die derselben religiösen Tradition oder sogar derselben spirituellen Gemeinschaft angehören. Das sind aber auch die Menschen, die uns gewöhnlich emotional am meisten geben – und von denen wir deshalb auch am meisten erwarten. Bittere Enttäuschung ist mehr als wahrscheinlich. Ein weiteres Beispiel ist der Wohlfahrtsstaat, den es seit dem Zweiten Weltkrieg in unserem Land gibt, und der mittlerweile zu erheblichem Groll geführt hat. Manche haben sich daran gewöhnt zu meinen, sie sollten mit allem versorgt werden. Wenn das nicht geschieht oder ihnen das, womit sie versorgt werden, nicht gefällt, fühlen sie sich um etwas betrogen, das ihnen ihrer Meinung nach zustand, und sie werden entsprechend wütend.

Viel Groll und unterschwellige Wut rühren daher, dass man sich benachteiligt fühlt, obwohl man alles hat, was man benötigt. Eine solche Frustration und Enttäuschung angesichts eines ziemlich bequemen Lebens hat vielleicht vorwiegend mit spiritueller „Armut" zu tun. Wenn wir keine dringende materielle oder körperliche Not erfahren, werden Menschen schnell mit der grundlegenden Frage nach dem Sinn unseres Lebens konfrontiert, aber bekommen in diesem Bereich keine wirkliche Anleitung. Unsere Gesellschaft gibt uns alles, ohne uns zu sagen, wie wir es am besten verwenden. Andererseits gibt es zahllose kleinliche gesetzliche Bestimmungen, die viele Menschen als Ärgernis empfinden und ihren Groll wachsen lassen. Weltliche Freiheit kann sich letzten Endes wie Sklaverei anfühlen, so wie materieller Wohlstand sich wie Armut anfühlen kann. Kein Wunder, dass Menschen unterschwellig wütend sind und sich schlecht behandelt fühlen.

Das Problem ist, dass Utopia, das früher in ferner Zukunft lag, inzwischen eingetreten ist. Hätte man vor dem Zweiten Weltkrieg einem durchschnittlichen Menschen aus der Arbeiterklasse – besonders den Männern, die ich in den 30er Jahren in langen Schlangen für Arbeitslosengeld anstehen sah – erzählt, sie würden in Zukunft ihr eigenes Haus haben, Auto, Fernseher, alle sechs Monate neue Kleidung, Kühlschrank und Waschmaschine, exotische Fertiggerichte und Urlaub im Ausland und das alles für nur fünf Arbeitstage pro Woche, dann hätten sie gesagt: „Das wäre der Himmel auf Erden. Was könnte man sich noch mehr wünschen?" Aber es ist anders gelaufen. Die Menschen fühlen sich um ihr Glück betrogen, das ihnen ihrer Meinung nach zusteht. Sie fühlen sich betrogen, denn sie haben bekommen, was man ihnen versprochen hatte, ohne so glücklich zu sein, wie sie es erwartet hatten.

Das Gegenteil von Ärger ist Geduld, das Vermögen, Schwierigkeiten oder unangenehme Situationen zu ertragen, ohne in negative Emotionen zu versinken oder sie auszudrücken. Aussprüche wie „mein Geduldsfaden ist gerissen", die eigentlich ein Eingeständnis von Schwäche sein sollten, dienen heute häufiger dazu, sich selbst zu entlasten, als sei es unzumutbar über einen gewissen Punkt hinaus geduldig zu bleiben. Jemand, der die Übung von Ethik ernst nimmt, wird anfangs enttäuscht, sogar frustriert sein, wenn Hass, Verlangen oder Eifersucht aufkommen. Man weiß, welchen Schaden diese Gefühle anrichten können und trotzdem entstehen sie weiterhin. Lassen Sie sich davon nicht entmutigen! Die Tatsache, dass Sie diese Gefühle als das erkennen, was sie sind, bedeutet auch, dass Sie auf dem Weg sind, sie zu überwinden. Wenn Sie sich diesen Gefühlen überlassen, leichtfertig mit ihnen leben und ihren schädlichen Einfluss ignorieren, laden Sie sie ein, in Zukunft erneut aufzukommen. Wenn Sie aber erkennen, was diese Gefühle sind, werden Sie auch sehen, dass Sie das Ganze nur schlimmer machen, wenn Sie nun auch noch mit sich hadern. Allmählich werden Sie lernen, mit solchen negativen Gefühlen umzugehen, sobald sie aufkommen.

Beispielsweise ist ein ärgerlicher Gedanke oder sogar ein spontaner Wutausbruch nicht zwangsläufig ein Bruch Ihres Versprechens, Mitgefühl an Stelle einer böswilligen Gesinnung zu entwickeln. Wahrscheinlich haben Sie sich nicht absichtlich wütend gemacht, sondern die Wut ist einfach ausgebrochen, weil Sie gewohnheitsmäßig viel zu selten beachten, was in ihrem Herzen und Geist vor sich geht – wahrscheinlich verbunden mit einem hitzigen Temperament. Sie brechen Ihr Versprechen nur dann, wenn Sie dem Ärger frönen und sich nicht bemühen, ihn zu beseitigen. Wenn Sie keine positiven Schritte unternehmen, ihn zu überwinden, wenn er aufkommt, sorgen Sie dafür, dass er wieder entstehen wird. Ärger ist im Grunde das Ergebnis enttäuschten Begehrens; deshalb kann ein schlichterer Lebensstil, sofern man ihm mit Freude nachkommt, dazu führen, dass Ärger und Hass abnehmen.

Da Hass eng mit Begierde und Habsucht verknüpft ist, lohnt es sich immer zu fragen, in welchen enttäuschten Wünschen er wurzelt. Ein einleuchtendes Beispiel ist das quälende, ruhelose Jucken sexuellen Begehrens, das unser emotionales Gleichgewicht stören, uns unseres geistigen Friedens berauben, uns bestenfalls unzufrieden und schlimmstenfalls rasend eifersüchtig machen kann. Leider lädt die heutige Kultur ständig dazu ein, unseren zahlreichen Begierden, einschließlich sexueller, zu frönen. Menschen, die sich spirituell üben, müssen daher noch stärker auf ihre ethischen Vorsätze achten. Um sie ernsthaft befolgen zu können, ist es wichtig, Interesse, Genuss und Schönheit abseits der Dinge unseres Begehrens zu finden.

Wenn wir in unseren persönlichen Beziehungen Freundlichkeit und Fürsorge erleben, kann uns das ein gewisses Maß an echter emotionaler Unterstützung bieten. Das ist es eigentlich, was wir die meiste Zeit suchen, und oft liegt der Mangel daran unserer Frustration und Bitterkeit zugrunde. Ein anderer Zugang ist ästhetischer Art: Je mehr Raum Dichtung, Kunst oder devotionale Übungen in unserem Leben einnehmen und je mehr es dadurch verfeinert wird, desto unwahrscheinlicher ist es, dass die gröberen Arten von Gier und Hass uns plagen. Der Schlüssel liegt darin, unsere Interessen auszuweiten und zu vertiefen, Zufriedenheit zu entwickeln und eine eher ästhetische Haltung zum Leben einzunehmen. Bewundern Sie auf alle Fälle „das Mauerblümchen" oder das „Röslein auf der Heide", aber hüten Sie sich vor dem Wunsch, es zu pflücken. Entspannen Sie sich, lassen Sie Ihren Wunsch zu besitzen still werden und genießen Sie weiter seine Schönheit.

STOLZ HAT VIELE GESICHTER

Arroganz ist Hochmut [auf Grund von Reichtum und so weiter].
Mangelnde Gewissenhaftigkeit heißt, dass man die Tugenden nicht übt.
Stolz hat sieben Formen,
die ich einzeln erklären werde.

Die Vorstellung, niedriger zu sein als der Niedrigste,
oder gleichgestellt zu sein mit jenen, die man als gleichrangig erachtet,
oder besser bzw. gleich zu sein wie die Niedrigsten –
all dies nennt man den Stolz der Selbstheit.

Damit zu prahlen, dass man jenen gleich sei,
die einem durch gute Qualitäten überlegen sind,
ist der überschießende Stolz.
Die Vorstellung, man sei den Höheren überlegen,

ja, sogar den Allerhöchsten überlegen,
ist der Stolz über allen Stolz hinaus.
Dies sind – kurz gesagt – die sieben Arten des Stolzes.[65]

Erfolg birgt immer Gefahren. Aus spiritueller Sicht bringt Versagen auch Belohnungen, weltlicher Erfolg hingegen führt leicht zu jener Haltung, die von den alten Griechen als *hybris*, Hochmut, bezeichnet wurde. Das ist der Stolz, der vor dem Fall kommt. Stolz voller Gedankenlosigkeit und Unachtsamkeit führt zu Aufgeblasenheit, das Gefühl, man könne nichts falsch machen. Man wird sorglos und glaubt, nichts und niemand könne sich einem in den

---

65 *Nāgārjunas Juwelenkette*, S. 210f. Übersetzung der ersten Zeile im ersten Vers an die englische Vorlage angepasst. Anm.d.Üb.

Weg stellen. Wenn Sie da gelandet sind, wird Ihr aufgeblähtes Ego entweder plötzlich platzen, oder ihm wird langsam und allmählich die Luft abgelassen. So oder so, Sie werden wieder auf den Boden der Tatsachen geholt, und das wird Sie wütend machen. Sie glauben, die Menschen, die Sie gestürzt haben, seien auf Sie und Ihren Erfolg eifersüchtig und könnten ihre eigene Mittelmäßigkeit nicht ertragen. So werden Sie zunehmend für das blind, was wirklich passiert, und selbst wenn Sie etwas Lohnendes erreicht haben, verhindert die Blindheit des Stolzes, das Positive des Erreichten zu erkennen.

Menschen sind auf fast alles stolz, was ihnen ein bisschen Aufmerksamkeit bringen könnte, selbst wenn diese Aufmerksamkeit keineswegs schmeichelhaft ist.

Wer hochmütig ist, hält viel von sich selbst und nimmt anderen gegenüber eine Haltung der Überlegenheit ein; Arroganz geht noch weiter, da man versucht, andere zu drängen, diese Überlegenheit anzuerkennen. Es scheint, als hätten Arroganz und Hochmut in manchen Gesellschaften, etwa im alten Tibet, als positive Eigenschaften gegolten. Wenn einige meiner tibetischen Freunde in Kalimpong etwas Gutes über eine aristokratische Dame sagen wollten, sagten sie zum Beispiel voller Bewunderung: „Sie ist wirklich hochmütig!", als ob Hochmut die höchste Tugend sei.

Wenn Stolz aber auch Selbst-Erniedrigung mit einschließt, müssen wir die Bedeutung des Begriffs erweitern. Es ist Stolz, darauf zu bestehen, anderen ebenbürtig zu sein. Sogar Demut kann Stolz sein, wenn man sich als demütig erfährt. Nāgārjuna zufolge ist der Glaube an ein getrenntes, unveränderliches Selbst Stolz. Wenn wir unser Ich-Gefühl festschreiben oder aufblähen oder uns von anderen trennen, indem wir uns für jemand Besonderes halten, dann ist das immer eine Art von Stolz.

Sie können auf Eigenschaften stolz sein, die Sie tatsächlich besitzen, und auf solche, die Sie zwar nicht haben, aber zu haben glauben, und Sie können auf eine Eigenschaft stolz sein, die Sie nur vorspiegeln. Vielleicht sind Sie wirklich gebildet, verstehen es wirksam zu meditieren und haben sogar ein gewisses Maß an Einsicht – das alles kann mit Hochmut und Dünkel einhergehen. Andererseits glauben Sie vielleicht, Sie seien erleuchtet oder auch eine große Künstlerin, während Sie tatsächlich nichts dergleichen sind. Sie könnten es zulassen, dass andere Menschen glauben, Sie besäßen bestimmte spirituelle Errungenschaften, obwohl Sie wissen, dass das nicht zutrifft. All das ist hochmütiger Stolz.

Menschen sind auf fast alles stolz, was ihnen ein bisschen Aufmerksamkeit bringen könnte, selbst wenn diese Aufmerksamkeit keineswegs schmeichelhaft ist. Einige sind darauf stolz, wie gut sie lügen, wie erfolgreich sie betrügen oder wie viel Alkohol sie vertragen können. Andere sind darauf stolz, in gewisser Hinsicht nutzlos zu sein. Vielleicht beschönigen sie das mit einem Schuss Selbstironie und sagen: „Was technische Dinge anbelangt, bin leider eine absolute Niete ", und dabei wirken sie recht angeberisch, als wollten sie sagen: „Mein Sinn strebt nach Höherem."

Bei Stolz geht es darum, sich mit anderen zu messen. Im Idealfall, so scheint es, sollten wir uns gar nicht mit anderen messen. Allerdings ist es kaum vermeidbar; aus verschiedenen Gründen müssen wir unsere Fähigkeiten gelegentlich mit anderen vergleichen. Doch kann man Vergleiche auf heilsam-kluge oder unheilsam-törichte Weise ziehen. Wenn man sich auf unheilsame Weise vergleicht, steckt darin eine neurotische Bemühung, in Bezug auf andere seinen Platz zu finden, weil man sich dann sicher fühlt. Besorgt möchte man wissen, wo man steht, ob man den anderen ebenbürtig, unterlegen oder überlegen ist. Vielleicht bestehen Sie darauf, ebenbürtig zu sein, weil Sie unsicher sind und sich ständig zum eigenen Nachteil mit anderen messen. Eine positivere Art sich zu vergleichen würde darin bestehen, sich zu vergewissern, wo Sie im Vergleich zu anderen stehen und dies dafür nutzen, gemeinsam zu wachsen, tiefer zu kommunizieren und gemeinsame Ziele zu erreichen. Andere Menschen als unterlegen zu betrachten, bedeutet nicht unbedingt, auf sie herabzublicken. Vielleicht wissen Sie ganz schlicht, dass Sie mehr für sie tun können als diese für Sie. Auch bedeutet es nicht, dass Sie zu Kreuze kriechen, wenn Sie zu jemandem aufschauen.

Wer prahlt oder angibt, betont seine eigenen Fähigkeiten allzu stark im Vergleich mit denen von anderen. Gewöhnlich folgt Prahlerei diesem Muster: „Er mag ein besserer Schreiner sein als ich, aber *ich* kann in der Öffentlichkeit besser reden." Ein wenig Achtsamkeit sollte uns davor schützen, solche relativen Vorteile zu hoch zu bewerten. Manchmal ist jemand anderen offensichtlich im Großen und Ganzen überlegen, doch unter anderen Umständen kann sich die Lage schnell umkehren. In J. M. Barries Stück *The Ad-*

mirable Crichton (Der bewundernswerte Crichton)[66] erleidet eine Gruppe von Aristokraten auf einer einsamen Insel Schiffbruch und der Diener Crichton erweist sich allen anderen als weit überlegen.

Es ist beispielsweise offensichtlich, dass der Buddha dem berüchtigten Banditen Aṅgulimāla überlegen war.[67] Man muss sich aber klarmachen, dass der Vergleichspunkt zwischen ihnen nicht Banditentum war; dann hätte nämlich Aṅgulimāla viel besser abgeschnitten als der Buddha! Davon abgesehen können wir sicherlich behaupten, der Buddha sei ein besserer Mensch als Aṅgulimāla gewesen. Doch nach Aṅgulimāla Erleuchtung war der Unterschied zwischen ihnen viel geringer. Deshalb sind solche Vergleiche zwar nicht unbedingt abstoßend, aber doch müßig.[68] Zum einen Zeitpunkt sind Sie vielleicht in der Lage, einer Person zu helfen; ein andermal sind Sie es, die Hilfe brauchen, und die andere Person leistet sie. Zwischen Menschen gibt es immer Ungleichheiten, und wenn es gegenseitige Hilfsbereitschaft geben soll, dann müssen wir auch Unterschiede anerkennen. Letztlich sind sie aber nicht das Wichtigste.

Die heutzutage vorherrschende Einstellung gegenüber Vergleichen ist recht seltsam. Einerseits misst man die Leistungen von Profi-Sportlern und vergleicht sie miteinander; andererseits gibt es einen weit verbreiteten Widerstand gegen die Vorstellung, ein Mensch könne besser als ein anderer sein. In Wahrheit sollten wir vor den Buddhas und Bodhisattvas in Dankbarkeit niederknien, gerade weil *wir* allen anderen *nicht* überlegen sind und weil es einige Menschen gibt, die das wichtige Unterfangen, Mensch zu sein, besser beherrschen als wir. Solange es jene gibt, zu denen wir aufblicken können, gibt es sowohl Hoffnung als auch Hilfe für unsere weitere Entwicklung.

Es gibt auch kollektiven Stolz. Er kann zum Beispiel die Form von Nationalismus annehmen. Das ist eine Ausweitung des Stolzes von Einzelnen, des Stolzes, der „ich" sagt. Stolz ist ein wendiger „Fehler" mit vielen Gesichtern, und es ist kaum anzunehmen, dass wir ihm diesseits von Erleuchtung ganz entrinnen werden.

---

66 J. M. Barrie (1860-1937), schottischer Schriftsteller und Dramatiker. Peter Pan ist seine bekannteste literarische Figur.
67 Siehe *Aṅgulimāla-Sutta*, Majjhima-Nikāya 86.
68 Im Original heißt es hier mit einem Wortspiel: „if not odious, at least otiose" (wenn nicht abstoßend, dann doch wenigstens müßig).

Nicht immer ist Stolz negativ. Als eine positive Eigenschaft kennt die buddhistische Überlieferung ihn unter der Überschrift *apatrāpya (ottappa* auf Pāli): Gewissen oder Selbstachtung. In einer radikalen Umdeutung ist diese Art von Stolz ein wichtiges Element im Vajrayāna. Dort legt man den Übenden nahe zu denken: „Wie könnte ich, der ich in meiner Wesensnatur ein Buddha bin, unheilsam handeln? Passt das zu meiner Buddha-Natur? Könnte ein *Buddha* sich so verhalten? Wäre das *möglich*?" Diese Haltung nennt man „Buddha-Stolz". Sie einzunehmen ist keineswegs ungefährlich. Vielleicht kann man sich etwas bescheidener sagen, man sei zwar noch kein Buddha, gehöre aber der spirituellen Familie des Buddha an. „Wie könnte ich etwas Schädliches tun wollen, da ich doch in die Familie des Buddha aufgenommen worden bin?" Oder sogar: „Ich bin ein Kind des Buddha; wie könnte ich meinem eigenen Vater Schande bereiten, indem ich mich schlecht benehme?"

Hand in Hand mit dieser Art von positivem Stolz geht Respekt vor den guten Eigenschaften von anderen. In einem früheren Vers hatte Nāgārjuna davon gesprochen, „die Ehrwürdigen zu ehren". Dieser Ausdruck konfrontiert uns mit einer typischen modernen falschen Ansicht. Die Vorstellung, etwas Ehrenwertes auch tatsächlich zu verehren, ist uns heute ziemlich fremd. Vielen Menschen kommt alles verdächtig vor, was nach elitärem Denken riecht. Seit Freud sind wir denen gegenüber sehr misstrauisch geworden, die anscheinend zu gut sind, um wahr zu sein, und wir wissen nur zu genau, dass Größe durchaus große Schwächen verbergen kann. Große Leistungen hält man oft für die Kompensation eines Scheiterns bei der Befriedigung von tiefen emotionalen Bedürfnissen. Mit dieser Sicht geht ein Drang einher, jene auf das Normalmaß zurechtzustutzen, denen es gelungen ist, über die gewöhnliche „Herde" hinauszuwachsen. In der Vergangenheit war es üblich, zu Menschen mit gesellschaftlicher oder politischer Autorität aufzuschauen. Das war kaum anders als zu Gott aufzuschauen. Inzwischen tut man das nicht mehr. Gott wird nicht mehr so weithin angebetet wie früher, und den meisten Menschen ist die Gewohnheit, zu jemandem aufzublicken, sehr fremd geworden. William Blake sagte dazu etwas sehr Wahres: „Gott zu verehren bedeutet, seine Gaben in anderen Menschen zu ehren und die größten Menschen am meisten zu lieben."[69] Das sollte auch für uns gelten:

---

69 William Blake, *The Marriage of Heaven and Hell.*

Wenn wir den Buddha wirklich verehren, verehren wir auch den Geist seiner Lehren, wo immer er sich manifestiert.

Wir sind schnell damit, Heuchelei anzuprangern, Feierlichkeit lächerlich zu machen und pompöse Selbstherrlichkeit vom Podest zu stoßen. Wir bestehen gerne darauf, dass unsere Meinungen nicht weniger als die anderer Menschen gelten. Wir rühmen uns, nicht der Parteilinie zu folgen und an unserem eigenen Standpunkt festzuhalten. Es fällt uns schwer, das Ausmaß der Verschiebung richtig einzuschätzen, zwischen unserer Einstellung und jener, die bis zur Mitte des zwanzigsten Jahrhunderts vorherrschte. Damals waren die Menschen eher bereit, ihre persönlichen – und somit zwangsläufig begrenzten und einseitigen – Ansichten und Interessen aus Achtung gegenüber den vermeintlich besser informierten Urteilen der Obrigkeit zur Seite zu stellen. Sie waren stolz darauf, „ihre Pflicht zu tun". Man könnte Nāgārjunas „die Ehrwürdigen ehren" auch so übertragen: „jene respektieren, die Respekt verdienen." Das zeigt uns, wie fremd eine solche Ehrerbietung dem gegenwärtigen Denken ist.

Was bleibt uns aber, wenn wir uns weigern, zu jemandem aufzusehen, und wenn wir so zufrieden mit unserem derzeitigen Verständnis sind, dass wir uns nicht vorstellen können, darüber hinaus könnte es noch etwas geben? Eigentlich haben Menschen ein tief sitzendes Bedürfnis zu verehren. Sie werden unweigerlich nach jemandem oder etwas suchen, das dieses Bedürfnis befriedigt. Doch manchmal bauen wir Idole nur deshalb auf, damit wir sie verwerfen und auf ihnen herumtrampeln können. Überdies sind wir Gruppen-Urteilen hörig, doch solche Urteile sind heutzutage oft Verurteilungen. Wir vermuten zynisch, je mehr wir über Menschen wissen, desto weniger werden wir finden, was zu respektieren ist. Wir vermuten, was wir nicht kennen, müsse unehrenhaft sein. Tatsächlich mag manches von dem, was wir nicht wissen, unehrenhaft sein, doch es gibt auch viel Gutes, das wir nicht zu würdigen vermögen, weil es sich unserer Kenntnis entzieht. Der Dichter Coleridge sagte, wir könnten nur das verehren, was wir nicht verstehen.[70]

Man könnte meinen, dass Menschen es vorziehen aufzuschauen als herabzublicken. Doch Zynismus bietet dem Ego eine größere Befriedigung,

---

70 „Verehrung … wird in Menschen nur im Hinblick auf ideale Wahrheiten erweckt, die für das Verstehen immer ein Geheimnis bleiben." Aus: „Tischgespräche" in *The Complete Works of Samuel Taylor Coleridge*, Harper & Brothers, 1853, S. 454.

Ethisch leben

denn er gibt uns das Gefühl, wir wüssten alles Wissenswerte über Menschen und ihre Ideen und könnten uns sicher sein, dass niemand besser sei als wir selbst. Wir vermögen die Meisterschaft anderer auf gewissen Gebieten so lange anzuerkennen, wie wir den Kopf über ihr Versagen auf anderen Gebieten schütteln können. Wahrscheinlich hält uns die Angst, als naiv und gutgläubig zu erscheinen, davon ab, zu jemandem aufzuschauen. Der buddhistische Ansatz ist es, den Geisteszustand hinter jeder Einstellung zu überprüfen, und von diesem Gesichtspunkt ist ein wissender Zynismus nicht besser als blauäugige Vergötterung.

Nehmen wir das offensichtlichste Beispiel menschlicher Größe, das Beispiel des Buddha. Verehren wir ihn als einen Buddha oder betrachten wir ihn bloß als einen von uns, als menschlich und damit auch fehlerhaft? Natürlich war er ein Mensch, aber nicht nur ein Mensch. Sein Menschsein mindert ihn nicht als Buddha. Seine Menschlichkeit ist Teil seiner Buddhaschaft. Es ist nicht leicht für uns, sein Menschsein *und* seine Erleuchtung gleichzeitig zu sehen, doch wenn wir das können, werden wir ihn wahrhaftiger sehen und deshalb tiefer verehren. Während man dem Gedenken an einen großen Menschen einen schlechten Dienst erweist, wenn man die Schwächen ignoriert, die seine Menschlichkeit bezeugen, so erweisen wir auch uns selbst einen schlechten Dienst, wenn unser Wissen um diese Schwächen uns blind dafür macht, dass seine Eigenschaften den unsrigen weit überlegen sind.

„Verehrungswürdig" für Buddhisten sind in erster Linie die Drei Juwelen: der Buddha, der Dharma und der Sangha. Wir verehren die erleuchtete menschliche Quelle des Dharma, den Dharma oder die Lehre selbst und jene, die den Dharma mitteilen und beispielhaft leben – die edlen Arhants und die ruhmreichen Bodhisattvas sowie auch jene weiter entwickelten Individuen, mit denen wir persönlich in Verbindung stehen; unter den letzteren zuerst unser eigener Lehrer. Im tibetischen Buddhismus verehrt man seinen Lehrer als Verkörperung des Buddha – im Mandala der eigenen spirituellen Übung. Das zeigt, wie weit tibetische Buddhisten damit gehen, die Menschen vor dem schwerwiegenden Fehler zu bewahren, es zu versäumen „die Ehrwürdigen zu ehren".

UNEDLE MOTIVE

Heuchelei bedeutet Kontrolle der Sinne
um materieller Güter und Anerkennung willen.
Schmeichelei lässt uns angenehme Gemeinplätze sagen
um materieller Güter und Anerkennung willen.

Der Wunsch nach indirektem Erwerb
lässt uns den Reichtum anderer preisen,
damit wir ihn an uns bringen können.
Der Wunsch nach Erwerb unter Druck
lässt uns den Reichtum anderer verächtlich machen,
damit wir ihn an uns bringen können.

Wer Profit aus Profit schlagen will,
preist frühere Erwerbungen.
Wer Fehler wiederholt, sagt immer wieder
die Fehler anderer auf.[71]

Dies ist nun das Gegenstück zur Nicht-Achtung der Ehrwürdigen. Heuchelei und Schmeichelei sind eng mit Verheimlichung und Verbergen verbunden. Ein Beispiel für Heuchelei wäre es, einen buddhistischen Lebensstil anzunehmen, ob als Mönch im Osten oder als buddhistischer Lehrer im Westen, um weltlichen Gewinn daraus zu ziehen: ein leichtes, angenehmes Leben, Anerkennung und in manchen Fällen sogar ein recht gutes Auskommen.

> Ich habe den Verdacht, dass die meisten Menschen sich bei
> gewissen Zen-Geschichten eher mit dem weisen Meister
> als mit dem unwissenden Schüler identifizieren.

Man schmeichelt anderen nicht nur „um materieller Güter und Anerkennung willen" oder um ihr Wohlwollen zu gewinnen, sondern auch aus Angst. Wir versuchen, sie zu beschwichtigen, sie in eine gute Stimmung zu versetzen, damit sie weniger bedrohlich sind. In Indien schmeichelt man oft grob und ganz offen. Man schmiert einander auf geradezu ungeheuerliche Art

---

71 *Nāgārjunas Juwelenkette*, S. 211.

Ethisch leben

und Weise Honig um den Bart, ohne sich im Geringsten zu schämen oder zu zögern. Ich wurde selbst zum Objekt solch peinlicher Huldigungen, wenn man mich vorstellte, bevor ich einen Vortrag hielt. Manche nehmen solche Schmeicheleien freudig hin, strahlen ins Publikum und nicken beifällig und befriedigt zu dem, was da über sie gesagt wird. Das rührt daher, dass die Inder in einer hierarchischen Gesellschaft leben, in der Schmeicheleien gegenüber Höhergestellten als recht und billig gelten. Man sieht sie weniger als objektive Tatsachenfeststellung, sondern als deutlichen Hinweis auf die Wichtigkeit und Macht des Empfängers sowie die Abhängigkeit des Schmeichelnden von seiner Gunst. Im Allgemeinen scheint man in Indien anzunehmen, dass man jemandem nur hinreichend schmeicheln muss, damit er das, was man von ihm möchte, nicht verweigern kann.

Eine andere Art von Schmeichelei kommt ins Spiel, wenn man sein Auge auf ein Bild oder Nippes wirft und auf eine solche Weise „Das ist aber schön" sagt, dass der Eigentümer sich verpflichtet fühlt, es einem zu geben. Weiterhin gibt es den nicht weniger unehrenhaften Trick, etwas in gleicher Absicht schlecht zu machen: „Oh, das passt doch gar nicht zu Ihrer schönen Einrichtung, finden Sie nicht auch? Es lohnt sich doch nicht, das zu behalten – und so viel wird es ja auch nicht gekostet haben. *Ich* könnte es wahrscheinlich irgendwo unterbringen." Nāgārjuna warnt uns vor einem weiteren, ziemlich schäbigen Kurs, nämlich jemandem zu erzählen, wie sehr wir uns über etwas, das er uns bei einer früheren Gelegenheit gegeben hat, gefreut haben, wie nützlich es war und dass wir noch einmal genau dasselbe gut gebrauchen könnten. Hier wollen wir „Profit aus Profit schlagen" indem der andere sich verpflichtet fühlt, unserem Wunsch zu entsprechen. Seit Nāgārjunas Lebzeiten haben sich die Menschen nicht sehr verändert.

Es gilt als wichtige buddhistische Übung, die Tugenden anderer zu preisen. Leider ziehen viele von uns aber vor, auf ihren Fehlern herumzureiten. (Nāgārjuna sagt: „Wer Fehler wiederholt, sagt immer wieder die Fehler anderer auf".) Was wollen wir eigentlich damit erreichen? Offensichtlich blicken wir auf die Dinge herab, an denen wir Fehler entdecken, um im Vergleich besser dazustehen oder uns besser zu fühlen. Wir versuchen, uns von bestimmten eigenen Fehlern zu distanzieren, indem wir sie bei anderen kritisieren. Humor funktioniert oft auf diese Weise. Dabei wird unterstellt, dass wir selbst, weil wir die Torheit oder Schwäche derer erkennen, die als Zielscheibe des Spottes dienen, frei von dieser Schwäche sind. Mit Lachen geht manchmal ein Gefühl der Erleichterung einher – die Erleichterung, die aus dem Verstehen eines Problems und dem Wissen herrührt, dass wir selbst nicht darin verwickelt sind. Die Beliebtheit gewisser Zen-Geschichten, in denen ein dummer Mönch von einem weisen Zen Meister vorgeführt – und manchmal erweckt wird – hat zweifellos mit dieser menschlichen Neigung zu tun, über die Dummheit anderer zu lachen. In Geschichten identifizieren wir uns unvermeidlich in gewissem Grad mit einem der Charaktere, doch ich habe den Verdacht, dass die meisten Menschen sich bei solchen Zen-Geschichten eher mit dem weisen Meister als mit dem unwissenden Schüler identifizieren.

STOLZ

Stolz verursacht eine Geburt in niedriger Familie,
und Eifersucht erstickt jede Schönheit im Keim.

Ungesunde Gesichtsfarbe geht auf Zorn zurück.
Dumm wird, wer es versäumt, die Weisen zu befragen.[72]

Wenn Sie selbst arrogant sind, werden irgendwann andere auf Sie herunterschauen – das ist die überlieferte buddhistische Sichtweise. Wenn Sie auf den hohen Rang Ihrer Familie oder Ihrer Sippe – modern gesagt: Ihr Status als Berufstätiger – stolz sind, wird das im Rahmen der Gesetze von Karma Wiedergeburt in einer Familie der Unterschicht mit schlechten Aussichten bewirken. Statuskämpfe sind ein natürliches und durchaus gesundes Merkmal jeder Gruppe von Menschen – und Tieren. Sie sorgen dafür, dass diejenigen, die stärker, klüger oder fähiger sind, in die Lage versetzt werden, die Gruppe als Ganze zu beeinflussen. Innerhalb einer gesunden Gesellschaft verstehen jene, denen es an natürlichen Talenten mangelt, wenigstens den Vorteil, sich auf die Führungsfähigkeiten derer zu verlassen, die dafür besser geeignet sind. Das Ego nutzt diese Situation aus. Wenn jemand sich mit dem Status identifiziert, der einer einflussreichen Stellung anhaftet, wird sich diese Ich-Identifikation oft in Arroganz ausdrücken. Das zeigt zugleich,

---

72 *Nāgārjunas Juwelenkette,* S. 166.

Ethisch leben

dass er oder sie wahrscheinlich weniger klug und fähig ist, als er oder sie meint, denn arrogantes Verhalten mindert auf lange Sicht die Fähigkeit einer Person, andere zu beeinflussen. Arroganz ist die Anmaßung eines höheren Rangs, der davon abhängig ist, dass man andere als unterlegen behandelt. Wenn Sie aber versuchen, andere herumzukommandieren, werden diese es Ihnen verübeln und versuchen, den Spieß umzudrehen. Es könnte ihnen durchaus gelingen.

Manchmal erscheint etwas als Arroganz, das nur ein falscher Eindruck aufgrund eines Missverständnisses oder Persönlichkeitskonflikts ist. So gibt es üblicherweise in Organisationen Konflikte zwischen denen, die gut organisiert sind und denen, die das nicht sind. Der erste Typ wird den zweiten beschuldigen, faul und unmotiviert zu sein, während dieser sich darüber beklagt, dass die gut Organisierten ihm ständig Anweisungen erteilen wollen. Dieses mangelnde Verständnis zwischen den beiden Typen zeigt sich häufig daran, dass weniger Organisierte die anderen für arrogant halten. Wenn Sie aber wirklich klüger oder fähiger sind, werden Sie normale Leute für das schätzen, was sie beizutragen vermögen, und nicht mit Überlegenheitsgefühlen auf sie herunterschauen.

Eifersucht

Emotionen wie Ärger und Eifersucht wirken sich auch auf unsere äußere Erscheinung aus. Wenn wir chronisch eifersüchtig sind, werden wir allmählich griesgrämig, bitter und gekränkt aussehen. Keiner drückt Nāgārjunas Argument besser aus als Shakespeare in seinem Schauspiel *Othello*, wenn er Jago seine Eifersucht auf Cassio so ausdrücken lässt:

... der hat in seinem Leben
Von Tag zu Tag eine Art Schönheit
Die mich hässlich macht ...[73]

In gewisser Weise ist Eifersucht das Gegenteil von Stolz. Einmal blickt das Ego auf andere hinab, ein andermal hinauf. Es ist die Eifersucht, die uns nicht gestattet, uns an dem Erfolg, der Schönheit oder der Tugend anderer zu freuen oder sie wenigstens anzuerkennen. Wir grollen ihnen, weil sie Ei-

---

73 *Othello*, 5. Akt, 1. Szene. Erich Frieds Übersetzung.

genschaften besitzen, die wir nicht zu haben glauben. Und in der Tat liegt es im Wesen von Eifersucht, dass sie es uns schwer macht, jene Qualitäten selbst zu entwickeln. Im *Bodhicaryāvatāra* (Eintritt in das Leben zur Erleuchtung) macht Śāntideva die völlige Unvernunft der Eifersucht klar. Er wendet sich an den Bodhisattva-Novizen und sagt: „Du wünschst doch gewiss für die Wesen … Buddhaschaft; warum erhitzt du dich, wenn du merkst, dass man ihnen eine kleine Ehre erweist?"[74]

ZORN

Die Überlieferung betrachtet Hässlichkeit als eine der karmischen Folgen von Zorn oder von Eifersucht. Zorn neigt dazu, das Gesicht zu verzerren, wie es beispielsweise die Zeichnungen vieler grotesker Gesichter aus der Renaissancezeit darstellen. Auch wenn wir altern, findet unser Charakter den Weg in unsere Erscheinung; unsere vorherrschenden Emotionen graben sich immer tiefer in unsere Gesichter ein. Oscar Wildes Geschichte „Das Bildnis des Dorian Gray" spricht diese Tatsache an. Ein gut aussehender junger Mann bewahrt ein Bildnis von sich selbst in einem verschlossenen Raum auf, und in einer düsteren und unheimlichen Umkehrung der natürlichen Ordnung der Dinge zeigt sein Porträt die Veränderungen seines Alterns, während er selbst weiterhin so jung aussieht, wie zur Zeit, als es gemalt wurde. Obwohl er ein durch und durch verwerfliches Leben führt, scheint er nicht zu altern. Das Porträt allerdings zeigt Tag um Tag und Jahr für Jahr in seinen gemalten Zügen die schrecklichen Auswirkungen seiner Verderbtheit.

ANHAFTEN HAT VIELE GESICHTER

Mangelnder Gleichmut ist unbedachter Ärger,
der aus (geistigen und körperlichen) Krankheiten entsteht.
Anhaftung ist das Hängen
Der Trägen an ihren schädlichen Eigenschaften.

---

74 Zitiert aus: Śāntideva, *Eintritt in das Leben zur Erleuchtung. Poesie und Lehre des Mahayana-Buddhismus.* Übersetzt von Ernst Steinkellner. Düsseldorf: Diederichs 1981. Kap. 6, Vers 81, S.72.

Ethisch leben

Die Wahrnehmung von Unterschieden ist eine Wahrnehmung,
die von Gier, Hass und Unwissenheit verschleiert wird.
Nicht in den eigenen Geist zu blicken, bedeutet,
dass man nicht mit ihm arbeitet.

Wenn Achtung und Respekt für alles Tun abnimmt,
das in Einklang mit den Lehren steht, ist Trägheit der Grund.
Ein spiritueller Führer, der [vorgibt], den Weg des Überweltlichen
Siegers vollkommen beschritten zu haben,
ist als schlechter Mensch zu betrachten.

Sehnsucht ist eine leichte Verwirrung,
die aus lustvollem Begehren entsteht.
Besessenheit ist eine starke Verwirrung,
die aus Begehren entsteht.

Geiz ist die Haltung,
die uns an unserem Besitz haften lässt.
Unangebrachter Geiz ist die Gier
Nach dem Besitz von anderen.

Verwerfliche Lust ist es, Frauen begehrlich zu preisen,
die man besser meiden sollte.
Heuchelei ist es, sich gute Eigenschaften zuzuschreiben,
die man nicht besitzt, in Wirklichkeit aber üble Taten zu planen.

Große Gier nennt man maßlose Begierde,
die jenseits aller Befriedigung ist.
Gier nach Anerkennung bedeutet, dass man um jeden Preis
Für seine vermeintlich guten Qualitäten bekannt sein möchte.[75]

Zur „Wahrnehmung von Unterschieden" ist zu sagen, dass es zwei Arten des Unterscheidens gibt. Es kann etwas Positives sein, Unterscheidungen zu treffen. Dies aber auf der Grundlage von Begierde, Hass oder Verschleierung zu tun ist nicht positiv. Wir interpretieren fast alle unsere Wahrnehmungen mittels konditionierter emotionaler Reaktionen, die auch dort unterscheiden, wo es in Wahrheit keine Unterschiede gibt. Es ist nicht falsch

---

75 *Nāgārjunas Juwelenkette*, S. 211f.

zu unterscheiden, nur sollte es gewissermaßen objektiv geschehen: aus einer Sicht der Dinge, wie sie wirklich sind. Objektive Unterscheidung ist in der Tat etwas sehr Positives. Auf ihrer höchsten Stufe ist sie eine der fünf Weisheiten im Mandala der Fünf Buddhas, *pratyavekṣaṇa jñāna,* die unterscheidende Weisheit Amitābhas, der die Einzigartigkeit der Dinge sieht und sie entsprechend voneinander unterscheidet.

> Solange wir an ihnen haften, können wir die Dinge nicht sehen,
> wie sie wirklich sind.

„Mangelnder Gleichmut" im ersten Vers lässt auch auf Unachtsamkeit schließen, einen Fehler, durch den viele weitere entstehen. Einer davon ist es, gereizt zu werden, wenn man krank ist. Mangelnder Gleichmut bedeutet auch, zerstreut zu sein und zu einer unachtsam rücksichtslosen Ausgelassenheit zu neigen. Zu Achtsamkeit gehört es, „in den eigenen Geist zu blicken". Ein Stück weit kann man das tun, wenn man seinen Geist auf ein einziges Objekt sammelt und so die geistigen Energien vereint und integriert. Diese Sammlung oder Vereinigung des Geistes tritt ein, wenn man unheilsame Bewusstseinszustände beseitigt und heilsame entwickelt hat. Indem wir in den eigenen Geist schauen, beruhigen und befrieden wir ihn, und vermögen tiefer in ihn hinein zu blicken. Auf diese Weise geht der Prozess weiter.

Was die meisten von uns als Erstes wahrnehmen, wenn sie in ihren Geist blicken, ist „Anhaftung" oder „Verwicklung". Wenn wir dann genauer hinschauen, erkennen wir, dass sie aus einfachem menschlichem Begehren herrührt, aus Wünschen, die mit der Wahrnehmung gewisser Objekte aufkommen. Anhaften entsteht, wenn wir durch den Genuss solcher Objekte emotional abhängig werden. Es gibt also zunächst das Verlangen, und dieses führt je nach Lage der Dinge zu kleinerer oder größerer Verstrickung. Wir gewöhnen uns an den Genuss gewisser Dinge und daraus folgt Anhaften.

Suchtartige, zwanghafte Verstrickungen sind zweifellos problematisch, sogar aus weltlicher Sicht, doch spirituell gesehen sind sie nicht immer die größte Gefahr. Für praktizierende Buddhisten liegt die eigentliche Gefahr in kleinen Verstrickungen. Wenn Sie sagen: „Dieser kleine Fehler ist im größeren Zusammenhang meines Übens nicht weiter wichtig", dann sollten Sie hellhörig werden. Das ist so ähnlich wie im Garten Unkraut zu jäten und es erscheint zu anstrengend, eine Brombeerwurzel auszugraben. Sie sieht harmlos aus, solange es nur einen kleinen Sprössling gibt, aber kaum haben Sie sich versehen, da ist der Garten von Brombeeren überwuchert. Eigentlich gibt es keinen kleinen Fehler, insbesondere wenn Sie sich nicht sofort um ihn kümmern – ebenso wie es eigentlich kein kleines Unkraut gibt.

Eine „leichte Verstrickung" leichthin abzutun, kommt auf dasselbe heraus, wie das wahrlich gewaltige Hindernis, das zwischen Ihnen und Ihrem Ziel steht, nicht anzuerkennen. Dieses Hindernis ist Ihre mangelnde Bereitschaft, auch nur recht kleine Verstrickungen aufzulösen. Im *Dhammapada* ist das gut ausgedrückt: „Unterschätze nicht dein böses Handeln, und denke nicht: ,Das hat ja keine Folgen für mich!' Tropfen um Tropfen füllt sich ein Krug, und ebenso füllt sich randvoll mit Bösem der üble Tor."

Die gegenteilige Haltung ist, nicht allzu wichtige Dinge für wichtig zu halten. Unbedeutende Regeln und Vorsätze werden zum Ersatz spiritueller Prinzipien. Ich kannte Mönche in Sri Lanka, die für die Strenge bekannt waren, mit der sie Regeln beachteten, die aus Sicht der meisten Mönche relativ unwichtig waren, und die anderen auf die Nerven gingen, weil sie diese Regeln buchstabengetreu befolgten. Im Jahr 1956 waren einmal dreißig oder vierzig Mönche, überwiegend aus Ceylon (wie Sri Lanka damals hieß), aber auch aus Burma, Thailand und anderen Ländern zu einem Mittagsmahl in der Bibliothek des Hauptquartiers der Maha Bodhi Society in Kalkutta geladen. Das Essen kam erst um 11.40 Uhr auf den Tisch, und das ließ gerade noch genug Zeit, um bis zwölf Uhr damit fertig zu sein, wenn man sehr schnell aß. Einer der anwesenden Mönche war für seine peinlich genaue Befolgung des *Vinaya* bekannt, dem zufolge Mönche nach Mittag kein festes Essen zu sich nehmen dürfen. So schaufelte dieser Mönch das Essen so schnell er konnte in seinen Mund und blickte dabei ständig zur Wanduhr, deren Zeiger sich auf die volle Stunde zu bewegte. Punkt Zwölf ließ er seinen Löffel fallen, als ob er rotglühend wäre, und blickte um sich, als erwarte er, dass alle anderen dasselbe tun würden. Doch die anderen Mönche nahmen keine Notiz von der Uhr und aßen gemächlich weiter, während er die Szene mit selbstgerechter Miene beobachtete. Als er den Raum verließ, schauten einige der älteren Mönche einander bloß an und lächelten, bevor sie sich wieder ihrem Mahl zuwendeten.

Die offensichtlichsten Anhaftungen gelten materiellen Dingen. Unter „Geiz" fasst Nāgārjuna unsere Anhaftung am Besitz – vielleicht einem bestimmten Hemd, einem besonderen Stuhl oder sogar einem Haus. Gleichermaßen ist Anhaften am Besitz anderer ein unangebrachter Geiz. Wir haben alle die Neigung, an Dingen festzuhalten, sei es an einem Buch, das wir geliehen haben, vielleicht auch an einem eigenen Buch, das wir zwar niemals lesen werden, aber dennoch behalten wollen. Es mag scheinen, als hätten solche Anhaftungen wenig mit unserer Fähigkeit zu tun, Einsicht in die Natur der Dinge zu gewinnen, doch sie zeigen tatsächlich unseren grundlegenden Widerstand gegen die Wahrheit. Solange wir an ihnen haften, können wir die Dinge nicht sehen, wie sie wirklich sind.

Mehr als einmal spricht Nāgārjuna über sexuelles Anhaften. In diesen Strophen warnt er vor „begehrlichem Preisen von Frauen, die man besser meiden sollte". Wahrscheinlich wissen wir, worum es geht. Derartiges „Preisen" ist häufig das Thema von Männergesprächen, aber wir finden es auch in einem Großteil der kommerziellen Werbung. Es entstammt der Haltung, Frauen nicht so zu sehen, wie sie wirklich sind, ob im eher metaphysischen oder im schlicht menschlichen Sinn. Frauen zu „meiden" mag als eine extreme Maßnahme erscheinen, aber tatsächlich bedeutet es, sie schlicht in Ruhe zu lassen. Ich sprach mit Frauen über ihre Erfahrungen bei Meditationszeiten, die nur für Frauen durchgeführt wurden, und oft sagten sie, sie hätten es als große Erleichterung empfunden auf diese Weise „in Ruhe gelassen zu werden". Normalerweise würden sie es genießen, Männer um sich zu haben, die sie beachteten und vielleicht sogar mit anderen um sie wetteiferten. In gleichgeschlechtlichen Situationen fühlten sie sich aber erleichtert, als sei ein Gewicht von ihren Schultern genommen worden.

Anhaftungen entstehen überall, und wir können scheinheilig werden, wenn sie im Widerspruch zueinander stehen. So haften wir, wie Nāgārjuna bereits aufgezeigt hat, an unseren Fehlern, aber auch an unserem guten Ruf. In Sanskrit und im Tibetischen gibt es mehrere Wörter, die man mit ein und demselben Wort „Heuchelei" übersetzt. Hier trifft diese Übersetzung sehr gut, denn man gibt vor, man sei rein und heilig, während das Herz an weltlichen Dingen hängt. Der archetypische Heuchler ist Tartuffe, der namensgebende Held in Molières berühmter Komödie. Eine Zeitlang war das Wort „Tartüfferie" als Bezeichnung vollkommener Scheinheiligkeit im Umlauf.

Die *pretas* oder hungrigen Geister repräsentieren eine Art des Anhaftens, das nie befriedigt werden kann. Ihre neurotische Begierde ist so stark, dass sie jede Möglichkeit einer Befriedigung übersteigt. Das entspricht der Welt von Drogensucht oder extremer emotionaler Abhängigkeit. Dann gibt es unser Anhaften an unserem Selbstbild oder daran, dass man „um jeden Preis für seine guten Qualitäten bekannt sein möchte". Die Worte „um jeden Preis" verdeutlichen, warum diese Art Anhaften Schwerstarbeit mit sich bringt. Wir wollen, dass man uns mit unserem Idealbild unserer selbst identifiziert, einem Bild, das zu schützen wir uns um jeden Preis verpflichtet fühlen. Für praktizierende Buddhisten kann Lobhudelei zu einem Problem werden, denn die guten Eigenschaften, die man entwickelt hat, können Anlass für Selbstgefälligkeit und Stolz geben.

Menschen, die sich auf einem moralischen Kreuzzug befinden, geißeln oft die moralischen Unzulänglichkeiten anderer. Manchmal ist ihre Entrüstung durchaus gerechtfertigt, aber man kann vermuten, dass viele von ihnen lediglich versuchen, Aufmerksamkeit auf sich zu ziehen und dafür zu sorgen, dass andere sich unbehaglich fühlen. Manche Vegetarier gehen beispielsweise mit den bedauernswerten Fleischessern auf solche Weise um. Wie edel ihr Vorhaben auch sein mag, das Ungestüm, mit dem die Einpunkt-Aktivisten auf der einzigartigen Bedeutung ihres besonderen Anliegens bestehen, macht ihre Haltung oft verdächtig. In Indien traf ich einmal einen Mann, der fest davon überzeugt war, jeder Mensch mit einem sozialen Gewissen müsse den Leprakranken helfen, so wie er es auch tat. Wer es nicht tat, war aus seiner Sicht moralisch bankrott. Indem man sich stark mit einem wertvollen Anliegen identifiziert, begibt man sich selbst in eine höhere moralische Position. Man schafft eine Situation, in der man nun zu den wenigen gehört, die im Recht sind, und dies ermöglicht, auf alle anderen herabzublicken. Je wichtiger man sein Anliegen nimmt, desto wichtiger nimmt man auch sich selbst.

VERBORGENE BEWEGGRÜNDE

Von Anhaftung an Objekte spricht man, wenn man
deren Qualitäten hervorhebt, um sie bald zu erwerben.

Sich für unsterblich zu halten heißt,
den Gedanken an den eigenen Tod weit von sich zu weisen.

Begriffliches Denken, das auf allgemeine Zustimmung abzielt,
nennt man die Vorstellung, dass andere – in welcher Angelegenheit auch immer –
uns als spirituellen Führer akzeptieren müssten,
weil wir angeblich diese oder jene guten Eigenschaften besitzen.

Begriffliches Denken, das um die Anhaftung an andere kreist,
nennt man die geistige Vorstellung, anderen zu helfen oder nicht zu helfen,
aus einer Motivation der Gier bzw. des Schaden-Wollens.[76]

Hier stellt Nāgārjuna eine ziemlich bunte Sammlung menschlicher Eitelkeiten und Anhaftungen bloß. „Sich für unsterblich zu halten" oder auf Unsterblichkeit aus zu sein schließt den Irrglauben ein, man werde nach dem Tod so weiter bestehen, wie man jetzt ist, man werde also den Tod mehr oder weniger unversehrt überleben. Das ist eine Spielart des Ewigkeitsglaubens, eine allzu wörtlich genommene Idee der Wiedergeburt: Man werde im Jenseits fast genauso aufwachen, wie man im Diesseits war – sei es, dass man unmittelbar wiedergeboren wird, in Ruhe eine Wiedergeburt auswählen kann oder dass man ein paar Hundert Jahre in einem angenehmen Himmel verbringen wird.

Gelinde gesagt ist dies eine falsche Ansicht. Zweifellos sollten wir uns mit dem Tod befassen, der eine traumatische Erfahrung sein kann. Die meisten von uns haften sehr an den Dingen dieser Welt, ob wir das nun gerne zugeben oder nicht. Wir werden leiden, wenn wir von ihnen fortgerissen werden. Deshalb sollten wir über den Tod besorgt sein und über das, was danach mit uns geschehen wird. Wir sollten uns auf keinen Fall einbilden, der Tod werde zwangsläufig nur ein glatter Übergang in einen anderen Zustand sein.

---

76 Dp 121. Zitiert aus *Dhammapada – die Weisheitslehren des Buddha.* Aus dem Pali ins Deutsche neu übertragen und kommentiert von Munish B. Schiekel. Freiburg: Herder, 1998, S. 49.

Ethisch leben

> Tatsache ist, dass wir mit mitfühlenden Handeln nicht
> warten können, bis unsere Motivation ganz rein ist.

Der zweite zitierte Vers betrifft die Art, wie wir bei der Begegnung mit anderen beiläufig Hinweise auf unseren gesellschaftlichen Status fallen lassen. Vielleicht wollen wir uns gar nicht bewusst als überlegen erweisen; wir machen solche Andeutungen fast automatisch. In Indien fragt man den anderen oft nach seiner Kaste (zumindest war das früher so) um herauszufinden, wo man selbst in Beziehung zu ihm steht. Im Westen gibt unser Beruf den entscheidenden Hinweis auf unseren gesellschaftlichen Status. Wir halten es jedenfalls für nötig, über diese Dinge Bescheid zu wissen und die eher vorteilhaften Merkmale unseres eigenen Status mitzuteilen, um uns einen möglichst hohen Platz in der gesellschaftlichen Hackordnung zu sichern. Einige Menschen tun das bis zur Lächerlichkeit: „Mein Nachbar in Cannes brach so spät von seinem Landhaus zu den Filmstudios auf, dass er sich meinen Hubschrauber ausleihen musste." Oder ein wenig subtiler: „Stimmt schon, mein letztes Buch war nicht ganz so erfolgreich."

Diese Neigung kann sich leicht in den religiösen Bereich einschleichen, auch in den Sangha, und das ist vermutlich der Rahmen, den Nāgārjuna im Sinn hatte. Dort sagt man vielleicht: „Du glaubst gar nicht, wie feucht meine Höhle im Himalaja war" oder „Auf meinem zweiten dreijährigen Meditationsretreat passierte etwas Komisches" oder sogar: „Wie der Dalai Lama mir bei unserem letzten Treffen erzählte …" Die versteckte Absicht zielt hier darauf, das eigene Ansehen und unseren spirituellen Status zu sichern. Mit solchen Aussagen behaupten wir nicht unbedingt, wir hätten tatsächlich spirituell etwas Großes erreicht. Vordergründig behaupten wir gar nichts. Aber solche Andeutungen sind in gewisser Hinsicht schlimmer als offene Prahlerei.

Der nächste Vers deckt weitere versteckte Motive auf. Es gibt aber keinen Grund, uns zu verdammen, wenn wir uns ihrer bewusst sind. Unsere guten Absichten sind oft nicht völlig rein. Vielleicht macht es uns einen Riesenspaß, altruistisch zu sein. Wir wollen nicht nur anderen helfen; wir genießen es auch, als Helfer oder Helferin in der Position zu sein, dass andere zu uns aufblicken. Das ist durchaus natürlich. Es ist sehr schwierig, in seiner Bemühung, anderen zu helfen, ganz und gar uneigennützig zu sein. Wir haben fast immer auch selbst etwas davon, und sei es nur, dass wir Verdienste ansammeln oder nach dem Tod in den Himmel kommen.

Tatsache ist, dass wir mit mitfühlenden Handeln nicht warten können, bis unsere Motivation ganz rein ist. Wir müssen gleichzeitig unsere Motivation läutern, während wir etwas für andere tun. Die wirkliche Gefahr ist, dass wir aus unserem Altruismus vielleicht eine Befriedigung beziehen, die wir nicht zugeben. Wenn wir aber unsere Motive mit Achtsamkeit erforschen, wird das dazu beitragen, sie zu läutern. In der Anfangszeit unserer Gemeinschaft sagten Menschen mir manchmal, sie wollten nicht um Ordination bitten, ehe sie nicht ganz sicher wären, dass ihr Motiv völlig rein sei. Darauf antwortete ich meistens: „In dem Fall wirst du für immer warten. Deine Motive werden nie ganz rein sein. Deine Motive, dich dem buddhistischen Pfad zu verpflichten, werden immer von Eigennutz gefärbt sein. Es reicht aus, wenn du alles in allem das Gefühl hast, dass dein Motiv überwiegend rein ist." Zufluchtnahme wird erst mit der Erleuchtung vollkommen. In der Zwischenzeit jedoch hilft die bloße Tatsache, dass wir Zuflucht nehmen, die Motive zu läutern, aus denen heraus wir Zuflucht nehmen.

Mit Meditation verhält es sich genauso. Man lernt nicht alles über Meditation, bevor man zu meditieren beginnt. Man lernt ein bisschen, und später korrigiert oder verändert man auf dem Hintergrund eigener praktischer Erfahrungen die Vorstellungen, die einen dazu veranlasst hatten, mit Meditation zu beginnen. Und das setzt sich fort. Die Gründe, warum Menschen bei etwas bleiben, ob Meditation, Buddhismus oder eine bestimmte spirituelle Gemeinschaft (oder auch eine Ehe), sind oft ganz andere Gründe als jene, aus denen heraus sie begonnen hatten. Dauernd passen wir unsere Richtung, unsere Vision und auch unsere Motive an.

Auch Geisteszustände haben Folgen

Abneigung kommt aus einem unsteten Geist,
Gier nach Vereinigung aus einem verunreinigten.
Gleichgültigkeit ist Trägheit vermischt mit dem Gefühl der Unzulänglichkeit
Und entsteht aus einem Körper, dem es an Energie mangelt.

Entstellung ist die Auswirkung störender Gefühle
Auf Form und Farbe.
Keine Nahrung wünschen wird erklärt als
körperliche Trägheit, die auf zu viel Essen zurückgeht.

Ein niedergeschlagener Geist hat gelernt,
angstvoll und feige zu sein.
Ein sehnsuchtsvoller Geist strebt voller Begehren
Nach den fünf Attributen.[77]

Böse Absicht entsteht aus den neun Motiven,
anderen Schaden zuzufügen –
aus sinnlosen Befürchtungen im Hinblick auf die
eigene Person, auf Freunde und Feinde
in Vergangenheit, Gegenwart und Zukunft.

Schwerfälligkeit ist mangelnde Tatkraft
Auf Grund der Trägheit von Geist und Körper.
Benommenheit ist Schläfrigkeit.
Aufregung ist eine starke Unruhe in Körper und Geist.
Zerknirschtheit bedeutet, dass uns frühere Taten Leid tun.

Dieses Gefühl entsteht nur im Nachhinein aus Kummer über das eigene Tun.
Zweifel heißt, dass wir zweierlei Ansichten hegen über
Die [vier] Wahrheiten, die Drei Juwelen und so weiter.

[Hausväter], die den Bodhisattva-Weg gehen, legen diese Mängel ab.
Wer sich dem klösterlichen Leben widmet, gibt noch mehr auf.
Befreit von diesen Mängeln
Scheinen die guten Eigenschaften von selbst auf.

Kurz gesagt sind die guten Eigenschaften,
in welchen sich der Bodhisattva übt, folgende:
Freigebigkeit, Ethik, Geduld, freudige Anstrengung,
Versenkung, Weisheit, Mitgefühl und so weiter.

---

77 *Nāgārjunas Juwelenkette*, S. 212.

Freigebigkeit heißt, dass man seinen Reichtum fortgibt.
Ethik heißt, dass man anderen hilft.
Geduld bedeutet, dass man den Ärger besiegt hat.
Freudige Anstrengung meint: Freude am Guten zu haben.

Versenkung heißt unerschütterliche Einsgerichtetheit.
Weisheit bedeutet, dass man die Wahrheiten sicher erkannt hat.
Mitgefühl heißt, dass der Geist von einem Geschmack erfüllt ist:
Der liebenden Güte allen Wesen gegenüber.

Freigebigkeit führt zu Reichtum, Ethik zu Glück,
Geduld zu einer angenehmen Erscheinung, Eifer hingegen schenkt Scharfsinn,
Versenkung bringt inneren Frieden, Weisheit die Befreiung,
Mitgefühl aber lässt uns alle Ziele zugleich erreichen.

Wer diese sieben Tugenden gleichzeitig
verwirklicht hat, erlangt
die Sphäre der unvorstellbaren Weisheit,
in der er zum Schützer der Welt wird.[78]

Negative Geisteszustände wandern nicht einfach durch unseren Geist, ohne Spuren zu hinterlassen; sie haben eine Wirkung auf uns. Der Geist wird beschmutzt oder aufgerührt oder dumpf oder träge, und diese unbefriedigende Situation zieht tendenziell weitere negative Geisteszustände nach sich. Furchtsamkeit laugt unsere Vitalität, unser Selbstvertrauen und unsere Kraft aus. Übermaß beim Essen macht uns körperlich und geistig träge. Alle diese negativen Zustände können die Gesundheit und das Aussehen des Körpers beeinträchtigen. Wir spüren sie im Körper, und wenn sie gewohnheitsmäßig werden, wird der Körper sie allmählich in seiner Haltung, im Gesichtsausdruck oder auch im Blutdruck ausdrücken.

Beachten Sie Nāgārjunas Empfehlung, niemals so viel zu essen, bis Sie völlig satt sind. Ein gesundes Verlangen wie nach Essen oder nach Bewegung ist positiv; die daraus gewonnene Energie ist nötig, um ein starkes Streben nach Erleuchtung zu entwickeln. Verlangen ist nur soweit schädlich, wie es in Sinnesobjekte verwickelt ist. Auch Abneigung kann nützlich sein, besonders wenn sie sich auf *saṃsāra* richtet. Im Allgemeinen nimmt unsere Abnei-

---

78 *Nāgārjunas Juwelenkette*, S. 212f.

gung aber die Formen von Hass oder „böser Absicht" an, die aus „sinnlosen Befürchtungen" entstehen, aus grundlosen Ängsten, Sorgen und Unsicherheit, die manchmal auf Verfolgungswahn hinauslaufen.

Reue wird gewöhnlich als eine positive Eigenschaft gesehen, doch hier geht es um jene Art Bedauern, wenn die eigenen schlechten Taten unerfreuliche Folgen zeitigen, die man nicht vorhergesehen hatte. Es tut einem nicht leid, dass man sich unheilsam verhalten hat; es tut einem leid, dass sich die bösen Taten als nicht erfolgreich erwiesen haben und man nun in Schwierigkeiten steckt und einen schlechten Ruf erworben hat.

Wenn wir hinsichtlich der Vier Edlen Wahrheiten oder den Drei Juwelen[79] zweigeteilt sind, dann liegt das daran, dass wir nicht integriert ist. Der Ausdruck „zweigeteilt sein" ist aufschlussreich. Er räumt ein, dass wir zur gleichen Zeit sozusagen zwei „Teile" in uns haben können, die gleichzeitig wirksam sind oder zumindest miteinander um die Kontrolle über unser Leben rangeln. Im Gegensatz dazu legt Vertrauen nahe, dass wir integriert sind: Von jedem Moment zum nächsten sind wir uns einig hinsichtlich der Vier Edlen Wahrheiten und der Drei Juwelen. Wir bewahren einen klaren und bewussten Glauben an die Werte, für die sie stehen, und es sind diese Werte, die uns unsere Identität als Buddhistin oder Buddhist geben.

Man muss gläubiges Vertrauen (*śraddhā*, P. *saddhā*) von blindem Glauben unterscheiden. Gläubiges Vertrauen schließt einen ehrlichen Zweifel im Sinne einer geistigen Offenheit nicht aus; auch keinen Glaubensaufschub bis zu dem Zeitpunkt, an dem man hinreichende Gründe hat, um sich zu entscheiden. Der fehlerhafte Zweifel besteht nicht darin, dass man noch unentschieden ist, sondern eine Haltung einzunehmen, in der man nicht wirklich wissen will, was man denkt, und sich deshalb auch nicht bemüht, es herauszufinden. Der Grund, warum wir so abgeneigt sind, die Wahrheit herauszufinden, ist einfach: Wenn wir sie ermittelt haben, müssten wir eine be-

---

79 Hier geht es um Kernlehren des Buddhismus. Die Vier Edlen Wahrheiten wurden vom Buddha in seiner ersten wichtigen Lehre nach seiner Erleuchtung dargelegt, im *Dhamma-cakkappavattana-Sutta* (Saṃyutta-Nikāya 56:11). Sie umfassen (1) die Wahrheit vom Leiden, (2) die Wahrheit vom Grund des Leidens, egoistischem Verlangen oder Begehren, (3) die Wahrheit vom Erlöschen des Leidens, dem Erlöschen des egoistischen Verlangens, und (4) die Wahrheit vom Weg zum Erlöschen des Leidens, der auch als Edler Achtfältiger Pfad bekannt ist. Die Drei Juwelen sind die wichtigsten Objekte der Verehrung für Buddhisten aller Lehrrichtungen: der Buddha, der Dharma, und der Sangha. Siehe auch S. 153.

stimmte Haltung dazu einnehmen oder etwas damit tun oder uns sogar dazu verpflichten, sie im Leben zu verwirklichen.

Sowohl Mönche als auch Haushälter müssen die von Nāgārjuna aufgezählten Fehler ablegen. Soweit es den Bodhisattva-Pfad betrifft, wird von buddhistischen Haushältern erwartet, dass sie sich in derselben Weise um Beseitigung all dieser negativen Neigungen bemühen wie Mönche. Letztere müssen aber zusätzlich noch weitere Vorsätze befolgen. Nāgārjuna bewegt sich auf sicherem Boden, wenn er dem König versichert, dass sich die entsprechenden Tugenden von selbst einstellen werden, wenn er sich um diese Fehler sorgt. Die Tugenden sind das Gegenteil der Fehler.

Erneut sollten wir aber den praktischen Nutzen hinterfragen, das spirituelle Leben vorwiegend mit negativen Begriffen darzustellen. Wir müssen vermuten, dass die Menschen im alten Indien fähig waren, sich mit den Fehlern, die für sich genommen negativ sind, auf eine positive Weise zu befassen. Für uns ist es sicherlich besser uns vorzustellen, dass wir siebenundfünfzig Tugenden entwickeln werden, statt siebenundfünfzig Fehler auszumerzen.

7. Folgen des Handelns

In der gesamten *Juwelenkette* gilt es für Nāgārjuna als selbstverständlich, dass das Karmagesetz nicht nur in unserem jetzigen Leben wirkt, sondern über eine Reihe von Leben hinweg. Damit befindet sich Nāgārjuna im Einklang mit der gesamten buddhistischen Überlieferung. Diese Anschauung hat den Vorteil, dass man sich einen Reim auf die Beobachtung machen kann, dass manche Leute anscheinend mit ihren unheilsamen Taten „davon kommen". Vielleicht ist es aber nützlicher, die realen Folgen unserer Taten in diesem Leben zu bedenken, ungeachtet aller Vergeltung, die vielleicht in einem nächsten Leben zu erwarten ist. Was wir tun und was wir als Ergebnis davon erleben, ist hier und jetzt miteinander verbunden, und nicht nur so, dass wir eine „gerechte Quittung" erhalten, sondern auch so, dass die Ergebnisse unserer Taten ein wesentlicher Bestandteil dieser Taten selber sind. Es gibt keinen kosmischen Polizisten, der Strafzettel für zu schnelles Fahren verteilt. Es sind unsere eigenen Handlungen, die unseren Charakter bilden.

In der buddhistischen Ethik geht es um Motivation. Karma besteht in der Absicht hinter unseren Taten, aber nicht primär in den Taten selber. Natürlich trifft es zu, dass ein Karma viel stärker sein wird, wenn sich die Absicht auch im Handeln ausdrückt, als wenn man sich bloß ausmalt, etwas Heilsames oder Unheilsames zu tun. Zugleich wird sich ein Karma, wenn Sie etwas Unbeabsichtigtes tun, auf den Mangel an Achtsamkeit beziehen – vielleicht sogar den Rausch –, der zum Unglücksfall führte, denn auch der Mangel an Achtsamkeit hängt mit Motivation zusammen.

Wer tötet, wird ein kurzes Leben haben.
Wer andere verletzt, wird Leid erfahren.
Wer stiehlt, wird mit geringen Mitteln kämpfen.
Wer sexuelles Fehlverhalten übt, wird viele Feinde haben.[80]

---

80 *Nāgārjunas Juwelenkette*, S. 165.

Hier spricht Nāgārjuna über die Folgen bestimmter Taten, in denen man die ersten drei der zehn Vorsätze missachtet. Wie aber verkürzt man durch absichtliches Töten das eigene Leben? Wenn Sie eine Atmosphäre von Zorn, Hass und Furcht um sich herum verbreiten, werden Sie wahrscheinlich Menschen anziehen, für die eine solche Atmosphäre nur natürlich ist und die sich darin zuhause fühlen. Extreme Gewalttaten setzen ein hoch geladenes Übelwollen voraus. Wenn Sie töten, „schwingen" Sie sich auf eine bestimmte Wellenlänge oder Daseinsbereich ein. Sie werden sich dann wahrscheinlich in der gleichen Welt wieder finden wie andere Menschen, die zum Töten neigen, und dadurch wird es wahrscheinlich, dass Sie irgendwann selbst zum Opfer dieser Menschen werden. Andererseits kann es auch sein, dass Sie aus Schuldgefühlen für etwas, das Sie getan haben, in Situationen hineingeraten, in denen Sie nun Schaden erleiden und somit bestraft werden.

> Um die Art des Leidens zu erkennen, das auf eine
> unheilsame Handlung folgen muss, muss man nur die
> Geistesverfassung hinter der Handlung betrachten.

Obwohl dieser Erklärungsansatz nicht traditionell ist, hat er den Vorteil, dass er die Komplexität des karmischen Prozesses widerspiegelt. Wenn jemand jung stirbt, könnte man leicht annehmen, er habe in einem früheren Leben jemanden getötet. Doch das gilt nicht notwendigerweise. Neben Karma gibt es viele Gründe für einen frühen Tod. Dass Taten Folgen haben, bedeutet nicht, dass alles, was uns widerfährt, das karmische Ergebnis von Taten ist, die wir in diesem oder in früheren Leben begangen haben. Das betrifft alle von Nāgārjuna angeführten Beispiele unheilsamen Handelns.

Allgemein gilt, wer Lebewesen Schaden zufügt, wird leiden. Leidet man aber immer in diesem Leben? Offensichtlich nicht. Zweifellos leiden manche Übeltäter nicht mehr als jene, die offenkundig unschuldig sind. Ebenso eignen sich viele Menschen, die stehlen, beträchtlichen Reichtum an – besonders jene, die auf verschlagene Weise vorgehen, zum Beispiel betrügerische Banker. Aber anderen zu schaden, ist immer gefährlich. Man wird unvermeidlich Feindseligkeit in den Menschen hervorrufen, denen man schadet, und früher oder später wird sich diese Feindseligkeit gegen einen selbst richten. Es ist bezeichnend, dass erbitterte Konkurrenz manchmal „halsabschneiderisch" genannt wird. Wenn Sie Ihrem Mitbewerber den Hals durchschneiden, sollten Sie damit rechnen, dass man auch Ihnen an die Kehle gehen wird.

Um die Art des Leidens zu erkennen, das auf eine unheilsame Handlung folgen muss, muss man die Geistesverfassung hinter der Handlung betrachten. Man muss sich den Geisteszustand einer Person ausmalen, die anderen schaden will, um die Art des Leidens zu erkennen, die sie schließlich erfahren wird. Stehlen ist der Ausdruck eines Geistes, der nicht mit dem zufrieden ist, was er hat. Wenn Töten für die Wesen in der Hölle natürlich ist, dann ist Stehlen für die *pretas* oder „hungrigen Geister" natürlich. *Preta*-ähnliche Menschen halten ständig Ausschau nach etwas, das sie sich aneignen können. Das gilt für die kleinen Diebe nicht weniger als für gerissene Multimillionäre. Sie sind so sehr von Habgier getrieben, dass sie die Fähigkeit verlieren, etwas zu schätzen und zu genießen – ob ihren Besitz oder andere Menschen. Zwischenmenschliche Beziehungen werden auf der Jagd nach Profit niedergetrampelt.

Als Ergebnis von Ehebruch macht man sich Nāgārjuna zufolge ebenfalls Feinde. Bei Ehebruch nimmt man nicht nur einer anderen Person den Ehepartner; man zerrüttet ihr ganzes Leben. Wenn man noch jung ist, mag man wohl eine flüchtige sexuelle Beziehung zerstören, doch eine langjährige Ehe zu zerbrechen, hat viel größeres Gewicht, zumal wenn Kinder da sind. Damit trifft man oft zwei ganze Familien bis ins Mark. In alten Zeiten konnte ein Ehebruch eine Fehde in Gang setzen, die sich über Generationen hinzog. Wenn wir Homer Glauben schenken dürfen, führte der Ehebruch von Paris mit Helena von Troja zu einem zehnjährigen Krieg, der die Zerstörung einer antiken Stadt zur Folge hatte und Tausende Menschen das Leben kostete.

All diesen Wirkungen ist der Mensch ausgesetzt,
schlimmer noch aber ist eine ungünstige Wiedergeburt.[81]

Wir haben alle diese Fehler im Hinblick auf die Auswirkungen besprochen, die sie im gegenwärtigen Leben haben, und offensichtlich können diese Folgen schon innerhalb einer Lebensspanne katastrophal sein. Es lohnt sich aber, im Sinn zu behalten, dass die *wesentliche* „Frucht" für Nāgārjuna, wie für die meisten Buddhisten im Lauf der Geschichte, eine schlechte Wiedergeburt ist.

---

81 *Nāgārjunas Juwelenkette*, S. 166.

FRÜCHTE DER TUGEND

Ganz im Gegensatz zu den wohl bekannten
Früchten der nicht-tugendhaften Handlungen
stehen jene Auswirkungen,
als deren Ursache die Tugenden gelten.

Begehren, Hass, Unwissenheit und
die Handlungen, die sie hervorbringen, sind Untugenden.
Nicht-Begehren, Nicht-Hass und Nicht-Unwissenheit und
die Handlungen, die sie hervorbringen, sind Tugenden.[82]

Es mag seltsam vorkommen, dass die segensreiche Früchte heilsamer Taten in gewisser Hinsicht in negativen Begriffen formuliert werden. Das wirkt so, als hätten die moralischen Tugenden keinen eigenen Wert, sondern bestünden bloß darin, dass man unheilsames Handeln unterlässt. Damit wird nahe gelegt, dass die negative Haltung gewissermaßen die ursprüngliche Haltung ist, und die positive lediglich die Verneinung der negativen. Diese negativen Begriffe sind aber nicht so negativ, wie sie scheinen. In Sanskrit werden die Wörter *alobha, advesa* und *amoha* durch Hinzufügen der negativen Vorsilbe *a-* zu den Begriffen *lobha* (Verlangen), *dvesa* (Hass) und *moha* (Unwissenheit) gebildet, doch in all diesen Fällen ist der Begriffsinhalt nicht negativ, sondern positiv. In westlichen Sprachen kennen wir das gleiche Phänomen. Worte wie „unsterblich", „unendlich" und „unbefleckt" haben eine weitaus positivere Bedeutung, als ihre negative Form vermuten lässt. Obwohl es sich formal um Verneinungen handelt, gelten sie doch als rundum positive Begriffe. Für viele negative Begriffe in Sanskrit und Pāli gilt das ebenso. Obwohl sie grammatisch negativ sind, vermitteln sie oft einen positiveren Eindruck, als es ihre wörtliche Übersetzung andeutet. Dass die Sprache angesichts dieser positiven Eigenschaften oder Vorstellungen zu zögern scheint, spricht dafür, dass diese heilsamen Qualitäten über das begriffliche Verständnis hinausgehen.

Bedeutet die Tatsache, dass Sprache unzureichend ist, dass wir von der Erfahrung des moralisch Negativen ausgehen müssen? Es stimmt, dass die meisten Menschen in vielerlei negative Geisteszustände und unheilsame Ge-

---

82 *Nāgārjunas Juwelenkette*, S. 166.

wohnheiten verfangen sind, die sie als Erstes aufgeben müssen. Aber was könnte uns inspirieren, sie aufzugeben? Sicherlich wird es etwas Positives sein. Wie aber kann diese positive Eigenschaft uns inspirieren, wenn sie lediglich die Verneinung von etwas Negativem ist? Es hat nichts mit dem Dharma zu tun, positive Eigenschaften dadurch auszudrücken, dass man negative Begriffe mit negativen Vorsilben versieht. Dabei handelt es sich einfach um eine indische sprachliche und literarische Gepflogenheit. Ein positiver Begriff wie das Sanskrit-Wort *maitrī (mettā* in Pāli) ist auf jeden Fall wahrhaft positiver als jede seiner negativ gebildeten Entsprechungen.

> Wenn wir in Gesprächen über den Dharma Gelegenheit
> haben, anderen zu sagen, welches Handeln nicht gut
> für sie ist, sollten wir ihnen möglichst im gleichen
> Atemzug sagen, welches Handeln gut für sie ist.

Nāgārjuna erklärt die negativen Folgen verschiedener schädlicher Handlungen durch Körper, Rede und Geist und ergänzt dann, fast wie in einem nachträglichen Einfall, die entsprechenden heilsamen Handlungen würden entsprechend positive Folgen nach sich ziehen. Er hätte das auch in umgekehrter Weise darstellen können, indem er zunächst die positiven Folgen heilsamer Handlungen aufgezeigt und es dann uns überlassen hätte, die negativen Folgen unheilsamer Handlungen herauszufinden. Dass er nicht so vorgeht, ist bloß ein Ausdruck indischer linguistischer Konventionen; es hat nichts mit dem Dharma als solchem zu tun. In der Vergangenheit mag das funktioniert haben. Heutzutage ist es wahrscheinlich besser, in positiveren und stärker inspirierenden Formulierungen über moralische Tugenden nachzudenken. Wir sollten eher die positiven Folgen hilfreicher Taten erwägen als die negativen Folgen der schädlichen. Andernfalls gewinnt man leicht den Eindruck, es gehe beim Dharma lediglich darum, etwas wegzunehmen und sein Ziel sei ein bloßes Nichtvorhandensein von etwas.

Das ist ein besonders im Westen weit verbreiteter Irrtum über den Buddhismus. Manche stellen sich *nirvāṇa* ganz wörtlich als Auslöschen vor, und bei *śūnyatā* denken sie buchstäblich an eine gähnende Leere, ein schieres

Nichts.[83] Es ist, als würde man jenseits der Schwelle zur Erleuchtung in ein völliges Nichts verschwinden. Angesichts dieser verständlichen aber völlig irrigen Auffassung des Dharma sollten wir uns davor hüten, seine außerordentlich positiven Ideale ganz selbstverständlich nur negativ zu umschreiben. Negative Ausdrücke werden der erhabenen Einheit von Weisheit und Mitgefühl in keiner Weise gerecht. Diese Einheit ist aber das höchste Ziel des spirituellen Lebens. Wenn wir in Gesprächen über den Dharma Gelegenheit haben, anderen zu sagen, welches Handeln *nicht gut* für sie ist, sollten wir ihnen möglichst im gleichen Atemzug sagen, welches Handeln *gut* für sie ist.

EINE NEUE WELT BAUEN

Durch zahllose reine Wünsche
wird Euer Buddha-Land gereinigt.
Opfert Ihr den Königlichen Überwindern,
werdet Ihr grenzenloses Licht verströmen.

Seid Euch daher des Zusammenhangs
von Ursache und Wirkung stets bewusst
und steht anderen wahrhaft hilfreich zur Seite.
Dies allein hilft am Ende Euch selbst.[84]

Dieser Rat ist einfach: Wir sollten uns vergewissern, dass unsere Handlungen mit der Wirkung harmonieren, die wir erzielen möchten. Wir haben verstanden, dass anderen zu helfen der beste Weg ist, um uns selbst zu helfen. Natürlich vergessen wir das oft und fallen wieder darauf zurück, so zu

---

83 Beide Begriffe - *nirvāṇa* und *śūnyatā* - werden benutzt, um das Ziel des spirituellen Lebens zu beschreiben. Sie stehen für die vollkommene Befreiung vom Kreislauf durch die Existenzen. Wörtlich bedeutet der Begriff *nirvāṇa* „ausgelöscht". Das Wort *śūnyatā* (auf Pāli *suññatā*) erscheint erstmals in dem wahrscheinlich ältesten Abschnitt aller buddhistischen Texte, dem *Pārāyana-vagga* des *Sutta-Nipāta*. Dort fordert der Buddha einen Laienschüler namens Mogharāja auf, er solle die Welt als leer (*suñña*) betrachten, um dadurch Mārā, dem Todesfürsten, zu entkommen. Erst in den Schriften der Mahāyāna-Schulen jedoch wird die Lehre von *śūnyatā* voll entwickelt. Sie ist das Hauptthema der Prajñāpāramitā-Sūtras (Schriften der Vollkommenen Weisheit) und der Werke der Madhyamaka-Schule des Buddhismus.
84 *Nāgārjunas Juwelenkette*, S. 197.

handeln, als sei es umgekehrt. Wie können wir uns daran erinnern? Der einfachste Weg ist vielleicht, uns auf regelmäßigen Austausch mit spirituellen Freunden zu verlassen, deren Rat und Beispiel unserer Erinnerung auf die Sprünge helfen wird.

> Das Prinzip, das Mythen unterliegt, ist das
> der Macht positiven Denkens.

Der Sanskrit Ausdruck für „Buddhaland" ist *buddha-kṣetra*. Die Vorstellung eines solchen Bereichs gründet auf dem Prinzip, dass Denken Dinge hervorbringen und spirituelles Bestreben eine schöpferische Kraft sein kann. Wenn Sie beispielsweise Freigebigkeit üben, wenn Sie großzügig gesinnt sind, werden Sie nach dem Karmagesetz in Zukunft materiell gut versorgt sein. Man kann es auch so ausdrücken: Wir leben in einer bestimmten Welt, einer Welt mit gewissen allgemeinen Eigenschaften, und diese vermitteln uns bestimmte Erfahrungen. Diese Welt, dieser besondere Erfahrungsbereich ist durch unser Handeln geschaffen worden. Unser „kollektives Karma" bringt die Welt unseres kollektiven Lebens hervor.

Wenn Sie nun Ihr Karma verändern – wenn Sie Ihren Geisteszustand, Ihre Willensregungen und Bestrebungen ändern –, können Sie auch Ihre zukünftige Umgebung abändern. Aus diesem einfachen Gesetz lässt sich eine weitere Möglichkeit ableiten: Wenn Ihre Willensregungen oder Bestrebungen mächtig genug sind, werden Sie fähig, eine ganz eigene Welt zu erschaffen, eine Welt, die besser und reiner ist, als Welten es gewöhnlich sind.

Reine Buddhaländer spielen in den Mahāyāna-Schriften eine wichtige Rolle. Sie werden als die ideale Umgebung für die Übung des Dharma dargestellt und oft in üppigem Detail geschildert. Jedes dieser Länder wurde von einem bestimmten Buddha hervorgebracht, aber nicht mit der Absicht, darin in einsamer Pracht zu residieren, sondern damit andere dort wiedergeboren würden und den Dharma unter seiner Anleitung leichter als in einer gewöhnlichen, unreinen Welt üben könnten. Das Reine Land eines Buddha ist das Ergebnis seiner kraftvollen und anhaltenden Bemühung als Bodhisattva, eine solche Welt hervorzubringen. Es ist in dem Sinne rein, dass nur menschliche Wesen und Götter darin leben. Es gibt dort keine Tiere, keine *asuras*, keine *pretas* und keine Höllenwesen. Es gibt auch keinen Geschlechtsunterschied. Man muss nicht arbeiten, Nahrung und Kleidung erscheinen automatisch, und man ist frei, Tag und Nacht den Dharma zu hören.

Wir müssen die Vorstellung von Buddhaländern oder Buddhafeldern nicht wörtlich nehmen. Sie sind ein Mythos, zumal, wenn wir von namentlich genannten Bodhisattvas hören, die ihre individuellen Buddhafelder schaffen. Das Prinzip, das Mythen unterliegt, ist die Macht positiven Denkens, wie man es oft nennt. Wenn Sie positiv denken und positive Emotionen ausstrahlen – ganz besonders verfeinerte, spirituelle Emotionen – werden Sie eine subtile, aber wahrnehmbare Wirkung auf Ihre Umgebung ausüben. Sie werden eine positive Atmosphäre schaffen, die einer Aura oder einem Magnetfeld gleicht und alle in Ihrer Reichweite beeinflusst.

Jede starke Persönlichkeit wird um sich herum eine Atmosphäre schaffen, die ihren Charakter und ihre Werte widerspiegelt. Manche Menschen schaffen eine nicht harmonische Welt, andere eine Welt, die extrem furchtsam oder argwöhnisch ist. Politiker neigen dazu, *asura*-ähnliche Welten rücksichtslosen Ehrgeizes zu schaffen, während Künstler eher Welten der Schönheit und anderer ästhetischer Werte hervorbringen. Im Fall eines Buddhas erschaffen seine Weisheit und sein Mitgefühl ein „Gravitationsfeld", das so stark ist, dass es jeden beeinflusst, der in seinen Anziehungsbereich kommt. Das ist seine Welt, sein Buddhafeld.

In bestimmten Mahāyāna-Sūtras wird dieses Phänomen vielfältig vergrößert. Ihnen zufolge kann ein Buddha durch die bloße Kraft des Denkens ein vollständiges, ideales Reich erschaffen, in dem Lebewesen wiedergeboren werden können. Zwischen einem Reinen Buddhafeld und einem gewöhnlichen, unreinen gibt es mehr als nur einen graduellen Unterschied, denn ersteres ist eine für sich bestehende, ideale Umgebung, getrennt von unserer eigenen Welt. Sie ist ohne fremde Hilfe durch die Bemühungen eines einzelnen Bodhisattvas erschaffen worden, mittels seiner oder ihrer eigenen, ganz und gar reinen Gedanken, Bestrebungen und Gelübde. Ein unreines Buddhafeld hingegen überschneidet sich mit der gewöhnlichen Welt. Der Buddha teilt es mit anderen Wesen, die diese Welt kraft ihres unreinen Karmas hervorgebracht haben.

Man kann dies damit vergleichen, wie unterschiedlich es ist, den Dharma inmitten des gewöhnlichen Stadtlebens mit seinen Ablenkungen und Schwierigkeiten oder in einem ländlich gelegenen Retreatzentrum zu üben.

Ethisch leben

Ein solches Zentrum ist ein kleines, zeitweiliges Reines Land, wo spirituell positive äußere Bedingungen bewusst geschaffen wurden. Ihr einziger Zweck besteht darin, dass die Retreatteilnehmer den Dharma hören und üben können.

Für eine Wiedergeburt in einem Reinen Land muss man dem Mahāyāna zufolge ernsthaft das Bestreben formulieren, in einem Reinen Land wiedergeboren zu werden, und dann die entsprechenden spirituellen Übungen aufnehmen. Das bekannteste Reine Land oder Reine Buddhafeld ist *Sukhāvatī*, „reich an Glückseligkeit", das Reine Land von Amitābha, dem Buddha des Unendlichen Lichtes. Dieses Reine Land ist im Buddhismus des Fernen Ostens besonders wichtig. Es ist ein zentraler Bezugspunkt der verschiedenen Reine-Land-Schulen in China und Japan. Diese Schulen legen großes Gewicht darauf, Amitābha zu verehren oder seinen Namen anzurufen.

Es scheint, als sei der Buddhismus des Reinen Landes aus einem weit verbreiteten Gefühl spiritueller Verzweiflung entstanden. Die Menschen glaubten, es sei für sie nicht mehr möglich, in dieser Welt Erleuchtung zu erlangen, wo die Bedingungen für die Übung des Dharma so ungünstig waren. Daher trachteten sie danach, nicht erneut in dieser unreinen Welt geboren zu werden, sondern in einer ganz anderen Welt, wo es ideale Bedingungen für ihre Übung gab.

Im Vajrayāna sah man die Dinge anders. Diese Welt hier sei das Reine Land, wenn wir es nur als solches erkennen können. Wenn wir selbst rein werden, wird auch die Welt rein, oder, genauer, wir erleben sie als rein. Wir leben inmitten eines göttlichen Mandalas und nicht in dieser befleckten alten Welt. Wir hören alle Geräusche als Mantras und sehen alle Formen als Buddhas und Bodhisattvas. Somit kehrt das Vajrayāna zu dem allgemeinen Prinzip zurück, das dem Mythos des Reinen Landes zu Grunde liegt, dass wir unsere eigenen Welten schaffen, ob jetzt oder in der Zukunft.

Sie können den Bereich, in dem Sie leben, ändern, indem Sie die Bedingungen schaffen, die eine positive Veränderung in Ihren Geisteszuständen unterstützen werden. Sie schaffen ohnehin ständig Ihre eigene Welt um sich herum. Die Frage ist, was für eine Welt Sie gerade schaffen? Und wie gehen Sie dabei vor? Viel wird von den Menschen abhängen, denen Sie sich anschließen. Diese Menschen werden Sie entweder zu sich hoch oder zu sich herunter ziehen. Ein buddhistisches Zentrum, zum Beispiel, sollte eine klei-

ne Welt oder wenigstens eine Oase des Gewahrseins und der Freundlichkeit sein, völlig anders als andere soziale Umgebungen. Wenn man eintritt,
sollte es anders aussehen, sich anders anfühlen und anders sein, sonst ist es
kein buddhistisches Zentrum. Man sollte sich in einen lichteren, reineren,
tieferen Daseinsbereich hinein gezogen fühlen.

Heißt es in der Heilkunde nicht,
dass Gift durch Gift beseitigt wird?
Warum sollte es also ein Widerspruch sein, wenn man davon ausgeht,
dass das, was [in Zukunft] Leiden verursachen wird,
durch Leiden beseitigt werden kann?

[In den Schriften des Großen Fahrzeugs] steht
geschrieben, dass Motivation die Praxis prägt
und der Geist dabei eine gewichtige Rolle spielt.
Wie könnte Leid also nicht hilfreich sein
für denjenigen, der aus uneigennützigen Motiven heraus hilft?

Da schon [im gewöhnlichen Leben] Leid mitunter zu künftigem Nutzen führt,
wie sollte [das Auf-sich-Nehmen von Leid] da
für das eigene Glück und das der anderen Wesen nicht von Nutzen sein?
Diese Übung gilt als Vorgehensweise der Älteren.

Wenn durch Verzicht auf kleine Freuden
später großes Glück entsteht,
wird der Entschlossene sein Augenmerk auf künftige Freuden richten
und auf kleine Vergnügungen verzichten.

Wenn wir dazu nicht in der Lage sind,
werden die Ärzte, die uns die bittere Medizin verabreichen,
bald verschwunden sein. Es ist nicht [vernünftig],
[große Freuden für kleine] aufzugeben.

Manchmal gilt das, was scheinbar Schaden anrichtet,
dem Weisen als hilfreich.
Diesbezüglich geben alle Abhandlungen
allgemeine Regeln und ihre Ausnahmen an.[85]

---

85 *Nāgārjunas Juwelenkette*, S. 206.

Ethisch leben

Unter gewissen Umständen sind wir alle bereit, ein bisschen Schmerz zu ertragen, wenn wir dadurch später größeres Leid vermeiden können. Doch versagen wir uns um unserer kleinen weltlichen Vergnügungen willen die weitaus tiefere Freude, Seligkeit und Erfüllung des spirituellen Lebens. Wenn jemand, dem Sie vollkommen vertrauen, sagen würde: „Gib mir heute zehn Euro, ich werde dir morgen hundert geben", und wenn Sie dieses Angebot ablehnen würden, heißt das, dass Sie sich weigern, zehn Euro herzugeben, während Sie andererseits bereitwillig hundert Euro aufgeben. Das macht keinen Sinn! Ebenso unsinnig ist es, auf die Glückseligkeit von *nirvāṇa* eher zu verzichten, als die Vergnügungen des weltlichen Lebens aufzugeben.

Nun hört sich das zwar logisch an, doch ob wir auch danach handeln, wird davon abhängen, ob wir Vertrauen haben. Wir müssen zutiefst von den Belohnungen überzeugt sein, die letztendlich auf uns warten, bevor wir jene aufgeben werden, die schon in Reichweite sind. Bekanntlich ist ein Spatz in der Hand mehr wert als eine Taube auf dem Dach. Die meisten Menschen vertreten die Einstellung: „Geben Sie mir ein klares und überzeugendes *Erlebnis* der Belohnungen im spirituellen Leben, dann wird mein Interesse an weltlichen Freuden ganz natürlich abnehmen." Um aber spirituelle Freuden zu genießen, müssen Sie weltliche Freuden zumindest teilweise aufgeben, und dafür müssen Sie entschlossen und beharrlich sein. Menschen fällt es schwer, Gewohnheiten wie das Rauchen aufzugeben, trotz der klaren gesundheitlichen Vorteile. Es wird noch sehr viel schwieriger sein, Dinge für weniger greifbare Vorteile aufzugeben.

Wer den Schuh trägt, weiß, wo er drückt.

Außerdem lassen sich spirituelle Belohnungen nicht wirklich mit weltlichen Belohnungen vergleichen. Wir haben vielleicht einiges über spirituelle Freuden gehört, doch ich vermute, wenn man Übende nach ihren größten Freuden fragen würde, dann würden nur wenige die spirituellen Freuden erwähnen sondern wahrscheinlich Dinge wie Sex, Trinken, Essen, Filme oder vielleicht Musik. Die Freuden der Meditation und des Dharma werden den meisten vergleichsweise saft- und kraftlos erscheinen. Spirituelle Freuden können manchmal sehr intensiv sein, doch sie sind ihrer Natur nach viel subtiler als sinnliche Genüsse. Die Vorstellung, weltliche Vergnügungen für ein paar seltene Augenblicke meditativer Verzückung aufzugeben, wird den meisten Menschen als schlechtes Geschäft vorkommen. Spirituelle Belohnungen sind subtil und komplex, und es geht bei ihnen eher um innere Erfüllung, Frieden, Zufriedenheit und Freiheit als um Genuss, so einzigartig er auch sein mag.

Nāgārjuna unterstellt, Schmerz, Unbequemlichkeit oder Entbehrung seien sichere Investitionen. Ich bin nicht davon überzeugt, dass das wirklich stimmt. Es drückt auch nicht den echten Bodhisattva-Geist aus. Wir werden hier dazu angeregt, den Dharma nicht deshalb zu üben, weil das in sich selbst attraktiv und inspirierend ist, sondern, weil es eine bessere Investition unserer Zeit und Kraft ist als weltliche Alternativen. Es wird eine bessere Dividende bringen, und wir werden sozusagen einen größeren Gewinn für unseren Einsatz bekommen. Eine solche Argumentation ist nicht erbaulich, sondern eher unwürdig.

Wie die Situation zu Nāgārjunas Zeiten auch gewesen sein mag, heute wäre es wahrscheinlich unklug, anderen vorschnell zu raten, sie sollten die trivialen, billigen Genüsse der Welt um der großen zukünftigen spirituellen Freuden willen aufgeben. Es wäre ebenso unangemessen ihnen zuzusichern, dass jedes Opfer, das sie heute bringen, sich letztlich als sehr lohnend erweisen wird. Es ist ein riskantes Spiel, kleine Freuden in der Hoffnung auf den Genuss späterer größerer Freuden aufzugeben. Wir Menschen brauchen Freude, um überhaupt weiter zu machen. Wenn es im Leben keinerlei Vergnügen gibt, wird es früher oder später zu einer Reaktion kommen; das nicht erfüllte Bedürfnis wird sich bemerkbar machen, und wird man am Ende wahrscheinlich eher nach den gröberen weltlichen Genüssen greifen als nach den feineren.

Vergnügen ist ein wesentlicher Bestandteil des menschlichen Lebens. Ohne Vergnügen wird das spirituelle Leben so freudlos, langweilig und ausgedörrt, dass die Übenden ihr Interesse daran schließlich ganz verlieren können. Der Schlüssel liegt darin, solche Freuden als mit dem spirituellen Leben durchaus vereinbar zu sehen. Angenehme Erlebnisse, die heilsam sind – und weltlicher Genuss *kann* heilsam sein – wirken stärkend auf das System. Es ist ein Irrtum zu glauben, dass man dem Tag, an dem man die Freuden des spirituellen Lebens in ihrer ganzen Herrlichkeit genießen wird, dadurch näher kommt, dass man sich jetzt zwingt, seine kleinen Freuden allesamt aufzugeben. Das ist nicht zwangsläufig so. Das wäre so ähnlich, als würde man beim Aufbruch zu einer einwöchigen Wanderung denken, man werde schneller ans Ziel kommen, wenn man kein Essen mitschleppe. Mit leichtem Gepäck zu reisen mag einen oder zwei Tage lang gut gehen, doch danach werden Sie langsamer werden und schließlich vielleicht mangels Nahrung ganz aufgeben. Um unserer gesamten spirituellen Weiterentwicklung willen sollten wir kleine Freuden sehr bewusst genießen, ohne aber in ihnen zu schwelgen oder sie uns heimlich oder schuldbewusst zu ergreifen.

Da weltliche Freuden letztlich substanzlos und unbefriedigend sind, sollte man sich nicht auf sie verlassen. Sie können auch schädlich sein. Wenn Sie aber mit Freunden einer harmlosen, entspannenden Freizeitbeschäftigung nachgehen, die Ihre positiven Kräfte erneuert, kann das nur von Vorteil sein. Milarepa, der tibetische Dichter und Einsiedler des elften Jahrhunderts, mag zwar alle weltlichen Vergnügungen aufgegeben haben, doch seine Lieder singen von den Freuden des spirituellen Lebens. Wir müssen ehrlich einschätzen, wie viel spirituelle Freude wir tatsächlich erfahren und dafür sorgen, durch relativ heilsamer weltlicher Genüsse das vielleicht fehlende auszugleichen. Andernfalls werden wir wahrscheinlich eine starke Abwehrreaktion gegen das spirituelle Leben erleben. Wir sollten aber andererseits ehrlich zugeben, wie groß die Bedeutung der Vergnügen für uns ist: Nehmen wir dazu „Zuflucht", oder schaffen wir bloß Raum dafür innerhalb des größeren Rahmens unseres buddhistischen Lebens?

> Weise Menschen werden eine wirkliche Schwierigkeit immer
> in eine Chance verwandeln können.

Die menschliche Haltung gegenüber Freude und Schmerz ist komplex. Es ist durchaus möglich, dass diejenigen, die mit Schwierigkeiten zu kämpfen haben, am Ende besser und stärker dastehen, aber es ist nicht zwangsläufig so. Niemand, so gelassen er oder sie auch sein mag, möchte alles Geld verlieren oder sein Haus niedergebrannt sehen. Solche Katastrophen können manche Menschen in eine längere Depression stürzen. Von diesem wichtigen Vorbehalt abgesehen, weist Nāgārjuna durchaus auf einen für das spirituelle Leben wesentlichen Punkt hin: Weise Menschen werden eine wirkliche Schwierigkeit immer in eine Chance verwandeln können. Aber nicht alle müssen eine schwierige Zeit durchmachen. Manche Menschen können sehr inspiriert sein und sich dem spirituellen Leben ganz verpflichten, ohne jemals Schwierigkeiten zu erleben. Für andere indes kann eine schwierige Phase genau das sein, was sie benötigen, um in ihrem Leben einen radikalen Wandel zum Besseren zu bewirken.

Es gibt Menschen, die spirituelle Übung mit der Begründung ablehnen, sie solle uns angeblich vom Leiden befreien und bringe doch nur Unbehagen körperlicher wie auch geistiger Art. In buddhistischen Lebensstilen scheint es immer darum zu gehen, gewöhnlichen Freuden und Bequemlichkeiten zu entsagen. Das Leiden im Lauf der spirituellen Übung ist aber nur eine Begleiterscheinung. Weder ist es das einzige, noch ein notwendiges Ergebnis der spirituellen Übung. Die meisten Menschen sehen Einzelhaft als eine Form von Bestrafung. Darum glauben sie natürlich auch, dass man in einer Einzelklausur nur wenig Freude erleben kann. „Wirst du denn nicht verrückt vor Langeweile?", sagen sie oder: „Das ist doch offensichtlich masochistisch." Aber die Weisen betrachten Einsamkeit, wenn man sie freiwillig auf sich nimmt, als eine äußerst segensreiche spirituelle Herausforderung. Sie mag schwierig und zeitweise sogar schmerzlich sein; vielleicht langweilt man sich und fühlt sich gelegentlich sogar verzweifelt, doch wenn man unbeirrt weitermacht, wird man Zugang zu inneren Schätzen finden, die man als zutiefst bereichernd und freudvoll erlebt. So schmerzhaft der Prozess manchmal sein kann, führt er doch schließlich zu glücklichen Geisteszuständen und sogar zur Glückseligkeit der Befreiung.

Wenn wir vor allem motiviert sind, anderen zu helfen, so sagt Nāgārjuna, wird der Schmerz, den wir in der Verfolgung dieses Ziels erleiden, uns auf lange Sicht befähigen, hilfreich zu sein. Die uns begegnenden Schwierigkeiten so zu betrachten, kann besonders dann fruchtbar sein, wenn wir uns bemühen, dem Bodhisattva-Pfad zu folgen.

> Menschen, die in ihrem persönlichen Leben Probleme
> erfahren oder ihre eigene menschliche Schwäche entdeckt
> haben, werden oft anderen gegenüber mitfühlender.

Auch auf eine eher direkte Weise ist Leiden hilfreich, da es uns hilft, das Leiden anderer zu verstehen. Wenn Sie selbst nicht viel gelitten haben, werden

Sie wahrscheinlich weniger leicht mit denen fühlen können, die leiden. Doch auch das ist keine absolute Regel. Mit genügend Vorstellungskraft reichen vielleicht geringe eigene Schmerzerfahrungen aus, um tief mit dem Leid anderer zu fühlen. Wenn Sie sich aber beispielsweise immer guter Gesundheit erfreut haben, könnten Sie glauben, Menschen, die oft krank und körperlich zerbrechlich sind, würden viel Lärm um nichts machen; sie sollten sich zusammenreißen und aufhören zu lamentieren. Oder, wenn Sie nie geraucht haben, werden Sie vielleicht denen gegenüber ziemlich mitleidslos sein, die zwanzig oder dreißig Mal am Tag das Verlangen nach einer Zigarette haben: „Wie meinen Sie das, Sie können das nicht aufgeben?", sagen Sie und: „Dazu braucht man doch bloß ein bisschen Willenskraft!"

Dieser Mangel an Mitgefühl, weil man selbst ein leichtes Leben hat, kann sich in verschiedene Bereiche ausweiten. Wenn Sie beispielsweise voller Vertrauen sind, werden Sie vielleicht nicht viel Verständnis für jemanden haben, der von spirituellen Zweifeln geplagt wird. Oder wenn Sie zufrieden zölibatär leben, fällt es Ihnen vielleicht schwer, die Schwierigkeiten und Pflichten von jemandem zu würdigen, der verheiratet ist und eine Familie hat. Menschen, die in ihrem persönlichen Leben Probleme erfahren oder ihre eigene menschliche Schwäche entdeckt haben, werden oft anderen gegenüber mitfühlender. Jene, die sich an ihre eigenen Anfangsschwierigkeiten beim Meditieren erinnern können, sind oft die besten Meditationslehrer. Sie werden bestimmt nicht darauf bestehen, dass Anfänger lange Meditationssitzungen machen müssen, die nur in körperlichen Beschwerden und Langeweile resultieren.

Es ist sehr schwierig, das Erleben einer anderen Person zu verstehen. Einem gesetzestreuen Bürger fällt es schwer, Mitgefühl für einen verurteilten Kriminellen zu empfinden, wie es auch dem Kriminellen schwer fällt, Sympathie für den gesetzestreuen Bürger zu fühlen, der mithilft, ihn ins Gefängnis zu bringen. Ein Sprichwort sagt: Wer den Schuh trägt, weiß, wo er drückt. Wenn es darum geht, Mitgefühl (*karuṇā*) zu definieren, benutze ich Tennysons Ausdruck „eine schmerzfreie Empathie mit Schmerz".[86] Den Weg dazu findet man aber im Allgemeinen durch ein persönliches Leidenserlebnis, ob in der Form einer chronischen Krankheit, eines plötzlichen Trauerfalls oder einer niederschmetternden Demütigung.

---

86 Tennyson, *In Memoriam* lxxxiv.

[Die Grenzenlosigkeit des Verdienstes], das aus dem
Wunsch hervorgeht, den unzähligen Wesen
in den unzähligen Welten zu helfen, ist ebenso
unermesslich [wie die Zahl dieser Wesen].

Diese Übungen, die ich Euch hier kurz
in bekannter Weise dargelegt habe.
sollten Euch am Herzen liegen,
wie Euer Körper es gewöhnlich tut.

Wer seiner Praxis tief ergeben ist,
weiß in Wahrheit auch, seinen Körper zu schätzen.
Wo Wertschätzung [für den Körper] hilfreich ist,
wird die Praxis dafür sorgen.

Widmet Euch daher der Praxis so innig wie Euch selbst.
Schenkt Eurer Vervollkommnung ebenso viel Aufmerksamkeit wie der Praxis.
Widmet Euch der Weisheit mit derselben Energie wie der Vervollkommnung.
Und achtet die Weisen ebenso wie die Weisheit.

Wer aber glaubt, es sei schlecht für ihn,
[wenn er] auf jene baut, die Reinheit, Liebe und Erkenntnis besitzen,
die ihren Rat hilfreich und angemessen darlegen,
der schadet nur seinen eigenen Interessen.

Ihr solltet wissen, welche Eigenschaften ein spiritueller Lehrer hat:
Wenn Ihr unterrichtet werdet von Menschen,
die innere Zufriedenheit besitzen,
die Mitgefühl und Ethik verwirklicht haben,

die Weisheit besitzen, welche Eure störenden Emotionen austreibt,
dann solltet Ihr in die Tat umsetzen [was sie lehren]
und ihnen Achtung entgegenbringen.
Ihr werdet höchste Vervollkommnung erfahren,
wenn Ihr diesen Anweisungen folgt:

Sprecht immer die Wahrheit. Redet freundlich mit den fühlenden Wesen.
Seid von freundlichem Wesen. Bemüht Euch, andere zu überzeugen.

Ethisch leben

Handelt vernünftig. Enthaltet Euch der üblen Nachrede.
Seid unabhängig und führt keine sinnlosen Reden.
Seid diszipliniert, maßvoll, großzügig,
von edlem Gemüt und friedvollem Geist,
nicht ruhelos, nicht zögerlich,
nicht trügerisch, sondern stets entgegenkommend.

Seid sanft wie der volle Mond.
Seid glanzvoll wie die Sonne im Herbst.
Seid tief wie der Ozean.
Seid standhaft wie der Berg Meru.

Frei von allen Fehlern
Und geschmückt mit allen guten Eigenschaften,
sollt Ihr zur Stütze aller Wesen werden
und Allwissenheit erlangen.

Diese Lehren wurden nicht nur
für Könige dargelegt!
Sie wurden gegeben aus dem Wunsch heraus,
anderen fühlenden Wesen jene Hilfe zu geben, die sie brauchen.

O König, Ihr tätet gut daran,
Tag für Tag über diese Ratschläge nachzudenken,
auf dass Ihr und alle anderen Wesen
bald vollständige und vollkommene Erleuchtung erlangt.

Jeder Mensch, der nach Erleuchtung strebt, sollte sich stets vervollkommnen in:
Ethik, höchster Achtung gegenüber den Lehrern,
Geduld, Toleranz und Freigebigkeit,
Hingabe an den Reichtum einer uneigennützigen Haltung ohne
Hoffnung auf Lohn, Hilfeleistung für die Armen.
Er sollte die Gesellschaft hoch entwickelter Menschen suchen
und die gering entwickelter Menschen meiden.
Möge er immer den Erhalt der Lehre im Auge haben.[87]

---

87 Nāgārjunas Juwelenkette, S. 219ff.

Wenn die Anzahl der Wesen grenzenlos ist, dann sind die Verdienste, die aus dem Wunsch erwachsen, den unzähligen Wesen in unzähligen Welten zu helfen, ebenfalls unermesslich. Deshalb sollte man die Übungen, die diesen Wunsch unterstützen, entsprechend hoch schätzen. Inder würden sagen, sie sollten uns so teuer sein wie der eigene Körper oder wie der Augapfel. Wir sollten mit derselben gesunden Anhaftung und täglichen Aufmerksamkeit auf unsere spirituelle Übung achten, wie wir für unseren Körper sorgen. Wir sollten unsere Übung ebenso pflegen, hegen und nähren wie unseren Körper, damit sie lebendig bleibt und gedeiht. Sie ist nichts, das wir aufnehmen und wieder fallen lassen können, wenn es uns gerade passt. Sie hat ein Eigenleben, und kann aus Vernachlässigung sterben, wenn wir das zulassen.

Lehrer und spirituelle Freundschaft

So wie der Körper seinen höchsten Zweck darin findet, als Stütze für spirituelle Übung zu dienen, so muss die spirituelle Übung selbst einen eigenen höheren Zweck haben. Wir sollten ebenso gut für unsere Übung sorgen so wie wir das für unser empirisches Selbst tun, insbesondere den Körper. Aber es reicht nicht aus, mechanisch zu üben. Fragen Sie sich: „Mache ich Fortschritte? Was ändert sich durch mein Üben? Beseitige ich das Unheilsame und entwickle das Heilsame?" Anscheinend bedeutet „Vervollkommnung" für Nāgārjuna Vervollkommnung in der Meditation, doch auch das reicht nicht aus. Wir mögen durchaus Freundlichkeit, Mitgefühl, Mitfreude und Gleichmut ausstrahlen, doch Weisheit geht schließlich darüber hinaus. Vervollkommnung in der Meditation dient dazu, Weisheit zu erlangen.

Gewiss, wenn man einmal Weisheit erlangt hat, kann es weiter nichts geben, worauf man achten müsste. Warum aber fährt Nāgārjuna fort und empfiehlt, wir sollten „die Weisen ebenso wie die Weisheit" achten? Wenn Sie selbst weise sind, sollte es doch nicht mehr nötig sein, auf die Weisen zu achten? Nāgārjuna sagt hier, dass es Weisheit in gewisser Hinsicht gar nicht gibt. Es gibt nur Weise. „Weisheit" ist lediglich ein abstrakter Begriff, wenn wir aber einem weisen Menschen begegnen, treffen wir in der Tat auf Weisheit. Wir mögen uns einbilden, wir hätten Weisheit entwickelt, doch ob das zutrifft, können wir erst durch Begegnung mit einem weisen Menschen wissen und durch den existentiellen Austausch, der sich zwischen uns und dieser besonderen menschlichen Verkörperung von Weisheit ereignet. Wie Nāgārjuna anmerkt, ist es töricht, Bedenken zu haben, sich auf solch einen Lehrer zu stützen.

Wir müssen nicht zu Füßen eines verwirklichten Meisters sitzen; was wir brauchen, ist menschlicher Kontakt.

Weisheit ist nichts Abstraktes. Es kann sie nur in lebendigen Männern und Frauen geben. Sie muss verkörpert sein. Tatsächlich liegt es im Wesen von Weisheit, zwischen Begriffen und gelebter Erfahrung zu unterscheiden. Vielleicht denken Sie, Sie seien weise, doch der echte Test kommt, wenn Sie einem weisen Lehrer begegnen und als das gesehen werden, was Sie sind. Kein Buch stellt genau die Fragen, die er oder sie Ihnen stellen wird. Kein Buch vermag hinter die Worte zu blicken, die Sie sprechen. Das erklärt, warum wir uns vielleicht einreden wollen, wir führen besser, wenn wir uns nicht auf einen weisen Lehrer stützen. Wir haben Angst davor, gesehen zu werden – Angst, dass die feste Ansicht, die wir von uns selbst haben, in Frage gestellt wird.

Es ist möglich, allmählich eine stärker „verkörperte" Weisheit zu entwickeln, indem man unterrichtet. Dabei werden Sie sich viel klarer, wie tief Ihr Verständnis des Dharma wirklich geht, besonders dann, wenn die Menschen, die Sie unterrichten, intelligent und selbstbewusst sind. Gewöhnlicher menschlicher Kontakt mit anderen Angehörigen der spirituellen Gemeinschaft hat überdies die nützliche Funktion, von uns zu fordern, dass wir das begrifflich Verstandene auch im praktischen Leben verwirklichen. Und er hat die noch wichtigere Funktion, uns zu zeigen, dass wir manche Dinge in einem Grad verstehen, der uns bisher nicht bewusst war. Wichtiger als zu erkennen, dass wir nicht wissen, was wir zu wissen glaubten, ist zu erkennen, dass wir etwas wissen, von dem wir bisher nicht wussten, dass wir es wissen.

Die Eigenschaften, die wir laut Nagarjuna in Lehrern suchen sollten, sind relativ bescheiden. Sie sollten zufrieden sein in dem Sinne, dass sie in sich ruhen. Sie sollten in dem Sinn barmherzig sein, dass sie uneigennützig wünschen, anderen zu helfen. Natürlich sollten sie ein ethisches Gewahrsein haben. Sie sollten jene Weisheit besitzen, „welche Eure störenden Emotionen austreibt", nicht notwendigerweise vollkommene Weisheit. Wir müssen nicht zu Füßen eines verwirklichten Meisters sitzen; was wir brauchen, ist Kontakt zu anderen Menschen mit genug „verkörperter" Weisheit, um uns zu befähigen, unsere negativen Geisteszustände zu überwinden. Wenn wir das Glück hätten, mit einer voll erleuchteten Person Zeit zu verbringen, wäre das wahrlich wunderbar, doch beständige spirituelle Freundschaft der gewöhnlicheren Art wird uns alles geben, was wir brauchen.

Viele Menschen im Westen haben Bedenken, sich irgendeinem Anliegen oder einer Person geistiger Art zu verpflichten. Für diese Vorsicht gibt es gute wie schlechte Gründe. Ein guter Grund ist, dass emotional verletzliche oder leichtgläubige Menschen von einem Scharlatan ausgebeutet oder missbraucht werden können. Ein schlechter Grund ist zu glauben, wir würden unsere spirituelle Unabhängigkeit erhalten, wenn wir jede Art von Verpflichtung vermeiden. Nāgārjuna empfiehlt, das Vertrauen, das wir einem Lehrer entgegenbringen, sollte keine Abhängigkeit im Sinne eines passiven Anklammerns an den Lehrer sein, um emotionale Sicherheit zu gewinnen. Sich auf Lehrer zu stützen, bedeutet, ihren Rat ernst zu nehmen und ihrer Weisheit zu trauen, aber letztlich müssen wir selbst die Verantwortung für unsere Taten übernehmen und nicht erwarten, dass der Lehrer alles für uns tut.

Nāgārjuna schließt seinen Rat an den König mit einer einfachen, direkten und vergleichsweise leichten Lehre. Weil er dem König etwas Inspirierendes geben möchte, das er auch zu üben vermag, kommt er wieder auf den Boden zurück. Seine letzten „Anweisungen" beginnen mit Redevorsätzen, denn wenn Sie ein Bodhisattva werden wollen, werden Sie wahrscheinlich durch die Sprache den ersten Kontakt mit denjenigen aufnehmen, denen Sie helfen wollen. Wir sollten sagen, was wahrhaft wohltuend ist – das heißt, was tatsächlich nützlich ist – und nicht unbedingt das, was den Menschen genehm ist. Wir sollten mit freundlicher Aufmerksamkeit für unsere Zuhörer und ihre möglichen Gefühle sprechen. Wir sollten uns dessen gewahr sein, was wir sagen und ob es wirklich wert ist, gesagt zu werden. Wir sollten überzeugend, aber nicht aalglatt sprechen. Wir sollten überlegt und besonnen reden und nicht aufs Geratewohl. Und wir sollten andere natürlich nicht schlechtmachen oder verleumden. Schließlich sollten wir nicht einfach die Worte anderer nachplappern, sondern aus unserer persönlichen Erfahrung sprechen.

Anschließend nennt Nāgārjuna eine Reihe grundlegender Eigenschaften, die vor allem die Stabilisierung einer positiven Geisteshaltung, die Beherrschung der eigenen Energien und Kontrolle der Emotionen betreffen. Wenn Sie aufgeregt und übersprudelnd sind, mag sich das zwar positiv anfühlen, doch in Wirklichkeit ist Ihre Energie dann ruhelos und nicht integriert. Wenn Ihre Energie leicht erregbar ist, wird sie wahrscheinlich eher reaktiv sein. Erregbarkeit ist somit ein weniger positiver Zustand, als es scheinen könnte. Wenn Sie zögerlich oder gar betrügerisch sind, machen Sie es anderen schwer, Sie zu mögen.

Der letzte Vorsatz, der dem König angeboten wird, ist, er solle die Gesellschaft spirituell gesinnter Menschen suchen – die Übersetzung spricht von „hoch entwickelten Menschen". Nāgārjuna sagt, wir sollten nur mit Menschen verkehren, die unsere Übung des Dharma unterstützen, und sollten jene meiden, die sie untergraben könnten. Für jemanden, der in der gewöhnlichen Welt lebt, ist das offensichtlich ein unerfüllbares Ideal. Aber es geht darum, die Verbindung mit spirituellen Freunden aufrecht zu halten und diese Freundschaften gut zu pflegen. Wenn alles andere versagt, sind es diese Freundschaften, die Ihnen über alle Schwierigkeiten, Zweifel und Enttäuschungen hinweg helfen können – auf dem Pfad zu einer Erleuchtung, die nicht mehr zu übertreffen ist.

Index

A

B

Befreiung   10, 15, 40, 42, 43, 114f, 120ff, 125f, 142f, 168, 176, 184.
      Siehe auch Erleuchtung
Begehrlichkeit   29, 109, 130
Begierde   21, 35, 81ff, 86, 89f, 109, 130, 146, 159, 163.
      Siehe auch Verlangen
Belohnung   61, 69, 124. Siehe auch Karma
Berauschung   127
Bodhicaryāvatāra   64, 158
Bodhicitta   41, 42, 46, 50
Bodhisattva   1, 16, 27, 28, 34, 36, 37, 43, 50, 62, 76, 144, 158, 167, 170, 177,
      182, 184, 190
Böswilligkeit   142, 144. Siehe auch Hass
Buddha   1, 3, 5f, 8, 9, 13, 21, 41, 43f, 48f, 59, 67, 73, 83ff, 93, 98f, 110ff,
      123, 131, 150ff, 164, 169, 176ff, 208
Buddhaland   177. Siehe auch Reines Land

C

Ceto-vimutti   42

D

Dankbarkeit   40, 60, 61, 150
Denken   102, 133, 138, 140, 151f, 164, 177
Dharma   118, 139, 141
Dharma-vicaya   139, 141
Dhyāna   42, 85
Disziplin   20f, 90
Drei Gifte   15
Drei Juwelen   153, 167, 169, 208
Drei Mäuse Analogie   83
Drogen   65, 127, 129. Siehe auch Sucht
Duḥkha   82, 123. Siehe auch Leiden

E

Ego   27f, 34, 118, 121, 148, 152, 156f. Siehe auch Selbst
Ehebruch   173

L

M

N

P

Hinweise zur Schreibung und Aussprache

Die im Text auftauchenden Sanskrit- und Pāli-Worte sind wissenschaftlich umgeschrieben. Wie diese Zeichen ungefähr auszusprechen sind, ist in dem folgenden kurzen Überblick angegeben.

Alle Begriffe mit ṣ oder ś sind Sanskrit (Skt.), da das Pāli (P.) über keine sch-Laute verfügt. Im Pāli sind indes häufiger Doppelkonsonanten zu finden: z. B. dhamma oder vitakka, die auf Sanskrit dharma und vitarka heißen.

In der Liste der Geistesereignisse haben wir auch die tibetischen Begriffe aufgeführt und dort gleich eine ungefähre Aussprache angegeben. Im Tibetischen (Tib.) werden die Vokale immer kurz gesprochen, besonders auch das a am Ende; sh wird als sch ausgesprochen, was wir dort nicht extra angegeben haben.

Ausspracheregeln im Überblick

(Ein Akzent auf einem Vokal bedeutet, dass diese Silbe die Betonung trägt.)

a, i, u   kurz (wie in „kalt", „schrill", „jung")

ā, ī, ū   lang (nidāna = nidáana, śūnyatā = schúunjaṭaa)

e, o   lang, ausgenommen vor Doppelkonsonanten

c =   tsch (cetanā = tschéetanaa, bodhicitta = bóoditschitta)

j =   stimmhaftes dsch (samprajanya = samprádschanja)

ñ =   nj wie etwa in „Avignon"

ṅ   wie das n in „Anker"

s   immer stimmlos, d.h. wie ß

ś,ṣ =   sch (sparśa = sparscha, upekṣā = upéekschaa)

v =   w

y =   deutsches j

ṃ   nasaliert entweder den vorausgehenden Vokal oder seine Ausspra-
      che wird dem nachfolgenden Konsonanten angepasst. Tāṃ ist also
      wie das französische „temps" auszusprechen, hūṃ etwa wie „huung"
      und saṃsāra wie „ssangssáara".

bh, ch, dh, gh, jh, kh, ph, th sind jeweils ein „Buchstabe", auch wenn sie als
zwei Buchstaben umgeschrieben werden. Sie gelten als einfache, aspirierte
Konsonanten und sind mit leichtem, für das europäische Ohr kaum wahr-
nehmbarem Hauchlaut auszusprechen, das heißt ph = p-(h) und ch = tsch-(h).
Sie werden also nicht zu einem Laut zusammen gezogen wie im Deutschen
beispielsweise „ph" zu „f". Da das h zum Buchstaben gehört – und ohnehin kaum hörbar ist –, darf es auch nicht abgetrennt werden. Es heißt also
„bud-d(h)ang" und „sang-g(h)ang" und nicht „budd-hang" und „sang-hang".

Bei ḍ, ḍh, ḷ, ṇ, ṛ, ṣ, ṭ, ṭh (bei einem Punkt unter dem jeweiligen Buchstaben) ist die Zunge gegen den Gaumen zu pressen.

Doppelkonsonanten sind immer doppelt zu sprechen, etwa wie in „Brot-
teig". Bei mehrsilbigen Worten liegt die Betonung in der Regel auf der dritt-
letzten Silbe (cétanā, védanā, śūnyatā). Wenn die vorletzte Silbe jedoch einen langen Vokal enthält oder der kurze Vokal von Doppelkonsonanten
gefolgt ist, so trägt sie den Ton (samādhi, ottáppa, vikṣépa). Bei zweisilbi-
gen Worten liegt die Betonung auf der ersten Silbe (Dhárma, spárśa, māna).

ADRESSEN

Freunde des Westlichen Buddhistischen Ordens (FWBO) wurde 2010 umbenannt und heißt heute Buddhistische Gemeinschaft Triratna.

Arnsberg-Sundern
Triratna-Gruppe Arnsberg-Sundern
Treffpunkt: Im Haus Graß
Promenade 7
59821 Arnsberg
Tel.: 0 29 34 3 16 (Bodhimitra)
E-Mail: arnsberg-sundern@triratna-buddhismus.de
www.triratna-arnsberg-sundern.de

Berlin
Buddhistisches Tor Berlin
Grimmstr 11c
10967 Berlin-Kreuzberg
Tel.: 0 30 28 59 81 39
E-Mail: info@buddhistisches-tor-berlin.de
www.buddhistisches-tor-berlin.de

Duisburg
Triratna-Gruppe Duisburg
im Yogastudio Nataraj
Ludgeristr.26
47057 Duisburg-Neudorf
www.duisburg-meditation.de
Email: info@duisburg-meditation.de

Düsseldorf
Buddhistische Gemeinschaft Triratna
Heerstraße 19
40227 Düsseldorf
E-Mail: info@duesseldorf-buddhismus.de
http://www.duesseldorf-buddhismus.de/

Essen
Buddhistisches Zentrum Essen
Herkulesstraße 13a
45127 Essen
Tel.: 02 01 23 01 55
E-Mail: info@buddhistisches-zentrum-essen.de
www.buddhistisches-zentrum-essen.de

Freiburg
Triratna-Gruppe Freiburg
Klarastraße 94
79106 Freiburg im Breisgau
Tel.: 07 61 4 88 04 12
E-Mail: info@freiburg-buddhismus.de
www.freiburg-buddhismus.de

Hamburg
Buddhistischer Treffpunkt Bergedorf
im „Ort der Stille"
Weidenbaumsweg 7
21029 Hamburg-Bergedorf
Tel.: 0 41 58 8 90 67 77
E-Mail: info@triratna-hamburg.de
www.triratna-hamburg.de

Minden
Buddhistisches Zentrum Minden
Obermarktstraße 23
32423 Minden
Tel.: 05 71 8 74 76 o. 9 42 47 67
E-Mail: info@buddhismus-minden.de
www.buddhismus-minden.de

Osnabrück
Buddhistische Praxisgemeinschaft Triratna Osnabrück
Meditation im Turm
Vitihof 15a, Raum VS301
49074 Osnabrück
E-Mail: info@meditation-im-turm.de
www.meditation-im-turm.de

Tübingen
Triratna-Gruppe Tübingen
Georgstraße 8
72072 Tübingen
Tel: 0173 / 6734910
www.triratna-buddhismus/gruppen/tuebingen
E-mail: dharmapushpa@yahoo.de

Wiesbaden
Triratna-Gruppe Wiesbaden
Schiersteiner Straße 21
65987 Wiesbaden
Tel: 06 1 1 52 71 92
E-Mail: upekshalila@wiesbaden-buddhismus.de
www.wiesbaden-buddhismus.de

Lightning Source UK Ltd.
Milton Keynes UK
UKHW041147070620
364508UK00002B/515